天下文化
BELIEVE IN READING

規模化效應

從 A 到 A，
讓好創意擴大影響力

THE
VOLTAGE
EFFECT

How to Make Good Ideas Great and Great Ideas Scale

約翰‧李斯特 John A. List——著

廖月娟——譯

獻給與我一起拓展生活與心靈的伴侶黛娜，

和我們的八個寶貝，

安妮卡、吉妮薇芙、伊萊、諾亞、亞什、葛蕊塔、愛米莉和梅森，

因為他們，我才了解規模化的真正價值。

能成功規模化的構想都是相似的，
無法規模化的構想則各有各的問題。

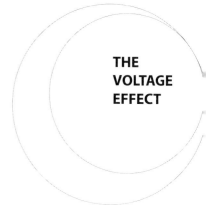

THE
VOLTAGE
EFFECT

第二部 規模化的 4 個要訣

各界推薦

約翰·李斯特的現場實驗研究具革命性意義。

——蓋瑞·貝克（Gary Becker, 1930-2014），芝加哥大學經濟學和社會學教授、1992 年諾貝爾經濟學獎得主

像本書一樣既有趣又睿智、既實用又深刻的書能有多少？約翰·李斯特是一名科學家，也是一名魔法師，他正在改變世界。你讀《規模化效應》這本書就知道了。這是我讀過最好的經濟學書籍之一，也是行為經濟學的經典之作。

——凱斯·桑思汀（Cass R. Sunstein），哈佛大學法學院講座教授，暢銷書《推力》、《雜訊》共同作者

必讀之作……來自象牙塔或世界經濟論壇的想法常會失敗，而且敗得很慘。因為它們沒能深入問題的政治和歷史層面，或是內嵌這些問題的社會現實。這本發人深省且引人入勝的書，提出原創的思考架構，讓人思考如何使好的政策規模化，從而造福社會，並指引我們避開可預期的規模化障礙。

——戴倫·艾塞默魯（Daron Acemoglu），麻省理工學院經濟學教授，暢銷書《國家為什麼會失敗》、《自由的窄廊》共同作者

如果你曾好奇那麼多備受期待的解決方案，為何都沒能發揮預期的影響力？別再等了，這就是一門關於人們的「非理性層面」如何在現實世界中實現或破壞我們構想的經典大師班。

——史帝文·李維特（Steven D. Levitt），芝加哥大學經濟學教授，曾獲《時代》雜誌選為「全球最具影響力百大人物」，暢銷書《蘋果橘子經濟學》共同作者

這本書精采、實用且以最新研究為基礎。是我迄今為止讀過關於為什麼要規模化，和如何做到規模化最好的一本書。如果你關心如何改變世界，或只是想在自己的人生中做出更好的決定，《規模化效應》就是為你而寫。

——安琪拉·達克沃斯（Angela Duckworth），賓州大學心理學教授，品格實驗室（Character Lab）執行長、暢銷書《恆毅力》作者

《規模化效應》是雄心壯志者最好的工具箱。本書充滿經過驗證的原則和專業技巧，書中有許多幕後故事，讓人一窺從矽谷到非洲 NGO 的成敗，而且彌補了創業書籍和經營管理書籍之間的空白，告訴我們一個構想如何才能展現其全部潛力。

──史考特・庫克（Scott Cook），直覺（Intuit）電腦軟體公司創辦人

李斯特的文章極具深度，文字幽默、簡練。本書充滿許多吸引人的企業失敗故事以及成功規模化的案例。

──《華爾街日報》（*Wall Street Journal*）

高超的作品……嚴謹、全面，而且有趣。《規模化效應》擅長將看似枯燥、小眾的議題轉化為與每一個人息息相關的內容。對於包括執行長、政策制定者，到天生好奇並且有興趣了解經濟學如何在真實世界形塑我們生活的人，這都是一本精采絕倫的書。

──科學網站 ZME Science

序言

你想要規模化，或是失敗收場？

　　我從未打算去 Uber 工作。老實說，我從來就沒有這樣的想法。

　　2016 年夏天，我正忙於生涯中最具雄心壯志的一個計畫。6 年前，我在芝加哥大學經濟系任教的同時，帶領團隊開辦了招收 3 到 5 歲兒童的幼兒園；而這是個真實生活的研究實驗室，也是一項需要很多安排協調的科學研究。說來，此事是無心插柳的結果，我未曾計畫做這樣的事，也沒有受過相關訓練。儘管我從養育自己的 5 個孩子得到一些心得，但在早期兒童教育方面我沒有任何專業知識。另一方面，過去 30 幾年，我一直在觀察及研究「自然狀態」之下的人們。然而，開辦一所幼兒園，想辦法馴服一群調皮搗蛋、狀況百出的小蘿蔔頭，實在是完全不同的一回事。

　　很多人認為，經濟學這個學門研究的不外乎是金錢，或是資本如何在社會中流動。但是身為經濟學家，我的工作並不涉及財務數據分析，我也不預測股市趨勢。我的專長是行為經濟學的現場實驗（fieldwork）研究，也就是在現實世界研究我們每天做的大大小小決定，看看背後有哪些隱藏的、常讓人意想不到的動機。

這就是幾年前芝加哥高地（Chicago Heights）[1] 學區教育局長湯姆・雅馬迪歐（Tom Amadio）與其他行政官員跟我接洽的原因。他們知道我以誘因引導人們去做各種正面行為的實驗，因此想從我這裡得知如何用誘因激勵師生，提升學生的學習表現。芝加哥高地人口近 3 萬人，在芝加哥市區南方約半小時車程，是個落後的小鎮。很多商店都釘上木板保護門窗，這裡的暴力犯罪率與美國其他地區相比，高得不成比例。我第一次去到芝加哥高地時，發現那裡的居民有四分之一活在貧窮線以下，幾乎是全州平均比例（13%）的兩倍。也難怪這樣的經濟弱勢對當地兒童造成不良影響，這裡的高中畢業率很低，很多高中生的閱讀和數學能力和小學三、四年級差不多。當然，這些年輕人前途黯淡，沒有什麼發展機會；沒有高中文憑，人生就像是一場完全不同的遊戲。

我躍躍欲試，非常積極想參與這個計畫來扭轉那些趨勢。在 2008 年初，我與經濟學家史帝文・李維特（Steven Levitt，以《蘋果橘子經濟學》享有盛名）及莎莉・薩多夫（Sally

Sadoff，當時我指導的博士生）組成團隊。多虧肯尼斯與安妮・葛里芬基金會（Kenneth and Anne Griffin Foundation）大力贊助，我們能與芝加哥高地高中的師生一起進行實驗。確實，在我們的介入之下，學生的學習成果和測驗分數有一點進步，但並不如我們希望的突飛猛進。我們的結論是，那些研究對象已是高中生，我們錯失孩子發展的關鍵窗口，要改變他們的人生軌跡必須從那個窗口下手。等他們上了高中才介入，為時已晚，他們與生俱來的潛能早已白白浪費。換句話說，我們找上錯誤的學生族群當作研究對象，無法真正解決這個問題。

　　因此，我們提議開辦自己的幼兒園，同時也是兒童教育與發展的實驗研究室。天使捐贈者葛里芬基金會再次給我們資助，給了我們一筆高達 1,000 萬美元的經費，芝加哥高地幼兒中心（Chicago Heights Early Childhood Center, CHECC）就此誕生。

　　2010 年春天，我們在芝加哥高地的研究進入下一個階段，羅蘭・傅萊爾（Roland Fryer）和安雅・薩梅克（Anya Samek）加入我們的團隊。傅萊爾是哈佛來的新星，研究經濟不平等對學業表現影響，而薩梅克則是我指導的博士後研究員。從 2010 年到 2014 年，我們的幼兒園每年招收近 1,500 名學生。這 4 年教學法實驗的根基，在於重要的非認知技能課程，如社交技能、積極傾聽和延遲享樂，過往有研究證實這些技能對日後人生成功影響深遠。我們首選的課程叫作「心智工具」(Tools of the Mind)；更關鍵的是，我們還創設一個新計畫名為「家長學苑」(Parent Academy)，鼓勵家長以特定的方式參與子女的早期教育發展。4 年期滿，我們照原訂計畫關閉學校。但是我們持續蒐集孩子的數據，而且計畫在未來數十年持續不斷蒐集數據，來和上標準課程、父母也沒接受過家長學苑建議的對照組孩子比較。

換句話說，我們做出某種假設，認為那樣可以改善芝加哥高地孩子長期成就，並設計一個研究來測試。我們蒐集並分析到目前為止的成果，相當令人驚豔。「我們的」孩子表現得很棒，在學業發展方面有很大的進步。最終，我們的目標是，結合「心智工具」課程的主要特點與我們的其他發現，創建一個可以推廣到美國其他社區、甚至其他國家的新課程模式。

正忙於這一切時，我接到 Uber 公司的招聘主管打電話來，說他們新設立一個首席經濟學家的職位，希望我去面試。我心想，這不太可行，我已忙得不可開交、分身乏術，別說再攬上一個重責大任。除了芝加哥高地的研究，我即將再婚，很快就會有一個幸福、熱鬧的新家庭，家裡有 8 個孩子，還有祖父母兩人。話說回來，我的兒童早期教育研究，能為矽谷這家想要掌控全球汽車共乘服務的公司幫上什麼忙呢？然而，我愈想愈覺得我的研究計畫和 Uber 有一個共同的核心目標。

那就是規模化。

如果你曾和企業家相處，或許知道「規模化」已經是商業世界的流行詞彙，通常是指一家公司的成長過程。但規模化不只是指新創公司擴展成商業大鱷的經過，也不僅是指累積更多用戶和改下更大市占率。從更寬泛的角度定義，規模化是指先在客戶、學生或市民等小群體實現某個期望的構想，而後推廣到大得多的群體。

從我的研究及與政策制定者的合作經驗，我的信念已經變成，值得追求的構想，只有對人類生活有潛力產生重大影響的構想。而要把一個構想轉化為廣泛的影響，需要大規模的複製。我們亟欲看到重要構想和企業的規模化影響我們每天的生活，不管是守護社區健康和安全、提高企業的生存能力，或是加強下一代的教育和機會，正如我希望在芝加哥高地建立一個模式，有朝一日也在全世界其他學區實現。

規模化是所有社會和技術進步的基礎，因為改變世界的創新，是那些影響最多人的創新。一場社會運動需要夠大的規模，才能產生與新的醫學干預一樣大的影響。但是規模化的過程並不簡單，從播下構想種子那一刻，到啟動整個計畫，甚至一次又一次成功複製這個計畫，每一步都有陷阱。然而，直到2016年，我才恍然大悟，在芝加哥高地那個研究計畫裡，有個祕密就在顯而易見的地方；多年來，這個研究的目標是改善孩子的教育成就，而這也是一個關於規模化的研究：為什麼我們的做法有時成功，有時不能成功。我想知道如果去 Uber 工作，我能不能找到適用在其他地方的新見解，畢竟這家公司以閃電般的速度擴展到全球 70 多國，為近一億名顧客提供服務。

我還知道，Uber 擁有大量數據；對我這樣的經濟學家來說，大數據不只是我的生計，更是我的職業操練場。有傳言提到 Uber 甚至會追蹤乘客住家的顏色、男性乘客和女性乘客會坐在後座的哪一邊，以及乘客之間的交友網絡。我想知道從這些訊息挖掘出規模化的祕密，將之轉化為學術研究。不久，我開始有了去 Uber 工作也不是完全不可行這樣的念頭。再加上，我也喜歡挑戰。不過 Uber 招聘主管提醒我：他們已經面試好幾個經濟學家，還沒找到合適的人選，因此不要以為自己一定可以得到這份工作。於是，我從芝加哥飛到舊金山去面試。

我來到 Uber 當時坐落在市場街（Market Street）、外觀大器、宏偉的全球總部，穿過大門，搭電梯上去，很快就有人帶我到會議室面試。這時，我注意到 Uber 辦公室的柱子上貼著一張標語：**數據就是我們的 DNA**。

我原本認為這種對數據的尊敬只有在象牙塔才看得到。難道我已經死了，升上天堂？很顯然這裡的人跟我有一樣的語言。光是在那個樓層，我馬上就看出這間公司科學氛圍要比一般公司來得濃重。

接著，面試開始了，我不再有來到自己地盤的自在感。

有 5 位主管在場，我才開頭做自我介紹，其中一個不停打斷我。他看起來還很年輕，穿著 T 恤和牛仔褲，兩鬢竄出幾根白髮。幾分鐘後，我才知道此人就是大名鼎鼎的崔維斯‧卡拉尼克（Travis Kalanick），39 歲的 Uber 創辦人。

卡拉尼克給我的印象是，他是我見過最有自信的人。這很合理。畢竟，如果你對自己的構想與直覺沒有自信，怎麼可能改變全球城市交通的面貌，也不可能在短短的 7 年內使一家新創公司的市值飆升到 660 億美元。他確實具有某種魅力，但讓我很難順暢進行我精心準備的簡報。

我講述我在損失規避（loss aversion）方面所做的種種研究，損失規避是行為學家經常引用的概念，解釋為何損失是決策的強大動力，卡拉尼克幾乎每隔 1 分鐘就質疑我的結果，同時在會議室後面踱步，就像隻獅子，準備撲向不知情的獵物。我漸漸明白，為什麼先前來面試的經濟學家都在這個面試階段被刷下來。

對於我在中國某家工廠做的一個實驗，他不屑的說：「這說不通啊！」

我說，他錯了，也解釋為什麼。我點擊下一張幻燈片，解說另一個實驗。他一面踱步，一面提出質疑。我再次告訴他，他錯了。這種小小的攻防戰進行了約莫 45 分鐘。有時,他出擊得分。有時,我占上風。我們倆誰也沒有退縮。終於,面試結束了。謝天謝地。我和每一個人握手道別,離開會議室。

我往大廳的方向走,**心想,今天真是浪費時間。**

我剛要走進電梯,方才在會議室的一個主管匆匆跑過來,把我攔下。

「等等,」他擋住電梯門,說道:「恭喜,我們想雇用你。」

不久,我就開始在 Uber 擔任首席經濟學家。對我來說,我的長期經濟學現場實驗研究與我在 21 世紀飆速商業世界的新事業,這兩個截然不同的世界就這樣交織在一起。這使我融會貫通,不只更了解如何利用數據來評估構想在現實世界中的可行性,也知道如何運用數據使構想規模化,讓影響人數翻倍。其實,就規模化的科學研究而言,Uber 就是我的新實驗室。

芝加哥高地幼兒中心是個很棒的構想,Uber 也是。在無數其他領域的無數構想也是。然而,並沒有哪個規定是說,好的點子甚或偉大的構想就一定能充分發揮潛力。事實上,所有偉大的構想只有一個共通點,就是不保證能成功。

無論是醫學突破、消費產品、技術創新、政府計畫,或是任何其他事業,從早期看來大有可為,到實際帶來廣泛的影響,都需要做到一件事,而且是唯一的一件事,那就是**可規模**

化（scalability）。也就是必須具備以穩定且可持續的方式成長、擴展的能力。

簡而言之，規模化是改變世界的不二法門。

電壓效應

「規模化」已經成為一個流行但不精確的詞語，很常用於模糊的描述或指稱野心，而我們需要的是可以明確定義、有統一基準的方法。一家蓬勃發展的小公司何時可以開設更多分店？一家科技新創公司要如何確知自己推出的是對的產品，或是產品合乎市場需求？對政策制定者來說，一個令人振奮的公衛示範計畫在全國推行成功的跡象為何？草根組織發動的變革運動如何成為全國性的運動？為什麼某個組織的文化會搖搖欲墜？對全心全意投入夢想的人來說，最根本的問題是：要如何才能讓構想壯大？

我的研究，以及你在之後會讀到的內容，就是規模化廣義包含的一切，包括在商業世界、政策及兩者之間的切換。在每一個領域，從小到大擴張規模，既是主要挑戰，也是主要機會。

30 年來，我埋首於經濟學的領域，因此得以有一個基於科學的獨特視角，可以有系統的回答這個問題。我在 1990 年

21

代中期拿到博士學位時，社會科學正歷經一場可信度革命（credibility revolution），而經濟學尤其是。那時，這個領域主要是利用理論和計算模型，但就現實世界的現象，這樣的研究很少能輕易轉化為令人信服的解釋。這大抵是因為大多數建議背後的證據，通常是基於武斷的理論或相關性，而非從實際人類行為的因果數據得出的結論。這正是我的專長「現場實驗研究」得以派上用場之處。

我對這個經濟學分支的興趣源於我從高中時期的興趣：買賣棒球卡。打從 1980 年代末，我就一直在研究地區棒球球員卡展的個體經濟學，這真是一個奇妙的小世界。透過分析這個生氣蓬勃的市場，我把這裡當作實驗室，很快開始狂熱的從這些市場蒐集科學數據。研究真實人物在現實世界怎麼做決定，因而得出關於因果的可靠結論，而且可以反過來更加了解人類及人類的動機。我的研究沒有禁區，從市場如何更有效率運作等學究玩意兒，到迫切需要處理的社會議題，像是歧視等。

後來，我的觸角又更加延伸，在為數更多的人和更廣泛的族群中研究其他五花八門的行為。這樣的研究讓我走訪世界各地，從佛羅里達州中部到哥斯大黎加，後來又去了非洲、亞洲，最後回到芝加哥。有時，我的研究顛覆傳統觀念，例如有關性別的看法（與男性相比，女性並非天生不爭強好勝，這是源於社會制約的特質）[2]、慈善捐款（一家慈善機構如果保證

不會打擾捐款人，短期**和**長久下來，都能吸引到更多的捐款
人。如果依照傳統策略，窮追不捨，則會適得其反）[3]，以及
動機（比起未來獲得的獎賞，害怕損失是更大的動力。）[4] 能
在這個領域繼續耕耘，我已心滿意足，沒想到我的生涯出現意
想不到的轉折：2002 年，小布希政府延攬我到白宮擔任資深
經濟學家。

　　撇開個人政治立場和小布希政府自找的所有（應得的）批
評，我可以說，小布希領導的白宮做對了一件事，卻很少得到
讚揚，那就是看重政策要基於證據的這件事。（除了，嗯，大
規模殺傷性武器 *……真是沒有證據！在此鄭重說明，雖然我
是在政府捅出這個大婁子之前已進入白宮，但在這件事情上，
我沒有扮演任何角色。）換句話說，政府希望透過研究來推動
決策。現在回想起來，那正是科學與政府關係的轉捩點。正因
如此，我加入經濟顧問團隊，為聯邦政府實施的政策與計畫進
行成本效益分析。我的工作橫跨多個領域，包括就收緊邊境管
制對經濟的影響，提供建議給國務卿柯林・鮑爾（Colin
Powell）和國家安全顧問康朵麗莎・萊斯（Condoleezza
Rice）。我也與當時的參議員希拉蕊・柯林頓（Hillary

---

* 編注：2003 年，美國政府以伊拉克藏有「大規模殺傷性武器」並暗中支持恐怖
　　分子為由，發動伊拉克戰爭。

Clinton）及其團隊合作，為《淨化天空法案》（Clear Skies Act）設計拍賣機制。

當時我並沒有完全意識到，串起所有這些工作的，就是規模化：如何設計一項政策，以最有成效的方式、對最多的人、產生最大的正面影響。

常常，政策是在訊息真空之中制定的。一項政策的提出、表決和簽署成為法律（或者未能過關），相對於成本的考量，幾乎沒考慮到該政策在現實世界大規模實施產生的影響。遺憾的是，在現實世界，這種疏忽可能帶來種種嚴重的結果，從不平等的結果，亦即某些族群比其他族群從政策獲得更多好處，乃至成本過度超支和預算短缺，為了補足缺口，立法者不得不削減其他重要計畫和服務。

當然，除了政策制定和政府施政，如果忽略不去評估某個構想規模化的可能性，也可能出現類似後果。我將講述一個我親眼目睹的真實故事（已改為化名）。[5] 21 世紀初，中西部有個小學區的幼兒學前教育準備一直不理想，這已經是老問題了，幾十年來都如此。當地教育行政人員認為自己已經嘗試所有的辦法，但幾乎沒什麼成效。有個名叫葛瑞塔（Greta）的督學一直很努力，卻也已無計可施。學校董事會的新成員梅森（Mason）是早期教育科學忠實的信徒，最近看到其他學區實行的一個新計畫成效斐然。這個通過學術專家同儕評閱（peer-

reviewed）的計畫在學前教育準備指標上有很多優點。在那個
年度學校董事會最後一次會議上，在一片感嘆唏噓之聲中，梅
森的發言讓大家看到了一絲希望。他說：「我找到解方了。效
益成本比（benefit-cost ratio）大得不得了，簡直是無限大。*」
學校董事會立即投票表決，同意實施這個計畫。一步好棋，不
是嗎？

　　那年秋季，學區小心翼翼介紹「實驗性推動」的新計畫，
好讓他們更有自信的向社區居民說明這是個絕妙的新課程計
畫。葛瑞塔和梅森胸有成竹，每一次參加炸魚薯條會議或扶輪
社會議都提到這個計畫。梅森在獅子會的鬆餅早餐會上誇口
說：「等著看吧，等這些學生申請大學，這裡很快就可以看到
首批上哈佛的高材生。」過了一年，計畫的效益和成本數據出
爐。梅森和葛瑞塔看了又看標準化認知和行為試驗的結果，實
在不敢相信。最讓他們沮喪的是，這個計畫甚至沒通過效益成
本測試（benefit-cost test，亦即計畫實施的成本超過效益！），
他們寄予厚望的解方，只是一場空。梅森啞口無言，只能喃喃
自語：「哪裡搞錯了吧。」

　　其實，問題不在教育科學，而是在計畫本身。很簡單，**就
是無法規模化**。很不幸，葛瑞塔和梅森的故事出奇的普遍。

---

* 編注：指效益遠大於成本。

　　製藥公司在實驗室裡研發前景看好的助眠新藥，但這種藥的隨機試驗結果卻差強人意。太平洋西北地區的小公司成功推出一種產品，然後擴大銷售範圍，卻發現在東岸銷售情況不佳。創投公司在新的美食外送平台 app 投資數百萬美元，結果發現這個平台中看不中用，只吸引了少部分族群。規模化不只是政策和科學的關鍵，對任何一個想要落實構想、從中獲益的人也很重要。太多時候，看似不錯的構想就是過不了規模化這一關。

　　這些案例都是「電壓下降」（voltage drop）的例子：一家公司或一個計畫在規模化的過程中失敗，所有的希望和努力化為雲煙。「電壓下降」一詞源於執行科學（implementation science）文獻，是艾美・基爾波恩（Amy Kilbourne）*及其研究同仁創造的詞彙。[6] 當原本彷彿具有大量潛能、足以驅動人和組織的電荷消散時，電壓下降發生了，留下破滅的希望，更別提白花的錢、付出的辛苦和時間。電壓下降的現象要比你想的來得普遍。言而有證（Straight Talk on Evidence）是一家專門監測各領域（包括軟體開發、醫學到教育等）的研究有效性可信與否的公司。[7] 該公司表示，50% 到 90% 的計畫都會在規

---

* 編注：艾美・基爾波恩（Amy Kilbourne, PhD, MPH）是密西根大學醫學院（University of Michigan Medical School）學習型健康科學系（Learning Health Sciences）教授。

模化時碰到電壓下降的問題。

　　本書是關於規模化的科學，探討為什麼有些構想會失敗，而有些構想能改變世界，以及如何讓每個構想都有最好的成功機會。成功和失敗與運氣無關。為什麼有些構想會失敗，有些能擴大，這是有意涵和道理的。我們可以預見某些構想能規模化，某些則否。如果你選擇發展那些預期能夠規模化的構想，必然能夠累積財富並產生影響力。

　　大多數的人都認為能規模化的構想具有某個「萬靈丹」的特點，也就是某種特質讓人覺得「不容錯過」。這種想法徹底是錯的。沒有任何單一特點能讓人區別出這個構想特別具有成功規模化的潛力。但可規模化的構想具備 5 個特質，也就是一個構想能否規模化的「關鍵特徵」，或是我所說的「5 大攸關性命的指標」。我稱之為攸關性命的指標，因為在規模化之前需要評估一個構想是否可行、是否具有生命力，這些指標非常重要。缺少任何一個，都會使構想胎死腹中，再怎麼巧妙的構想都沒用。沒有任何一家公司或組織可以對電壓下降的問題免疫，就連 Uber 這樣成功的公司、美國政府（或任何政府）都一樣，更別提像葛瑞塔和梅森這樣立意良善的教育行政人員。他們犯了一個極常見的錯誤，就是認為在一個地方行得通，在任何地方也都沒問題。這樣的後果影響深遠，也是為什麼防範電壓下降至關重要，打從靈感浮現，到推行計畫，甚至成功之後，都是如此。

但這本書不只是談電壓的損耗及規模化時如何避開電壓損耗問題。電壓效應是雙向的，因此我將勾勒在規模化時可以用來「提高電壓」的成熟技術，包括各種誘因、文化特點和經濟原則，這些技術不只能幫你擴大規模，更會讓你的影響力倍增。最後，本書將提供具體、循序漸進的指引，讓人得以去蕪存菁，將絕妙的構想揮發最大潛能。

現在你應該已經明白為何規模化的研究對我如此重要。我希望芝加哥高地幼兒中心等計畫能夠通過「電壓測試」，在其可能範圍內帶來最大的改變；我希望創新的事業能夠成功，讓我們的生活更加美好、財務更強勁；我希望政府的政策和計畫能平等的嘉惠所有的人，並減輕納稅人的負擔。如果偉大的構想能規模化，每一個人都是贏家。

關於規模化，我在本書提出基於證據的見解，是屬於 21 世紀眾人共同繪製的新領域其中一部分。這不只是研究題目、商業實驗，以及世界上最聰明的人也在嘗試解決的迫切議題這三者融會而成的產物；你在這裡讀到電壓增益與電壓損耗相關的教訓，也是全人類正在經歷的歷史性時刻——「大數據時代」所造就的結果。如何駕馭和運用這些數據取決於我們自己，但確定的是：現今，我們能夠蒐集各種人類行為得到大量數據，再結合計算能力加以分析，可以得出很有價值的見解，提供給任何有志於規模化的人參考。

很多人對大數據的無孔不入感到憂心，這是可以理解的。那會感覺很像隱私受到侵犯，尤其政府和企業會如何利用民眾和客戶的個資令人擔憂。但大數據的創新也代表人類的重要機會。例如，基於數據的見解可使人洞察世界各地的死因，讓我們擴大實施新的公衛介入措施，促進數百萬人甚至數十億人的福祉和壽命。在環境方面，大數據有助於使目標計畫規模化，加強家庭和公司的節能效率。大數據甚至可延伸至我們的臥室。例如，約有 10% 的美國婦女有不孕的問題。[8] 從生理的層面來看，追蹤排卵期是婦女知道適合受孕時期最佳方式。現在，不孕症治療已普遍使用大數據來幫助婦女懷孕，追蹤關鍵的助孕徵兆，為她們提供所需資訊，以避免昂貴、不必要的不孕治療。[9]

然而，大多數的人和組織都是被動接受數據，意即利用的是既有數據。由於我是現場實驗者，世界就是我的實驗室，我寧可走出去產生數據，利用與學校體系、財星 500 大公司、政府、非營利組織和新創企業的合作關係，試圖了解數據背後的**原因**。為什麼有些人在某些情況下會捐款給慈善機構，其他人則否？為什麼有些貧民區的學校辦得很好，有些則很糟？為什麼某個構想可以規模化，另一個起初看起來更有希望的則以失敗收場？我們可以透過生成數據來改變世界，不只是辨識電壓的增減,還要了解為什麼會如此。

你將在本書學到的策略是源於大數據與經濟學思考方式的結合,而這種經濟學思考方式正是我的生涯研究專長所在。本書呼籲政策制定者把注意力從基於證據的政策(evidence-based policy)轉移到基於政策的證據(policy-based evidence)。對企業家來說,本書也提出一套科學原則作為決策指引,以判別哪些構想最有規模化成功機會。

現場實驗室

我們從自己的人生獲得知識和智慧,都會希望能與人分享。因此,你可以把本書當作身為經濟學家 30 年的我,將生涯見解做出規模化的一點微不足道的嘗試。這些思考歸納的核心,源於一個挑戰。我和妻子黛娜‧沙斯金德(Dana Suskind)坐在舊金山市場街 Uber 總部附近的一家咖啡館。黛娜給我個難題,要我以過去經驗和學術研究基礎,解說有關規模化的科學。我向來不怕試煉,因此欣然接受挑戰。但我知道如果想成功,不能單打獨鬥,我需要幾個好隊友。因此,我找黛娜,和我以前指導的博士生、經常是論文共同作者的歐瑪‧阿尤貝德利(Omar Al-Ubaydli)組成一個團隊。過去幾年,我們發表一系列關於規模化科學的學術論文,文中滿是枯燥的數學公式、一堆希臘字母和晦澀難解的術語。但在本書，我把這些新的思考歸納結果提煉出來，讓任何人都能落實運用，不管你是身在教室或是董事會會議室，從非營利機構辦公室到研究實驗室，從白宮到個人家裡。簡而言之，如果你希望為自己的構想或事業提高成功的機會，本書正是為你而寫。

本書分成兩個部分。第一部闡述規模化是個脆弱概念。我將解說規模化有 5 大攸關性命的指標，或說 5 個關卡，會導致電壓下降、阻礙構想實現。第一種是「偽陽性」，某些構想打從一開始就沒有任何電壓，雖然表面看來以為會成功。第二種則是高估某個構想的效益，這通常是因為不了解受眾，或是誤以為接受這個構想那一小群人可以代表大多數的人，因此在推廣你的構想時，會在更大的群體中碰壁。第三種是對於「最初的成功是否取決於無法規模化的因素」評估失準，獨特情況是沒辦法大量複製的。第四種是構想在落實時出現意料之外的後果，或是外溢效應，導致適得其反。第五種是規模化的「供給面經濟學」，例如這個構想會不會因成本過高而難以為繼？一旦通過這5道關卡的考驗，你就會知道這個構想能夠規模化了。

第二部則是探討如何採用必要的做法增加電壓，使規模化的影響力達到最大。我將解說 4 種已經驗證為可行的策略，你可以運用這些策略來增加達成正面結果的可能性，包括利用行為經濟學誘因，像是以損失規避原則來快速創造收益；在營運上充分利用容易錯過邊際效用的機會；知道何時放棄短期目標，放眼長遠的勝利；以及設計一種「高電壓文化」，使規模化的動力源源不斷。

在這個部分，我們將仔細研究真實案例，以解說電壓效應帶給我們的啟示。在接下來的章節，你將可從新的角度來看生技新創公司塞拉諾斯（Theranos）創辦人伊莉莎白・霍姆斯（Elizabeth Holmes）如何糊弄投資人、欺騙大眾，為何名廚／企業家傑米・奧利佛（Jamie Oliver）的餐飲王國會崩塌，以及為什麼一個立意良善的汽車安全運動到達一個臨界數量時開始出現反效果。我將告訴你，我設計的行為推力（behavioral nudges），如何為維珍航空（Virgin Atlantic）省下數百萬美元，以及多明尼加共和國政府如何從人民那裡多收 1 億美元的稅金。我也將講述我在 Uber 工作的故事，從局內人的角度來看卡拉尼克從站上世界之巔到黯然下台的經過，以及從 Uber 的經驗，我們可以得到什麼樣關於建立可規模化文化的見解。我還會告訴你，我如何轉到 Uber 的競爭對手 Lyft 工作，做為 Lyft 首席經濟學家，我從中得到以其他數據為基礎的規模化新見解。這些故事不是在實驗室發生，它們是規模化科學的真實展演，現實世界就是我的現場實驗室。

不論作為個人或 21 世紀全球一分子，我們所面臨的問題是人類有史以來最迫切、影響最深遠的難題，我們因而需要可規模化的創新，及早面對與因應。不管你是創業家、主管、公務員、研究人員、憂心的市民或為人父母，你的構想都可能為你的社區、公司、家庭或整個社會帶來可觀的正面改變。

　　因此，讓我們提高電壓吧！

第一部

你的構想能規模化嗎？

第 1 章

騙子與偽陽性

　　1986 年 9 月 14 日，美國第一夫人南茜·雷根（Nancy Reagan）出現在全國性電視台的螢光幕前，從白宮西起居廳對全國人民發表演說。她和丈夫雷根（Ronald Reagan）總統比肩坐在沙發上，盯著鏡頭，她說：「今日毒品和酒精濫用的疫情蔓延全國，無人能保證倖免，你、我、我們的孩子都可能受害。」[1]

　　過去 5 年來，雷根夫人為反毒戰爭（War on Drugs）打頭陣，在全美奔走，宣導毒品之害，好讓美國青少年遠離毒品。這次上電視演說，正是這場反毒之戰進行到如火如荼之時。她已經是雷根總統向毒品宣戰的代言人，她喊出的那句耳熟能詳的口號，仍有好幾百萬美國人記得；而當晚的電視演說上，她也對觀眾再次疾呼：「不久前，我去了加州奧克蘭。一群孩子問我，如果有人要給他們毒品，該怎麼辦？我回答：『只要說不就好了。』」

　　雖然「對毒品說不」這個口號的來源有不同的說法，像是源於學術研究、廣告公司，或是雷根夫人本人，不過用行銷的術語來說，這個口號的「黏著度」是無庸置疑的。這個口號出現在廣告看板、流行歌曲和電視節目中；學校社團視之為專有名詞。在大眾印象中，這幾個字已經和政府和警察密不可分，是雷根時代反毒運動「防制毒品濫用宣導教育計畫」（Drug Abuse Resistance Education，簡稱 D.A.R.E.）的亮點。

　　1983 年，洛杉磯警察局長達瑞爾・蓋茨（Daryl Gates）宣布該部門的反毒戰爭將改變策略：不再搜查、逮捕持有毒品的孩子，把焦點放在防止毒品落在孩子手裡。[2] 黑底紅字的 D.A.R.E. 標誌因應而生。

　　D.A.R.E. 反毒教育計畫是以所謂「社會預防接種」（social inoculation）的心理學理論為基礎。以流行病學的疫苗接種為概念，意即以小劑量的感染源誘發免疫力，也可應用在人類行為。D.A.R.E. 計畫是由身穿制服的警察到校園對學童宣導，透過角色扮演等教育技巧來打預防針，讓他們知道如何抗拒毒品的誘惑。這聽起來的確是個好主意，關於 D.A.R.E.，早期研究結果令人振奮。結果，政府像打開預算水龍頭，用納稅人的錢源源不絕挹注這個計畫，D.A.R.E. 很快就擴大規模，在全國各地的國中和高中實施。接下來的 24 個年頭超過 40 個國家、

4,300 萬兒童都受到 D.A.R.E. 教育。[3]

只有一個問題：其實，D.A.R.E. 計畫成效不彰。

自從雷根夫人呼籲全國青少年「對毒品說不」，[4] 數十年來很多研究卻證明了 D.A.R.E. 非但無法說服孩子對毒品說不，[5] 反而給他們各式各樣的毒品訊息，認識大麻和酒精。青少年毒品濫用的情況並沒有顯著減少，當他們受到毒品誘惑時仍舊會想嘗試。一項研究甚至發現，這個計畫反而激起參與者對毒品的好奇心，增加親身體驗的可能性。[6]

D.A.R.E. 電壓大規模下降，而且這個代價極大。多年來，這個計畫消耗數千位教師和執法人員的時間精力，為了未來世代的福祉，他們投入很大的心血，因為孩子就是人類最寶貴的自然資源。然而，基於一個根本錯誤的前提，所有的辛苦和時間，更別提納稅人的錢，都浪費在大規模實施 D.A.R.E.。更糟的是，這排擠其他可能產生真正效益的計畫取得支持與資源的機會。為什麼 D.A.R.E. 會成為一場災難？這是一個教科書案例，每個希望自己的構想或事業規模化的人都該引以為戒，小心「偽陽性」。

關於偽陽性的真相

關於偽陽性，第一個真相是，你可視之為「謊言」或「假

「警報」。從最基本的層面來看，如果你掌握部分證據或數據，用以解釋某件事是對的，事實上則否，這就是偽陽性。例如，我去中國某家生產耳機的高科技工廠參訪，[7] 發現由於人為錯誤，一副功能正常的耳機被標記為瑕疵品，這就是偽陽性。如果法院傳召我出任陪審員，陪審團判定某個無辜的嫌疑人有罪，這也是偽陽性。在醫學，偽陽性的例子更是屢見不鮮，新冠肺炎（Covid-19）疫情大流行期間這種現象更成為世人關注的焦點，就是有時檢測結果顯示受檢者被病毒感染，其實不然，檢測結果不見得可靠。不幸的是，偽陽性無所不在，在各個領域都看得到。2005 年有一項研究發現，所有連線到警察局報案的防盜警報有 94% 到 99% 是假警報，而所有撥打到警察局勤務中心報警的電話，其中 10% 至 20% 是假警報。[8]

就 D.A.R.E. 而言，根據國家司法研究所（National Institute of Justice）在 1985 年對夏威夷檀香山 1,777 名兒童所做的評估，發現證據顯示「這個計畫具有防範潛力」。[9] 不久，研究人員在洛杉磯對幾乎同樣人數的學生進行調查，也得出這樣的結論：D.A.R.E. 有助於減少青少年嘗試毒品的事件。[10] 這些聲稱有明確效益的結果，使學校、警察部門和聯邦政府對 D.A.R.E. 擴展到全國的計畫樂觀其成。然而，在接下來的 10 年中，多個研究單位對所有已發表的研究和數據進行分析，提出無可辯駁的證據指出：事實上，D.A.R.E. **並沒有**帶來有意義的影響。[11] 這到底是怎麼一回事？

　　答案很簡單：被數據「蒙騙」的情況並不罕見。例如，在檀香山的研究中，根據研究人員的計算，有 2% 的機率會產生偽陽性。不幸的是，之後的研究顯示，研究人員不是低估這個可能性，或是剛好落在 2% 之內。其實，D.A.R.E. 沒有任何電壓。

　　這種事怎麼會發生在神聖的科學殿堂？首先，我要說明，如果我說數據在「騙人」，我實際上指的是「統計誤差」。例如，你從某地人口（也就是夏威夷某個城市的兒童）抽取樣本，這些孩子之間的隨機差異可能會產生「離群組」，使你做出錯誤的結論。如果研究人員再次從檀香山那群學童做抽樣，以新的樣本進行調查，可能會發現 D.A.R.E. 沒有效益。（相關的另一個推論問題是，以一個群體作為樣本得到的結果，不能類推到另一個群體。我們將在第 2 章繼續探討這個問題）。很遺憾，這種統計失誤層出不窮。

　　正如我們在 D.A.R.E. 看到的，偽陽性可能造成很大的代價，它誤導人做出錯誤決策，導致後續一連串後果。如果時間和金錢用在其他地方，也許有更大效益。特別是，一個本來就沒有成功機會的計畫或事業，剛開始時沒發現錯誤或「受騙了」，在規模化過程中，就不可避免的會遭遇電壓下降的問題。換句話說，真相總有水落石出的一天，就像 D.A.R.E. 的批評者提出壓倒性的證據，說明這個計畫其實沒有效益。我也曾在商業界親眼目睹這樣的問題。

2006 年，克萊斯勒汽車（Chrysler）瀕臨破產，新上任的執行長湯瑪斯‧拉索達（Thomas LaSorda）力圖救亡圖存。他找上我以及我的兩位芝加哥大學同事，李維特和查德‧席佛森（Chad Syverson），想聽聽我們的建議，看如何增加獲利。因此，我們請他和 4 位克萊斯勒高階主管到芝加哥來會面。在這次會談中，我們提議克萊斯勒實施一項健康計畫。對一家在市場上苦苦掙扎、想要提高市占率的汽車製造商來說，這個建議乍聽之下似乎很奇怪。其實，公司要賺錢，不一定得從銷售下手。

克萊斯勒的員工缺勤率很高。因此，為了因應生產線員工不時請病假的問題，公司得花一筆錢維持「牛棚」，雇用一群臨時員工隨時待命，準備上場遞補生產線上的空缺。對克萊斯勒這樣的大公司來說，這筆開支似乎微不足道，但事實上，由於缺勤率高達 10% 左右，公司每年為了替補人手必須多支出好幾百萬美元。此外，我們調查克萊斯勒史特林高地廠（Sterling Heights plant）的產品不良率，發現在 3 年的期間裡，當缺勤率下降 5% 時，瑕疵產品每月可減少大約 500 台！除了缺勤的問題，克萊斯勒也為高額的醫療費用和員工「勉強出勤」（員工因病不適或身體狀況欠佳仍勉強上班，致使生產力下降）

的問題大傷腦筋。研究顯示，員工健康計畫可以解決這些盤根錯節的問題，[12] 因此拉索達相信基於行為經濟學的原理，實施這樣的計畫能使克萊斯勒起生回生，我也希望如此。

負責克萊斯勒員工健康和生產力計畫的維康健康管理公司（Staywell Health Management），同意與我們合作進行這項先導研究：為期 7 個月的「新健康人生計畫」（ANewHealthyLife）。克萊斯勒共有 31 間工廠，我們在其中 1 間透過經濟誘因（也就是金錢獎勵）誘使員工參與新健康人生計畫。最初的結果看起來很不錯。參與員工養成很多健康行為，醫療支出減少了，與沒參與計畫的員工相比，較少請假。簡而言之，我們的實驗似乎在相當短的時間內為克萊斯勒省下很多錢。拉索達喜出望外，決定將這計畫擴展到其他的 30 間工廠。

儘管團隊和我對這個先導研究的結果很滿意，我們還是抱持比較謹慎的態度。由於我已經有多年現場實驗及回顧研究文獻的經驗，我知道自己也可能被偽陽性誤導。我們認為，目前的證據只是一間工廠員工的樣本，在全面推廣之前，我們必須再進行一次先導研究。克萊斯勒同意了，於是我們在同一間工廠，以不同的員工為樣本再實驗一次。只是這次的結果差強人意。參與計畫的員工在所有重要指標的表現，並沒有比沒參與的員工來得好：包括缺勤率、勉強出勤、醫療支出等。噢，這可不妙。似乎起先那亮眼的結果是統計誤差，也就是偽陽性。

換言之，我們似乎被原始數據欺騙。

為了確認成效，我們在另外兩間工廠實施這個計畫；這兩次的介入措施一樣沒有產生影響。新健康人生計畫就是不像最初試驗數據所顯示的那樣有效。可想而知，拉索達大失所望；但現在懸崖勒馬還不遲，萬一推廣到全公司 31 間工廠後才發現，損失將會更大。由於及早發現偽陽性，我們得以改採另一項最終證實是有效的健康計畫。

這整件事給我們當頭棒喝。當你在為研究抽取樣本時，必須了解，這只是樣本。而樣本不能代表所有的人，這意味著從樣本得到的結果有時並不適用於所有的人。以克萊斯勒的案例而言，最初參加先導研究的員工不能代表該廠全體員工，更別提全公司所有工廠的人。因此，儘管早期的數據看起來沒問題，顯然並沒有揭露所有的事實。

即使是設計嚴謹的研究也會出現統計誤差，好比出現偽陽性。這個事實令人不安，特別是把科學視為真理的人（包括我自己）。然而，別忘了邱吉爾（Winston Churchill）曾經這麼說：民主是最糟的政府型態，不過還是比人類嘗試過的其他政府型態來得好。[13] 同理，就重要構想的測試和改善，科學方法也是「最不那麼糟」的方法。正如我們將在本章後面看到的，構想在規模化的過程中不免踩雷，但有方法可使你免於踩到數據中的種種地雷。

　　然而，在眾多領域中出現偽陽性的原因，統計誤差只是其中一種；另一個重要的罪魁禍首，是躲在人類大腦中的偏誤。

確認偏誤、從眾效應與贏家詛咒

　　1974 年，心理學家丹尼爾·康納曼（Daniel Kahneman）與阿莫斯·特沃斯基（Amos Tversky）共同發表一篇學術論文，題目是〈不確定性下的判斷：捷思與偏誤〉（Judgment Under Uncertainty: Heuristics and Biases）。[14] 有人論道，沒有好的品牌，再好的構想也只是枉然。如果想要提出一個反例，就是這個。儘管這個題目看起來很枯燥，跟大學課程名稱一樣乏味，這篇論文卻是康納曼和特沃斯基新領域研究發表的石破天驚之作。這兩位心理學家開創認知偏誤（cognitive biases）研究的新領域。他們透過一系列設計巧妙的實驗，發現人類的判斷隱藏很多弱點，使我們偏離理性決策。

　　認知偏誤與計算錯誤、其他源於假訊息造成的錯誤截然不同。如果是假訊息造成的錯誤，只要掌握更多正確的訊息就可以糾正。但認知偏誤已在大腦中根深柢固，很難改變，不易矯正，因為大腦對正確訊息做出錯誤解讀正是問題所在。康納曼和特沃斯基兩人合作無間，有好幾本書記載他們在心理學研究立下的里程碑，如康納曼的《快思慢想》（*Thinking, Fast and*

Slow）[15]、丹・艾瑞利（Dan Ariely）的《誰說人是理性的》（*Predictably Irrational*）[16] 和麥可・路易士（Michael Lewis）的《橡皮擦計畫》（*The Undoing Project*）[17]，有幾種他們研究的認知偏誤已經成為文化詞彙。其中之一就是**確認偏誤**（confirmation bias），這種偏誤可解釋為何有些看似單純、可避免的偽陽性會經常出現。

從最基本的層面來看，確認偏誤使我們看不到挑戰我們預設立場的那些可能性，致使我們蒐集、詮釋和回想的訊息都符合先前已有的信念。[18] 我們的思維會出現這樣的陷阱，是因為個人面對新的訊息時，大腦已經充滿大量先前獲得的訊息、社會背景和歷史，這些都會把意義投射到新訊息上。[19] 由於我們腦力有限，無法處理所有的訊息，就會利用心理捷徑，很快的做出決定。這樣的決定常常是出自直覺。其中一個心理捷徑，基本上就是過濾和忽略與我們的期待或假設不同的訊息。這是因為科學告訴我們，要納入新的、矛盾的訊息需要花費更多的心力。如果新的訊息和我們腦中已有的訊息一致，那就比較省事，我們的大腦偏好這條比較容易的路徑。

這種傾向看似與我們的利益相左，但從物種的演化史來看，確誤偏誤很有道理。人類的大腦在演化之下，已減少不確定性並反應得更有效率。對我們的祖先來說，瞥到一個影子，意味猛獸可能就在附近；他們假設這真的是猛獸，就會拔腿狂

奔，這樣的假設能讓他們保住一命。要是停下腳步、蒐集更多
訊息，然後仔細思考，可能早就被猛獸吞進肚子了。

　　確認偏誤雖然在遙遠的過去對我們物種有幫助，在現今某
些情況下依然派得上用場，然而，若是碰到需要深入分析、考
慮再三的事，比如測試希望能規模化的某個創新構想，那就麻
煩了。因為確認偏誤會妨礙創造力和批判思考，而創新和高品
質的工作卻仰賴這兩項能力。醫師若是受到確認偏誤的影響，
就可能輕忽診斷，採行錯誤的療法。政策制定者、商業領導
人、主管或投資人也可能把大量的資源投入有問題的計畫。若
涉及訊息的解釋，不管是在商業還是科學領域，都可能會導致
偽陽性的問題。

　　英國心理學家彼得・華生（Peter Wason）在 1960 年代進
行「規則發現實驗」（Rule Discovery Test）。[20] 他在這個經典實
驗中，給受試者 3 個數字，請他們想出適用於這些數字的規
則。例如，受試者看到的是「2、4、6」形成的序列，通常會
假設規則是偶數。接下來，受試者依照自己的假設提出其他偶
數序列。研究人員再告知，這些數字是否符合規則。受試者從
這個過程判斷自己的假設是否正確。經過幾次測試，受試者相
信自己已經發現規則。其實不然，規則要比他們想的來得簡
單：這 3 個數字只是由小到大排列。

　　這項研究（及其他很多類似研究）最有意思的地方是，幾

乎所有的受試者只測試符合自己假設的數字序列，很少人嘗試可能**推翻**假設的序列。華生的實驗顯示，大多數的人，不管智力高低，都無法用批判的角度來檢視自己的假設。反之，他們傾向「快速思考」，透過「捷思」或「心理捷徑」來證明自己的假設無誤。

　　另一個容易產生偽陽性的心理捷徑是**從眾效應**（bandwagon effect），也稱為「羊群效應」（herding）或是「瀑布效應」（cascades）。從眾效應源於社會對我們心理歷程的影響。和確認偏誤一樣，從眾效應會對我們回憶、評估訊息的能力產生干擾。但在這種情況下，不知不覺受到其他人的觀點和行為影響，這涉及決策的社會層面。1951 年，社會心理學先驅所羅門・艾許（Solomon Asch）設計一個著名的實驗，幫助我們了解這種群體思維。[21] 他以視覺實驗為名，招募一些學生來當受試者，還有一些受試者其實是這個實驗安插的助手，或是偽裝成受試者的科學家，一同在教室進行實驗。

　　在教室裡，每個人都看到一張上面畫了三條線的圖片，其中一條線明顯比其他兩條來得長。研究人員要求每個人大聲說出最長的是哪一條。實驗助手先說出答案，都故意指出錯誤的那條線是最長的。平均約有三分之一的受試者也跟著錯，選了明顯錯誤的答案。經過 12 次的測試，75% 的受試者至少有一次選擇明顯錯誤的答案。相形之下，沒有實驗助手帶頭的那一組，幾乎所有的受試者都選擇正確答案。這顯示我們可能因為想要「合群」或成為「群體的一員」，使自己的獨立判斷受到左右。如果你認為自己是擁有自由思想的個體，從眾效應不但會給你一擊，讓你恐慌，也會為規模化的科學帶來令人不安的意涵。

　　若是從行銷人員的角度來看從眾效應，由於他們的任務是創造大規模的商品需求，人類思維的這種缺陷正是天賜之物：驅動我們的思想和行為像一股潮流，會把很多人的欲望帶著走，然後轉化為獲利。其實，已經有堆積如山的研究顯示，從眾效應會影響消費者的選擇，例如我們買的衣服（你是否曾經想過，為何每年總是流行不同的顏色和款式），孩子吵著要父母買的玩具（還記得那隻搔癢會大笑、翻滾的艾摩〔Tickle Me Elmo〕*嗎？希望你早就忘了），和我們購買所支持球隊的球衣（在美國，每年賣最好的籃球球衣，歷來都是取決於當年進入 NBA 決賽的球隊明星球員）[22]。從眾效應，有時也稱為社會傳染（social contagion），甚至會左右我們的政治傾向，影響選舉結果。雖然行銷人員和策略專員的工作，就是設法使人做出某種選擇，從眾效應的確是好用的手段，但對於為了造福社會努力創新的人來說，從眾效應可能帶來偽陽性，使壞構想大

---

* 編注：Tickle Me Elmo 是芝麻街在 1996 年出的絨毛玩具，曾風靡一時。

行其道。

　　從眾偏誤會導致大規模的電壓下降，因為在這種情況之下，決策可能由少數幾個人把持，而非自由思考的整個團隊。就我自己的經驗，不管是家長會、白宮會議或是董事會會議，幾乎每次都會出現同聲附和主導者意見的劇碼。意見領袖總是最熱情洋溢、展現強烈意志的人，經常第一個大聲發言，主導議題和隨後的討論，以暗示或明示的方式，影響所有與會者的意見和決定。儘管沒有一股驅動從眾效應、帶風向的力量，我們還是傾向和能決定我們晉升、加薪那樣的人站在同一邊，預知意見領袖意向會隨時隨地影響一個人決定。因此，受人信賴、有影響力的人發言擁護某個想法或做法（那人不一定是專家，而且或許懷有自己的目的），其他人可能跟著表示贊同。在這種情況之下，看似真正達成共識，其實只是一種偽陽性。要不是想要表達自己和其他人的觀點一致，原本不知道多少人會反對這麼做。接下來你可以想像，在更多的研究出爐之前，這群人已經投票決定擴大實施一個不好的方案，或太早規模化。如果意見領袖能認真聆聽其他人的意見，明白隱含從眾壓力下得到的共識，與真正的共識不同，謹慎提防從眾效應，就可避免這種情況。

　　像先前提到的 D.A.R.E.，美國國家司法研究所（National Institute of Justice）在 1986 年評估認為具有成效，然而直到這個計畫擴大規模在全國實施許久，這個偽陽性的事實才被接受。那時，D.A.R.E. 已經由眾多有影響力的人全力推行，產生從眾效應：從警察局長到教育專家，到社區領袖，乃至雷根夫人（當然她不是專家，卻是數百萬人民信任的人）。「對毒品說不」的運動已經如火如荼展開。再者，這個計畫至此已得到可觀的經費補助，這是另一種社會訊號，使人誤以為這樣的構想可以擴大實施。

重點是，即使是不好的構想，一旦獲得權威人士或機構的背書，就具有感染力。只要夠多的人加入這個行列，確認偏誤就讓人們更難改變當下根深柢固的信念。這就是為什麼 D.A.R.E. 實施這麼多年，不知花了多少冤枉錢，最後才拋棄這種有缺陷的計畫。

這種不幸的模式可能在任何地方出現，從教育（如採用順應潮流但沒有效果的新課程）到醫學（如療效不明的醫療程序或做法被廣為接受）[23] 等。在這些案例中，從眾效應不只可能帶來社會和經濟方面的損害，而且因為占用資源，使其他可能更有成效的計畫或構想受到排擠。好幾代的人被剝奪從有用的構想中獲益的機會。

還有最後一套破壞規模化的隱藏行為缺陷，是**贏家詛咒**（winner's curse）結合**沉沒成本謬誤**（sunk cost fallacy，我們將在第 7 章深入探討這個謬誤）。你可以想像自己是一家私募股權公司的老闆，正在考慮收購一家新公司。你和其他幾家公司出價競標，出價最高的公司就可得標。你是否會因為勢在必得，出價高於該公司的價值？

我曾模擬這樣的情境，在課堂上進行實驗，只是競標的東西不是一家公司，而是一個裝滿零錢的罐子。每一個學生都寫下競標的價格後，我宣布贏家是誰（姑且叫他伊萊吧），伊萊以 25 美元的最高價得標。我說：「伊萊，恭喜。罐子裡零錢都是你的了！你覺得如何？」

「很棒啊！」伊萊喜不自勝的說。然而，等我們數完那罐零錢的總額，發現所有的銅板加起來不到 10 美元。伊萊的臉色變得難看。

這個實驗，我做了十幾年，每次得標的學生都像伊萊一樣，多付很多錢。這是因為當每個人都在猜測價值時，不免有些人過於低估，有些人則過於高估。由於出價最高的人得標，必須支付下標的金額，「贏家」肯定會賠錢。

這是贏家詛咒的經典範例。只要涉及競標，總是會出現這種情況，如創投業者想要爭奪投資某個全新、熱門 app 的機會，好萊塢製片人積極爭取一個備受矚目的劇本，藝術收藏家想要標下紐約傳奇塗鴉藝術巴斯基亞（Jean-Michel Basquiat）的一幅畫作，或你在 eBay 拍賣下標等。這種例子多不勝數，說明一個更廣泛的現象：不管何時，若是透過出價競標的方式取得價值不明確的資產，一旦得標（或同意實行某個構想、雇用某個員工等），通常支付的錢會比實際價值來得多。[24]

　　看似可規模化的構想就像那罐零錢。為了實現構想，我們付了太多錢，後來發現這個構想差強人意時，我們索性忽略這個事實，在成本偏誤（cost bias）下繼續擴大規模：我們不想承認自己看走了眼，投資失敗。然而，在一個有問題的計畫投入再多的錢，問題也不會就此消失，只會使你的損失更加慘重。萬一你發現自己面臨這種情況，除非你能掌握使那個構想做得更好的祕訣，或者擁有經濟學家所說的「比較優勢（comparetive advantage）」，才能高價搶標。這可能是關係到一個構想規模化的關鍵專利技術，或是擁有使營運規模化的核心資源，甚至是雇用有某種特殊專長的人，使你能把競爭者拋在腦後、快速規模化。只有這樣，你才能逃過贏家詛咒，因為你是真正「獲得勝利」的贏家。

　　不管是統計誤差或是人為判斷錯誤，對一個構想的規模化過於樂觀，幾乎總是會造成超額支出和沉沒成本。幸運的是，有一種方法可避免這種偽陽性，這種方法來自改變科學史的一杯茶。

「複製」革命

　　1920 年代初期，有位名叫羅納德・費雪（Ronald Fisher）的統計學家在倫敦北方 30 英里的農業研究機構羅森斯德實驗站（Rothamsted Experimental Station）工作。他很年輕、優秀，還很固執。他的一個同事是傑出的生物學家，專門研究藻類，名叫穆麗兒・布里斯托（Muriel Bristol）。一天，下午茶時刻，費雪為布里斯托泡了杯奶茶。布里斯托馬上說，謝謝，不用了。費雪問道，怎麼不喝？布里斯托解釋說，他先把牛奶倒入杯中，再放茶葉，順序錯了，她比較喜歡先放茶葉，再放牛奶。[25]

　　費雪對這種做法嗤之以鼻，認為茶葉和牛奶的沖泡順序應該不影響奶茶風味。他認為，從科學的角度來看，不管順序為何，奶茶最後的分子組成應該是一樣的。布里斯托信誓旦旦的說，她嘗得出來牛奶先放或後放的差異。他們的一個同事，名叫威廉・羅曲（William Roach）的化學家，建議他們三個人進行實驗，看誰是對的。一場史詩級奶茶大對決就此上演。

　　他們以一種非常簡單的方式來實驗：布里斯托品嘗 8 杯奶茶，4 杯先放牛奶，4 杯先放茶葉，她完全不知道牛奶和茶葉的置放順序。答案揭曉。你猜結果怎樣？

　　她 8 杯都答對。

　　費雪目瞪口呆。布里斯托得意洋洋。如果這兩人是美國西部的槍手，不是拘謹的英國科學家，布里斯托必然已經拿起槍來，瀟灑吹散槍口的白煙。

　　這次實驗是重要科學突破，但和牛奶和茶葉無關（儘管後來證明，沖泡奶茶時，牛奶和茶葉置放的順序**的確**會使乳脂肪球出現不同的反應，奶茶風味因此會有微妙的差異）。此實驗之所以流芳百世是因為：費雪從這個 8 杯奶茶的實驗了解，這個科學實驗當中應該有真正的科學。不久，他就開始研究這點。（嗯，這樣說不完全正確，就像任何值得大書特書的故事一樣，這個科學實驗也有愛情的火花：威廉・羅曲和穆麗兒・布里斯托後來結為連理！）

　　1925 年，費雪出版《研究工作者的統計方法》（*Statistical Methods for Research Workers*），十年後，又出版《實驗的設計》（*The Design of Experiments*），這兩本著作都成為開創性的經典之作。費雪實驗設計的一個關鍵是「複製」：也就是反覆測試並重複驗證能讓結果更有可靠性（這正是布里斯托在奶茶實驗中做的事，她品嘗的奶茶不是 2 杯，而是 8 杯）。如果能建立一個更大的數據集，研究人員就可以減少結果中出現變異或統計誤差的可能性。其實，在奶茶實驗的對決中，費雪輸得很不甘心，認為布里斯托應該品嘗**更多**杯奶茶，以證實上次全對不是僥倖。換句話說，他認為實驗重複的次數愈多，出現偽陽性的可能性就愈低。

但複製本身不能防止偽陽性。你必須把複製的概念再向前推進一步，對結果進行「獨立」的反覆測試。也就是說，必須找到無法從你的成功獲得利益的人或團隊，來測試構想是否能一再複製實現。以 D.A.R.E. 計畫而言，並**沒有**進行反覆測試，等到美國國家司法研究所的報告出爐才知道結果有問題，顯然已經太晚。我們在克萊斯勒推行的員工健康計畫也有類似的情況。如果沒有反覆測試研究就推廣到所有的工廠，公司必然會浪費很多的錢，更別提我自己的信譽。以這個例子來說，由於我們心存疑慮，在還沒進行獨立的複製階段已經先找到問題；若是克萊斯勒把這個計畫規模化，萬一失敗，我們的聲譽就毀了。

為了有效的複製，只有一次實現的結果還不夠，不管是進行研究、計畫，或是產品測試，你必須找同一類型的人來當受試者，而且在理想的情況下，你必須進行三、四次的測試，才能確信自己已經掌握真相。在某些情況下，也許無法這麼做，但我的要點是，在這些情況下，你必須步步為營，謹慎行事，而不是「一心求快，把事情搞砸」，否則你很快就會毀了自己。

這個原則也適用於科學研究之外的領域。在日常生活中，我們確實也會利用同樣的基本方法。比方說約會。你去了一場派對，邂逅了某個人，覺得跟這個人來電，因此想跟他（或她）

約會。但你心想：這個人真的是你的真命天子（天女）嗎？或者是因為在酒精的作用下意亂情迷？如果沒喝酒，也許不會聊得這麼開心？也許，出去約會幾次後，對方的笑話和故事開始讓你覺得無聊。有一個方法可以找到答案：只有花更多的時間相處，你才會知道你們倆是不是天作之合。嘗試新的餐廳、新的 app、新的嗜好等也是如此；本能告訴我們，一次美好的經驗，可能是偽陽性，但是三、四次美好的經驗可以提供可靠的數據。換言之，反覆驗證已成為人類行為的一部分。

再設想一下另一個現實生活的場景，這種事就非同小可。你去看醫生，做了胸部 X 光檢查後，似乎你的左肺上葉出現了癌變組織。噢，這可不妙。這時，你可選擇切除肺部病灶，或是去看胸腔科醫師，聽取第二意見，做組織切片檢查，蒐集更多資料，以決定是否應該接受肺葉切除這樣的大手術。這樣的「反覆測試」也許會發現疑似癌變組織只是發炎，最初的癌症診斷是偽陽性。

若是涉及健康問題，有人或許會說，可能有必要尋求第三意見，甚至第四意見。如果你認為這個建議聽起來很離譜，請看約翰霍普金斯醫學院（Johns Hopkins Medicine）的研究人員在 2016 年做的一項研究。研究人員估計，每年有超過 25 萬名美國人死於醫療疏失，[26] 醫療疏失因此成為美國人第三大死因，僅次於心臟病和癌症！

　　對商業界來說，偽陽性通常比醫學界的偽陽性更容易發現，只要進行抽樣調查，找一群顧客來進行產品或功能測試即可。例如，Lyft 想測試一個新功能，只要把這個功能加入公司的叫車 app，通常會從兩、三個市場開始測試，我的團隊就能獲得足夠的數據來分析，看這個新功能是否值得推廣。

　　然而，在科學研究和公共政策的交會處，由於缺乏獨立反覆測試的經費和評估緩慢，要蒐集這樣的數據更加棘手。幾年前，佛羅里達州進行一項名為合作策略閱讀（Collaborative Strategic Reading）小型先導研究，[27] 似乎這個計畫能夠增進兒童的閱讀能力。這個計畫很快就擴展到其他地方，只是看不到成效：在奧克拉荷馬及德州，5 個區域的兒童接受一連串的測試，結果發現這個計畫對增進兒童的閱讀和理解能力沒有明顯效益。[28] 要是在擴大實施**之前**，他們能找幾組的學童來測試，就可省下大量經費。當然，在廣泛實施之前，必然要花更多的時間，但這或許不是一件壞事。

　　在科學界，複製性研究已經成為熱門話題，引發媒體所說的「複製危機」。自 2010 年代以來，研究人員著手複製幾個備受矚目的實驗，尤其是心理學實驗，發現結果無法複製或再現，因此在各大報紙和電視節目引發熱議。這種現象甚至引發一位心理學家重新驗證 100 個曾在權威學術期刊發表的實驗結果。[29] 令人驚訝的是，其中只有 39 個實驗結果能夠複製。有鑑於我們對偽陽性的了解，這個發現也許不足為奇。無怪乎複製危機帶來可信度的問題，目前科學家正在努力解決這個問題。我自己也參與所謂「檔案櫃問題」的研究。[30]「檔案櫃問題」是指有些研究無法產生預期結果，無法發表，於是文件被丟進檔案櫃，不見天日。這當然是個問題，即使失敗（**特別**是這樣的失敗），對不斷增長的科學知識體系也有貢獻，每一個人都能從中獲益（除了無法印證假設的研究人員，這也就是為何他們的研究結果被束之高閣）。複製，是確定我們從失敗中學到東西的關鍵，而非浪費時間和資源，再繼續探究建立在錯誤科學基礎上的構想。

正如我們在本章中看到的，在大多數的情況下，偽陽性其實不是有人故意造成的，而是源於統計誤差，或是各種會影響我們思考與行為的認知偏誤。但偽陽性也有黑暗的一面。

偽陽性因此進入欺騙的領域，這是規模化的另一個敵人。這個問題不但使科學崇高的目的蒙塵，也可能讓企業和投資人損失數十億美元。

騙子效應

布萊恩・汪辛克（Brian Wansink）是明星教授。

以一個行為科學家受到主流文化矚目的程度而言，他就像食品心理學界的米克・傑格（Mick Jagger）。他是康乃爾大學享有盛名的食品與品牌實驗室（Food and Brand Lab）主任，由於他在環境、食品消耗與購買模式的關連發表很多開創性的研究，在學術界內外都備受關注。多年來，他發表一連串令人驚訝的發現。例如，如果你在饑腸轆轆的情況下去超市，你會購買較多高熱量的食物；[31] 用大碗吃東西的話，會吃得更多；[32] 還有美國經典食譜《廚藝之樂》（The Joy of Cooking）儘管已改版多次，裡面的健康食譜卻愈來愈少。[33] 這樣的發現，引起媒體大幅報導，讓汪辛克有了權威和影響力，從聯邦政府到企業界都奉他為大師。他協助美國政府發布新的飲食指南，也是Google 和美國軍方的顧問，並出版幾本暢銷書。政府官員和企業領袖相信汪辛克，因此挹注資源，推廣他的構想。

沒想到，汪辛克被爆料。原來，多年來他一直在偽造研究結果。他的學術光環其實是建立在偽科學上。

到目前為止，汪辛克發表的研究報告，已有 19 篇被撤回，[34] 有數十篇仍在審查當中。2018 年，《美國醫學會期刊》（Journal of the American Medical Association）曾在一天內撤回6 篇以上他發表的報告。[35] 即使汪辛克為自己的研究辯護，但愈來愈多證據證明他的研究可信度有問題。康乃爾大學針對汪辛克的研究報告進行調查，[36] 最後發表一篇新聞稿，譴責他的學術不端，包括「偽造數據、未能保證數據的準確性和完整性……研究方法失當，（以及）沒取得必要的研究許可。」2019 年，汪辛克離開康乃爾大學與學術界，光環盡失。

　　不幸的是，這種行為比你想的更常見。[37] 幾年前，我寫了一篇文章，題為〈學院派經濟學家行為不檢？三種違反學術倫理行為的調查研究〉（Academic Economists Behaving Badly ? A Survey on Three Areas of Un ethical Behavior）。由於要調查的問題很敏感，為了得到真相，我和同事利用隨機作答調查法，請 1,000 學術機構的經濟學家回答有關違反學術倫理行為的問卷。令人震驚的是：對「你是否曾偽造研究數據？」這個簡單的問題，幾乎有 5% 的受訪者回答「是」。換句話說，5% 的受訪者承認自己是我朋友安東尼歐‧葛拉西亞斯（Antonio Gracias）口中的「騙子」（duper），為了產生偽陽性或達成目的，刻意說謊或扭曲訊息。葛拉西亞斯是特斯拉的首席獨立董事，也是市值達數十億美元的英勇私募基金公司（Valor Equity Partners）創辦人。

　　我是一個研究誘因的經濟學家，很好奇像汪辛克這樣的人是在何種誘因的激發下做出這種行為？他們的所作所為不只是偽科學，更是詐欺。是什麼迫使他們拿自己的聲譽和大好前程冒險？答案是：誘因的結構方式。

　　在學術界，只有在著名期刊發表研究結果，你才能往上爬，經營實驗室，申請到大筆經費補助（通常你的薪水可以增

加，演講費也可能水漲船高）。那你的研究要如何才上得了頂
級期刊？答案是新鮮、令人興奮的研究結果，如果能受到媒體
矚目，那就更好了。因此，汪辛克抄近路，甚至不惜欺騙，其
實這只是因應學術界的誘因機制。當然，大多數一流科學家是
透過嚴謹的研究、創新和千辛萬苦，才能像汪辛克那樣成功，
但也是由同樣的獎勵激發的。如果這麼想，就不難看出為什麼
有人會受到誘惑，用不尊重科學及倫理準則的方式來取巧。

　　在商業領域，說謊或欺騙的誘因甚至更大，特別是公司可
透過首次公開募股（IPO）使市值膨脹，原本苦於籌錢的創辦
人一夕之間就可成為百萬富翁，甚至億萬富翁。伊莉莎白・霍
姆斯就是 21 世紀最聲名狼藉的騙子。她創立的生技公司塞拉
諾斯從投資人那裡募集 7 億美元，由於據說該公司發明的血液
檢驗技術，有望在全世界醫學界掀起革命風潮，公司市值飆升
到 90 億美元。當然，我們現在知道，塞拉諾斯其實是一顆定
時炸彈：那大肆宣傳的技術並不存在。[38] 一旦有人發現公司籌
措數十億美元開發出來的可攜式血液分析儀有問題，霍姆斯就
開始偷偷使用其他公司的檢測儀器。當然，塞拉諾斯不可能讓
「不存在的技術」規模化，最終成為商業史上最嚴重、也最惡
名昭彰的電壓遽降事件！

　　霍姆斯的故事教人嘖嘖稱奇有幾個原因。首先，這個事件
凸顯很多高風險投資最大的缺點：投資人不只是在構想的本身

下賭注，也在提出構想的人身上下注。特別是像塞拉諾斯這個「登月任務」的技術，「必須」經年累月在研發下苦功。由於還沒有可以上市的產品來衡量成功，塞拉諾斯的投資人只好依靠社會認同（social proof），把硬數據擺在一邊。

霍姆斯聰明過人，富有魅力，因此獲得投資人青睞，而投資人又把她推薦給其他投資人，於是形成從眾效應。此外，由於確認偏誤，投資人相信公司會大成功，忽略與期望相左的訊號。這些投資人可不是涉世未深的人，而是包括媒體大亨魯柏・梅鐸（Rupert Murdoch）、墨西哥首富卡洛斯・史林（Carlos Slim）和甲骨文董事長賴瑞・艾利森（Larry Ellison）等商業鉅子。

這場災難可能避免嗎？還是有些人是壞人，天性狡詐？答案可歸結到誘因機制。霍姆斯擁有公司的股權，公司愈成功，賺得就愈多，因此她為了成功，不擇手段。她擁有的股票選擇權價值一度超過 40 億美元！[39] 換句話說，只要她提出的技術能成功，就可以拿到 40 億美元，這是極大的誘因。然而，紙終究包不住火，大家終於漸漸明白，塞拉諾斯的願景最後只是一場空，這種革命性的血液檢測技術其實是建立在虛構之上。為了使不可避免的災難更晚曝光，霍姆斯已顧不得長期成功的誘因，只想在短期內隱瞞真相。她只想用新的燃料（資金）讓夢想繼續在空中飛行，而非用真正的產品和商業計畫，讓公司起飛。當然，燃料不是無限的，總有用完的一天，墜毀是預料中事。

但是，如果有誘因鼓勵公司裡的人注意到異常的情況並說出來，這種情況是否可以避免？然而，就如同塞拉諾斯這個案例，員工揭露的訊息不是上司樂見的，反而因為提出警示，而遭受攻擊，公司甚至威脅說，若是洩露出去，必然會公開提告。[40] 也就無怪乎絕大多數的員工會選擇自保。然而如果公司願意給予提出警訊者獎勵，至少給員工合約保障，保證在公司內部揭露對公司不利的數據不會遭到報復呢？在這種誘因之下，員工就願意說出真相，反正真相終有大白之日，只是不知會以何種方式呈現。如果塞拉諾斯這麼做，也許會提早倒閉，但不會這麼慘烈。

任何產品或計畫要規模化，員工誘因都是關鍵問題。我在 Uber 工作時，如果某個經理提出構想，認為公司可能因此受益。猜猜，誰負責測試這個構想？就是提出那個構想的經理！你知道員工在 Uber 是如何晉升的？就是提出構想，並付諸實施！

當然，在顯示數據時隱惡揚善，和刻意偽造數據大不相同，而這兩個問題的解決之道其實完全相同：也就是獨立複製。這對科學家和企業同樣重要。如果有人提出一個構想，則應由跟這個構想沒有任何利害關係、無法從中獲利的人來進行測試，或者至少必須在實行之前複製看看。否則，誘因就有可能與誠信衝突。

　　因此，要保護自己、使自己免於受騙，必須把誘因放在心上。例如，如果你想買下一家公司，就得考慮賣方是否會留在這家公司工作。若是賣方決定留下來，成為公司的利害關係人，行事之時就有考量公司最佳利益的誘因。如果賣方決定完全退出公司，可能是因為他們知道有關公司的研究、產品或市場有些負面訊息，但你不知道。只有他們知道數據的真實性。我曾進行過模擬這種情景的實驗：我請一群 MBA 學生扮演企業家，把構想推銷出去，但只有扮演企業家的學生自己知道構想能否規模化的真實資訊。他們有幾種交易可以選擇。其中之一是立即獲得款項，隨即走人。其他的情況是，企業家的報酬取決於產品上市之後的實際表現(用經濟學術語來說，就是「分潤」)。你也許可以猜到，知道計畫不會成功的企業家不會選擇分潤。他們傾向立即獲得款項，撈夠了就跑。他們會以可觀的獲利來賣出（不可規模化的）構想。

　　除了兜售構想，大家都知道的教訓是，應該多和員工分享利潤，特別是當員工做出規模化和努力獲取利潤的關鍵決策時。但在新創企業的世界之外，很少公司這麼做，比較常見的是使報酬與未來績效的某些指標掛鉤（如零售連鎖店的採購或在出版社決定購買版權的編輯，他們的報酬視其選擇產品或書籍的銷售量而定），比較可使組織內的誘因和表現一致，也可減少規模化過程中發生的錯誤。

其次，如果你是領導人，也該給底下的人誘因，鼓勵他們成為「偏見顛覆者」。正如我們看到的，組織不一定希望員工說真話，而且常常提出構想的人也是該構想唯一的測試者。這表示，每一個企業和組織都需要魔鬼代言人，也就是故意唱反調的人、團隊或部門。換句話說，這是一股要求更多數據、更多證據的力量。一個真正高明、能規模化的構想必須禁得起最嚴格的檢驗。

＊　　　＊　　　＊

透過本章，我希望大家明白，規模化最危險的阻礙並非無知。無知是知識的幻覺，源於會誤導人的數據、隱藏的偏見或全然的欺騙。幸好，正如我們所見，這些障礙都是可以克服的。然而，即使是能獨立複製的可靠數據、值得信賴的人及正確的誘因，也不能保證某個事業或構想能規模化。

即使你的構想能在某一小群人中驗證可行，也未必意味著結果可以類推到廣泛大眾。那些將從你的構想或產品獲益的人數，是否多到值得規模化？這個問題的答案，就會決定你的事業成敗。

第 2 章

了解你的受眾

2018 年春，距我在舊金山面試近兩年後，我離開 Uber，投入其敵對陣營 Lyft。加州勞工法很神奇的沒有競業禁止條款，使我這次跳槽能無縫接軌：我星期五從 Uber 離職，週末休息，星期一就到 Lyft 擔任他們的首席經濟學家。

前一年夏天，Uber 執行長卡拉尼克因為醜聞纏身（詳見第 9 章）已黯然下台，接著目睹這家公司內憂外患不斷，我也決心脫離這個環境。我想回到相對平靜的學術界，或者追求不同的矽谷經驗。不久，我就和 Lyft 創辦人兼執行長羅根・葛林（Logan D. Green）見面。

葛林安靜內斂，但有幽默感，因此 Lyft 司機多年來在車頭掛上大大的「粉紅翹鬍子」，這就是這家公司的註冊商標。葛林和卡拉尼克截然不同，我一見到他不到十秒就發現這點。他跟我握手，問起關於我的一些問題，而且耐心聽我每一個回答。但葛林和卡拉尼克一樣，對改變都市交通的面貌有著傳教士般的熱情。

葛林是洛杉磯人（卡拉尼克也是，這肯定不是巧合）。打從小時候，他就常被困在長龍般的車陣中，凝視外頭其他一樣被困在車裡、愁眉苦臉的駕駛人和乘客。開車上路不但要付很多汽油錢和保險費，更別提買車了，為的是什麼？既浪費時間，又汙染環境！對他來說，這實在沒有任何道理。他想知道，是否有另一種做法：讓城市的構成以人為中心，而非以汽車為中心。大學畢業後，葛林想出一個解決方案：一家為乘客媒合長途安全搭車的共乘服務公司。因此，在 2007 年，也就是在 Uber 成立的前兩年，葛林和他的朋友約翰‧齊默（John Zimmer）創立辛共乘汽車（Zimride）*，後來更名為 Lyft。

Lyft 和大多數矽谷的公司一樣，擴展方式是以數據為導向，因此我在這裡工作如魚得水，就像我起先待在 Uber 的時候。同樣重要的是，Lyft 擁有正面的職場文化，這反映葛林真心想要改善顧客生活的願望。然而這家公司依然需要在市場上

---

* 譯注：葛林的點子來自一趟辛巴威之旅。他發現，當地政府沒能提供好的公共交通給人民，也沒有資源，民眾要去同一個目的地，就會擠進一輛麵包車中，去自己想去的地方，而這個交通方式居然比他居住的聖塔巴巴拉還有效率，因此興起建立汽車共乘平台的念頭。取名為辛共乘（Zimride），正是為了向辛巴威的共乘文化致敬。公司正式更名為 Lyft 之後，Zimride 就賣給了一家汽車租賃公司。

奪得一席之地，獲取利潤；但碰上像 Uber 這樣積極進取、績效良好的競爭對手，即使卡拉尼克已經下台，也絕非易事。我到 Lyft 上班時，葛林正在尋求突破性創新，以加快公司擴展的腳步。2018 年底，也就是我跳槽到 Lyft 大約半年後，葛林認為他已經找到一種留住更多顧客的法寶：提供特別優惠的會員計畫。

　　葛林會有這個構想，其中一個原因是他了解忠誠消費者的力量。由於他是好市多（Costco）的忠實會員，他知道這種消費者非常願意為會員資格付費，以享有批發價，同時兼顧超市和百貨公司的商品多樣性。這就是好市多與其他大型購物中心的差別。葛林欣賞好市多的高獲利模式，例如，2018 年好市多的淨盈餘就高達 30 億美元。[1] 他們的顧客體驗更教人讚不絕口，葛林自己就非常滿意。儘管他不想強制顧客成為 Lyft 會員才能搭車，但他相信對喜歡獲得優惠服務的常客或一般乘客，會員制應該會很有潛力，可能會大受歡迎。

　　這種模式在交通運輸業並非罕見。世界上有很多公司，從航空公司到加油站、鐵路公司都有會員制，讓會員可享有升等、折扣和附加服務（如舒適的機場貴賓室）等優惠。葛林認為，如果設計得好，類似的模式也能在 Lyft 發揮功用，甚至可能成為長期策略，讓共乘服務的顧客像好市多一億多名會員那樣忠實。然而，在制定這樣的計畫之前，葛林把這個新構想告訴員工，包括我在內，並徵求大家的意見。沒錯，我的確有意見。簡單的說，我認為付費的會員制不可能規模化。

結果，我的觀點是少數。在接下來的幾個月裡，針對這點，我客氣的跟好幾個主管爭論這事。我還記得，我們開了4次會，感覺就像公司的全員大會。有好幾十名員工參加，看我們展開攻防：我是公牛，葛林和其他主要主管是鬥士牛，還是角色反過來？我不確定，但這的確是場精采的競技賽。

不論對於當時或未來而言，產品差異性和顧客忠誠度的確是 Lyft 與 Uber 競爭的策略關鍵，我完全同意葛林的論點。因為面對 Uber 這樣強勁的對手，要擺脫價格割喉戰，只能把焦點放在價格**以外**的特點。但是就如何在那兩大面向上推動公司的新策略，我們意見分歧。葛林對會員制很有信心，認為這就是解方。我也有信心認為不是。我論道，跟好市多或 Netflix 比起來，Lyft 有些它們沒有的弱點，彼此不在同一個基準上。我的想法是，某種商品或服務若是只能透過訂閱才能取得，這樣的訂閱制才能規模化。這就是好市多這樣的公司成功的祕訣。要去好市多購物，你必須出示會員卡才能進入。而叫車服務的市場不同，你只要點一下手機螢幕，Uber 或 Lyft 的車輛很快就會到達，但你還有其他省錢的交通工具可以選擇，如計程車或火車。簡而言之，如果我想買一磅好市多的雞胸肉，沒辦法透過點擊「山姆會員商店」的線上超市 app，把一包雞胸肉放進購物車中。

此外，由於食品和百貨公司商品的販售型態，不管在哪裡，價格和產品通常都是一樣的，而好市多能確定它提供的商品和優惠價是消費者在其他零售商那裡得不到的。從另一方面來看，汽車共享平台是一種在微市場（micro-market）運作的動態產品，價格、需求、供給（可立即供乘客使用的車輛）、抵達時間隨時都在變動。如果一家公司的司機變少，導致車資變高或乘客等待時間延長，想搭車的人很容易轉向其競爭對手。其實，有很多人的手機同時下載 Uber 和 Lyft 的叫車 app，在決定搭乘之前，在這兩種 app 之間切換、查看等待時間和價格。在不同 app 間切換易如反掌，查看估計車資和車輛到達時間，然後決定叫車時，點擊個一、兩下就完成了。

好市多的模式就不是如此，也和 Netflix 的訂閱制（會員制）不同。Netflix 的會員不會在衝動之下取消訂閱，立即轉成另一家影音串流服務的會員，因為轉換必須在另一家建立帳戶，輸入信用卡號。此外，以串流服務而言，為了更豐富的影片選擇，顧客往往會同時付費收看多個平台。

同樣的，你不會因為已經是好市多的會員，就不會在其他地方購物。你也許會在好市多購買所有的家庭用品，但是為了其他產品或品牌，還是會去其他超市購買。但汽車共乘沒有這種差別。在很多情況下，停在路邊的車子，擋風玻璃上同時有

Lyft 和 Uber 這兩家公司的貼紙。就連司機本身也可能同時用兩種 app！雖然可口可樂和百事可樂的產品非常類似，也有不同的品牌，Lyft 和 Uber 的司機不會特別努力去激發顧客對乘車平台的忠誠度，也不認為這件事有那麼重要。這也可以解釋，為什麼我堅信，除非我們能為乘車經驗增加相關商品或服務，只有會員才能享有（例如與聯合航空建立夥伴關係，只有 Lyft 忠實顧客能獲得聯合航空的免費升等），否則規模化將困難重重，甚至不可能達成。但我擔心的不只是這些挑戰。

迪士尼樂園的兩難

自從先驅經濟學家、諾貝爾獎得主亞瑟·劉易斯（Arthur Lewis）在 1941 年發表有關「兩段式訂價法」（two-part tariffs）[2] 的研究報告以來，經濟學家一直在研究會員制的訂價問題。所謂的「兩段式訂價法」是指一家公司要求顧客繳交入場費後，再為產品付一次錢。雖然這聽起來對顧客不公平，但在某些情況之下，這種做法是合理的。這就是好市多模式，你也可以在其他情況下發現這種做法。

以著名的玫瑰碗跳蚤市場（Rose Bowl Flea Market）為例，這個市場兜售各種特別的古董和稀有的珍品，每個月第二個星期在加州帕薩迪納（Pasadena）的玫瑰碗球場舉行。如果你要去這市場，必須先付入場費。買家無不摩拳擦掌，想要搶到好東西，因此入場費的訂價分好幾個等級，清晨 5 點到 7 點第一批入場的 VIP 門票為 25 美元，7 點到 8 點的門票是 18 美元，8 點到 9 點的門票 14 美元，但 9 點過後的一般門票則只要 9 美元。

1971 年，經濟學家華特·歐伊（Walter Oi）在〈迪士尼樂園的兩難〉（The Disneyland Dilemma）這篇論文中為兩段式訂價法提出理論條件，說明為何遊樂園向遊客收取入場費之後，再收每項遊樂設施的費用是合理的；換句話說，即使採兩段式訂價，致使一些遊客無法或不願支付額外的費用，也值得這麼做。最後，迪士尼樂園採取一段式訂價法。很多家裡有小孩的父母都知道，去迪士尼樂園玩，只要支付入場門票，只要進去，所有的遊樂設施都不必再付費。（儘管在像迪士尼這種半壟斷的微市場，食物、紀念品和其他商品可被視為第二段訂價，並從中獲利。這並不完全是會員計畫，但凸顯一個事實，顧客在沒有其他選擇之下，企業可能會出現剝削式的訂價。）

Lyft 的會員制並沒有剝削之意。葛林希望為所有人訂立同一套價格，並給乘客加入付費會員的選擇，使他們獲得特殊優惠，如車資折扣或是優先獲得派車的機會。一般而言，只要顧客覺得加入會員有好處（也就是更低的價格、更迅速的服務等禮遇），就會認為付費加入會員很划算。如果不是這樣，這個計畫就不可能規模化。

因此，有兩種類型的消費者通常會加入會員。第一種會在便宜的誘因之下購買**更多**的產品（或是更常用 Lyft 這樣的叫車平台），我們稱之為「有效益者」。從心理的層面來看，他們利用折扣愈多，就算第一件商品沒有打折，也覺得值得，儘管這樣通常會花更多錢。這種行為模式可以解釋為什麼超市「第二件半價」促銷活動往往非常成功：儘管顧客只需要一件，為了把握折扣的機會，最後還是買了兩件。很多公司認為這是促銷的絕招，這也是葛林對 Lyft 的期望，消費者可以享受價格的優惠和更好的服務品質，也願意多搭乘 Lyft 的車輛。如此一來就能締造真正的雙贏，公司更能因此獲利。

然而，第二種類型的消費者會付費加入會員，純粹因為加入會員划算，不一定會增加上門消費的次數，我們稱之為「無效益者」。以叫車服務而言，如果常搭車，每一次搭都有折扣，那就值得加入會員。但這對 Lyft 來說，就不利了：乘客搭車的次數相同，每一趟車資都有折扣，收取的會員費用無法彌補折扣的部分。

對任何想要推廣會員制的公司，挑戰都是一樣的：「有效益者」的比例必須大於「無效益者」，否則公司就會虧錢。也就是說，你必須好好想清楚，哪些顧客最可能想要加入會員。

這也就是我反對 Lyft 推出會員制訂價計畫的主因。我的直覺是，大多數樂意加入 Lyft 會員計畫的乘客已經是常客。這些人不必再多搭 Lyft 的車，就能獲得最大的利益；換言之，他們是「無效益者」。如果我的想法沒錯，這些顧客不只會吃掉會員制計畫的利潤，甚至最後會讓公司付出更大的代價。

我在會議上說，當然，會員制能激發顧客的忠誠度，使 Lyft 更有吸引力，但也可能帶來財務災難。如果一家公司就要倒閉，顧客再忠誠又有什麼用？最後，葛林還是想給他的計畫一個測試的機會。我仍然持保留意見，但我們都同意，在擴大規模實施之前，不妨先執行一個先導計畫、蒐集數據。

於是，公司設計一個實驗，提供乘客以一個月為單位的會員計畫訂閱機會，可選擇不同的折扣和預先支付的會員費。從 2019 年 3 月初開始，大約在兩週的時間裡，Lyft 設計 6 種會員訂閱計畫，隨機提供給 120 萬左右的乘客，讓他們有機會加入會員：

1. 預付 5 美元的會員費，每一趟行程皆享有 5% 的優惠。
2. 預付 10 美元的會員費，每一趟行程皆享有 5% 的優惠。
3. 預付 10 美元的會員費，每一趟行程皆享有 10% 的優惠。
4. 預付 15 美元的會員費，每一趟行程皆享有 10% 的優惠。
5. 預付 20 美元的會員費，每一趟行程皆享有 10% 的優惠。
6. 預付 25 美元的會員費，每一趟行程皆享有 15% 的優惠。

在這兩週內，接受其中一種會員計畫的乘客在他們居住的城市搭乘 Lyft 來來回回，留下了一串數據。了解每一群乘客行為背後的模式，我們才能斷言會員制是否有規模化的潛力。如果是這樣，對公司和顧客來說，理想的價格點和折扣率為何？

我們好不容易處理完所有的數據之後，大家發現我先前說的沒錯：我們測試的 6 種訂價結構，沒有一種可以規模化。請相信我，即使事實證明我是對的，我並不開心。

為了解開謎底，讓我們回到先前提到的兩種類型的消費者：有效益者和無效益者。畢竟，參與我們實驗的 120 萬名 Lyft 使用者並非單一群體，他們有不同的搭車需求和收入水準，更別提花錢的方式和時機。每一個人特有的消費方式使他們用不同的方式來利用會員計畫。有些人會花更多的錢，有些人則省下更多錢。因此，我的團隊深入研究，看這些使用者可分成哪幾種，以找出模式。有了結果之後，我們就可推斷哪些會員可能會讓公司虧錢，哪些會員則能使公司賺錢。

結果很明顯：無效益者幾乎是有效益者的三倍，這意味大多數加入會員的核心顧客並沒有增加搭乘次數。事實上，他們搭乘的次數不變，卻享有車資折扣（從他們的觀點來看，這樣很划算，但對我們可不妙）。當然，由於有效益者的存在，搭乘總數確實增加了，但是判斷會員制能否規模化的關鍵不是簡單的計算搭乘次數，而是弄清楚**哪些人**搭乘次數增加了。數據顯示，無效益者和有效益者的比例是 3:1，因此我們愈擴大會員制的規模，在無效益者身上虧損的錢，就會比從有效益者那裡賺來的錢要來得多。這並無法規模化。

回到基本的經濟學，也就是說，我們必須改變效益成本比，不是調整會員費，就是要讓會員福利更有吸引力。就會員費而言，透過對實驗數據的深入研究、分析，我們發現，整體而言，如果調高會員費，折扣相同，顧客比較不會想加入會員，反之，會員費不變，但折扣變多，就會比較多人想加入。若是我們只是想讓會員人數達到最大值，顯然，解決方案就是增加折扣。但請記住：我們關心的不是會員人數，而是**誰**加入會員。我們需要設計出一種能吸引更多有效益者與更少無效益者的計畫。

我們分析所有的數據，發現最理想的會員計畫並非我們最初考慮的那幾種，而是預付 19.99 美元的會員費，每一趟行程皆享有 7.5% 的優惠。在這種訂價框架之下，會員會變少（其實，只有一小部分的 Lyft 顧客會加入），然而的確能**增加獲利**。

一旦我們找出最好的訂價和折扣結構，葛林知道，如果我們想要使會員計畫規模化，還需要增加潛在顧客的數量，因此我們必須加入更誘人的優惠。重要的是，這是會員獨享的。我們透過顧客調查和聯合分析，了解除了安全、可靠和便宜的乘車服務，顧客還喜歡優先機場接機、驚喜折扣、免除取消費用和專屬優惠。

於是，我們把這些優惠全部納入，2019 年底，我們的會員計畫 Lyft Pink 誕生了。我們推薦這個會員計畫給每週搭乘兩次到三次的顧客，保證每月支付 19.99 美元的會員費，就能享有「更好的」乘車體驗：每一趟行程皆享有 15% 的優惠，而且不限趟數，以及優先機場接機、免除取消費用（如乘客在 15 分鐘內重新叫車）、免費找尋遺失物品（遺留在車內的東西）、驚喜折扣、專屬優惠，還有在特定市場推出每月免費租借半小時的共享單車或摩托車（透過 Lyft 的單車共享平台租借）的服務。也就是說，車資折扣像是一球冰淇淋，其他優惠則是冰淇淋上面的櫻桃。葛林相信，15% 的乘車折扣（而非我們原本計算的 7.5%）以及這麼多額外的好康，將吸引更多有效益者加入會員。

這樣的優惠實在誘人，因此，3 個月後，已有成千上萬的人註冊加入會員。但是，正如我們都知道的，在 2020 年 3 月中旬，新冠病毒風暴來襲，全世界幾乎都停擺了。共享汽車的業務因此停滯，即使解封，對 Lyft 來說，業務已經回不去了。我們努力撐下去，從成本到顧客，在每一個層面加油。公司內部認為，Lyft Pink 會員計畫將會發揮更顯著的作用。提筆至此，我們已經開始從疫情的陰影走出來，只有時間和數據才能告訴我們 Lyft Pink 是否能規模化。雖然我很樂觀，總得真正嘗試，才會知道結果。最終，有效益者和無效益者的相對數量將是 Lyft Pink 規模化的決定性因素。

了解你的受眾

　　Lyft Pink 的故事，說明各種企業在規模化時都會遇到的挑戰，也就是了解你的受眾。這點很重要，因為如果你不能真正了解你要服務的每一種人，就無法在規模化時準確預測人們對某個產品、服務或介入措施的反應。因此，一旦你已通過第 1 章談的偽陽性關卡的考驗，明確看到你希望大規模實施的計畫是有效果的，下一步就得回答這個問題：這個構想能擴展到**多大**？

　　一般而言，如果你要使一個構想或事業擴大到不同文化、氣候、地理或社會經濟群體，不同的群體必然會做出全然不同的選擇。此外，另一個永遠存在的風險是，參與先導計畫或測試發表的人，行為表現總是與特定區域或文化有關。舉個極其明顯的例子，新的泳衣系列也許在南加州非常搶手，但在整個太平洋海岸到阿拉斯加不見得會大受歡迎。同樣的，地震防災避難包在美國一些會發生地震的地區賣得很好，但在其他地方則乏人問津，因此在全國大規模的促銷這種產品就不合理了。

　　以單口喜劇演員來比喻，如果想博得滿堂彩，就得**了解觀眾**。某個笑點在一場演出引起哄堂大笑，但在另一場，可能讓觀眾笑不出來。也就是說，一個構想能在一個群體中成功實行，但在另一個群體可能會失敗。這就是為什麼你必須了解你的受眾，也就是你的構想是要在什麼樣的人身上付諸實踐，才能評估成功規模化的潛力。又如社群媒體平台 Pinterest，由於主要的用戶是女性，用戶群和營收潛力會有上限。當然，很多企業都有原來就有的限制，這沒關係，即使受限，你的構想依然可能達成目的、帶來利潤。以交友軟體為例，確實可以規模化，但就只能到某個程度。這些公司打從一開始就知道，對伴侶忠貞的群體不會有很多人使用他們的 app。（同時，Ashley Madison 則打出「人生苦短，及時行樂」的口號，開發一個多達 7,000 多萬人的禁忌市場，針對有穩定交往關係，但可能想出軌的人。）[3]

　　然而，如果你在構思產品或計畫，希望能規模化，以產生最大的影響力，你當然希望盡量為更多人服務。愈多人被這個構想吸引，規模化的成功機率就愈高。因此，你必須考量消費者不同的需求、消費習慣和行為傾向，找出利益與好處匯集之處。畢竟，在「獨眼巨人」的國度，一般眼鏡不可能賣得掉。

　　如果你忽視獨特群體或顧客群的特殊需求，必然會出現電壓下降的狀況。關於這個問題，有個教科書級的案例（我確實在一本經濟學教科書寫過這個經典案例），也就是連鎖超市凱馬特（Kmart）的「藍光特賣」（Blue Light Special）。

　　1965 年，印第安納州一家凱馬特的店長靈光乍現，想到一個妙點子。他在滯銷商品貨架上裝了警用藍色閃光燈。接著，員工透過擴音器廣播：「凱馬特顧客，請注意！三號走道的男士冬季外套現在打 5 折。數量有限，要買要快！」貨架上的閃光燈閃閃發光，吸引所有顧客的目光，紛紛衝到貨架，把握搶購時機，以免遲了一步就被搶光。凱馬特著名的藍光特賣，也就是「快閃特賣」（flash sale）的始祖，就此誕生。

　　這種促銷手法不脛而走。不久，全美國每一家凱馬特都有藍光特賣的活動，創下類似的銷售佳績。這個促銷創新方案，很快就規模化，擴展到所有的分店。這樣的成功主要是因為聲光刺激令人亢奮，加上折扣時間稍縱即逝，讓人覺得機不可失。另一個原因是，特賣商品是由各分店的店長決定的。他們非常了解顧客。他們常跟顧客聊天，也跟顧客住在同一個社區，有一些共同的生活經驗。很快的，凱馬特的店長不只是選擇滯銷商品來做特賣，也會在特別的時間點迎合當地顧客的需求，如在大雪後的早上促銷鏟子或融雪鹽。沃爾瑪（Walmart）超市的創辦人山姆・華頓（Sam Walton）說藍光特賣是「有史以來最棒的促銷點子」。

　　不料，這個絕妙的點子最後還是被凱馬特搞砸了。後來，

藍光特賣的商品不是由各分店自行決定，而是幾個月前由位於
伊利諾州霍夫曼莊園（Hoffman Estates）的公司總部拍板定案。
這意味著無論分店位在何處，在懷俄州的拉勒米（Laramie）、
佛羅里達州的薩拉索塔（Sarasota）或是華盛頓州的西雅圖，
如果在某一天舉行藍光特賣，特賣商品完全相同。儘管薩拉索
塔熱浪來襲或是西雅圖大雨不斷，佛羅里達州和華盛頓州的分
店店長不再能自行決定促銷品項，以提供顧客更好的服務。由
於新政策忽略不同顧客群的獨特需求，就算藍光特賣曾經大受
歡迎，也只是曇花一現。

從選擇偏誤到 WEIRD 群體

不同受眾和顧客群之間的差異是不可避免的，致使規模化
出現另一個挑戰。為了真正實現廣泛的影響力，只是了解目前
的顧客或受眾所在地域、人口統計方面等的差異是不夠的，你
還必須考量目前和未來的受眾會有什麼不同。

換句話說，最初的受眾（或者說測試對象或市場區隔）產
生的早期成功能否代表更大的群體，使你的服務得以擴大規
模？在看任何事業早期階段的成果時，你必須正確估量科學家
所說的**人口代表性**。

不具代表性，有可能是意外發生的，也可能是刻意選擇樣

本導致的。如果是刻意選擇造成的，就是所謂的**選擇偏誤**（selection bias），參加計畫的人不是用隨機的方式選取的。這會有問題，因為參與先導計畫或研究的人是最有可能從中受益的一群。例如，飽受失眠困擾者會踴躍參加新型安眠藥的人體試驗！然而，若受試者當中想要獲益的人高得不成比例，研究結果就可能遭到扭曲，投射出比較樂觀的前景。這其實是規模化的假象，也就是科學家所說的**選擇效應**（selection effect）。同樣的，選擇加入健康計畫的人更有增進健康的動力，所以會比沒有加入健康計畫者更樂意去做有益健康的事。在這樣的情況下，你可能會誤以為健康狀況的改善是加入健康計畫的結果，而非其他有益健康的習慣：這就是偽陽性。例如，如果新型安眠藥的研發團隊沒預料到選擇偏誤，也沒糾正這個問題，結果也許顯示這種藥品是有效的，其實只是對一部分的人有效，而非所有的人。這對投資這種藥品的公司是不利的，不僅會因此虧損，同時對真正需要新型安眠藥來改善睡眠的人也沒有幫助。

托娃・列文（Tova Levin）是我教過的一個天才學生。她目前在哈門那公司（Humana）領導實驗策略團隊。這是一家醫療保健公司，透過快速測試來做決策，因此非常仰賴精心設計的研究，以確保擴大規模之後仍有預期效果。例如，有幾個不同的研究旨在改善健康的社會決定因素，如孤獨、三餐不繼等。托娃的團隊在研究中比較在全國範圍內隨機選取具有統計學意義的人群，確保結果不是僥倖或是選擇效應的產物。

這也可能發生在商業界的任何地方。1990年代中期，麥當勞為一種新產品做了廣泛的焦點團體（focus-group）測試。[4]這是款標榜成人口味、價格稍稍昂貴的漢堡：豪華拱門（Arch Deluxe）。由於參加焦點團體的人讚不絕口，麥當勞認為這款漢堡似乎有潛力擴展至全美各地。結果，這款豪華拱門漢堡重磅推出然後豪華的失敗了。它無法規模化。

為什麼重磅推出的豪華漢堡下場如此淒慘？因為參加焦點團體的人無法忠實的反映所有顧客的意見。畢竟，會加入麥當勞焦點團體的人也許本來就是麥當勞的死忠顧客，或是熱愛所有漢堡的人。然而，一般人去麥當勞只是為了吃個大麥克，而非捧得天花亂墜的豪華漢堡。這裡給我們的教訓再明白不過：不要認為你最初的受眾能代表所有的人。

在前面的例子中，選擇效應源於參與試驗的受試者不具有代表性。然而，選擇效應也可能發生在特別挑選的人群樣本中，致使規模化的希望破滅。例如，有一群研究人員想要治療缺鐵導致的貧血。在印度和其他地區，這種貧血病例很多。罹患貧血的人健康的紅血球數量不足，而紅血球是把氧輸送到身體組織的重要細胞，因此病人會出現疲倦、發炎等損害健康的症狀，生活品質也會受到影響。研究人員先進行先導研究，衡量讓受試者攝取加鐵食鹽，如果有顯著的成效，就打算使這種療法規模化，讓更多的病人受惠。獲得治療的受試者顯示情況大幅改善，[5] 於是研究人員將這種療法擴大實施。但是，最後事實證明，在更大的人群樣本實施加鐵食鹽，貧血的罹病率並沒有減少。電壓遽降，為什麼？

研究人員特別找少女來參與最初研究。儘管這種療法對這群少女有益，這樣的好處並未能在更廣大的人群身上顯現。並不是每一個缺鐵性貧血症患者都是青春期的少女，因此這種療法不是專門針對她們，一開始就不該只找她們來做試驗。類似的失敗也可以在其他地方看到，例如由於各個社區對性的道德觀念不同，減少性病的傳播率和促進安全性行為的計畫無法規模化。

這個例子凸顯出，研究人員也許會刻意尋找特定群體來進行試驗，這些人能從研究計畫、產品或藥品獲得最大的好處，因此能展現很大的效益；如此一來，更有機會得到大眾認可，並獲得更多的研究經費或投資。這種風險或誘惑永遠存在。同樣的，如果受試者期待從研究中獲益，說服他們參與研究的成本或許更低。因此，有些研究人員認為這是雙贏：成本低、成效佳。

護理家庭夥伴關係（Nurse-Family Partnership）的做法則有很大的不同。[6] 這個計畫由註冊護理師來幫助孕婦、新手媽媽及新生兒；也研究護理師家庭訪視的次數是否會減少兒童虐待和疏忽的案例，並增進入學準備能力。為了確保樣本盡可能具有代表性，這項計畫的創辦人大衛・歐茲（David Olds），在 3 個城市展開先導計畫：田納西州的孟菲斯（Memphis）、科羅拉多州的丹佛（Denver）及紐約州的埃爾邁拉（Elmira）。這 3 個地點的家庭人口組成特徵都不同：孟菲斯有很多黑人，丹佛的族裔非常多樣化，而埃爾邁拉則是一個傳統製造業城鎮，居民大都是白人。

事實證明，這種積極的介入非常有價值。孕婦吸菸的情況減少了，健康問題也有改善，也不會那麼快又懷孕了。也有更多新手媽媽找到有酬勞的工作，減少對政府救濟的依賴，親密關係也變得更加穩定。至於參加這個計畫的孩子，與沒有接受護理師訪視的兒童相比，學業表現佳，語言能力和自我控制技巧也比較好。最重要的是，後續追蹤調查發現，這些效益可以複製到這些城市和其他的城市。

較好的解決方案是**隨機**抽樣。樣本不能刻意挑選，否則可能會落入欺騙的道德泥淖。也就是說，選擇效應更常是粗心大意的結果。這也就是為什麼，隨機試驗是藥廠研究眾所周知的黃金標準。

2008 年，與多家公用事業公司合作、建構分析與控制家戶能源使用情況的平台 Opower 推出一項節能計畫，寄送信件給用戶，告知用戶能源消耗量，並與同社區鄰居的平均耗能做比較，這個構想是，如果他們知道自己比鄰居省下更多或更少能源就會激勵他們省下更多能源。Opower 企圖用這種「推力（nudge）」方式改善用戶行為，因此在全美進行 111 項隨機實驗，以 860 萬個用戶做為實驗對象。[7] 傑出的年輕經濟學家杭特・奧爾卡特（Hunt Allcott）仔細研究數據，發現初步結果非常驚人，節能成效極佳。此外，經過多次重複實驗，一再印證這樣的結果。這該是個肯定會成功擴大規模到全美國的計畫，對吧？錯了。

即使最初實驗顯示這個計畫成效頗佳，畢竟已經有數百萬用戶參與，能否規模化的關鍵，取決於參與原始計畫及重複實驗的公用事業公司樣本。位在重視環保節能地區的公用事業公司比較可能參與這樣的實驗，用戶也更願意接受這種推力。然而在其他地區，用戶可能因為不同的價值觀和優先考慮事項，發送信件無法促使用戶努力節能。這個計畫在最初的市場很成功，但在其他地方則差強人意。因此，如果規模化，推廣到全國，將會鑄成大錯，至少會冒出電壓遽降的問題。

Opower 公司沒有過濾掉「地點選擇偏誤」的問題，也沒能預見自己會錯誤解讀數據，因此造成偏差。無法完全了解大規模實施的樣本人口差異通常會讓我們誤判，以為自己所見的樣本足以代表所有的人。我在芝加哥高地就親眼見證這個問題。平均而言，我們的家長學苑對促進學童的教育和發展成效不錯。[8] 我們締造傲人的佳績。然而，我們深入研究數據之後，發現**只有**來自西班牙裔家庭的孩子才有很大的進步，黑人和白人家庭的小孩則否。關鍵在於多代同堂的家庭類型。在芝加哥高地，比起黑人和白人家庭，西班牙裔家庭平均而言多代同堂比較常見，家庭也比較完整。這意味，如果父母無法到學校參加會議或幫助孩子做家庭作業，姑姑、叔叔、爺爺、奶奶或堂表兄弟姊妹可以隨時伸出援手，孩子的學習不會中斷。在這種情況下，如果要擴大實施計畫，重要的是在最初的研究中隨機選取家庭樣本，才能了解哪一種家庭能從計畫受益（反之，如果依照 Opower 的策略，讓人自行選擇加入計畫，參加我們研究計畫的家庭大部分將是西班牙裔家庭）。

這些挑戰甚至動搖社會科學的根基，也是我們當代對人性了解的基礎。在過去的一百年，心理學家及來自各個學門的科學家（包括經濟學家）進行很多實驗，聲稱對人性有了放諸四海皆準的發現。例如，什麼是人們互相合作的誘因[9]、市場的內部運作[10]、為什麼有些人會歧視別人[11] 等。這些發現會影響一切，包括交易機構的設計、聯邦公平就業法等。數據就在那裡，實驗也都能複製，那麼還有什麼可能出錯？其實，每一個地方都可能出錯。

1990 年代中期，約瑟夫・亨里奇（Joseph Henrich）是一名傑出的人類學博士生。他為了研究去了祕魯進行田野調查，以一個亞馬遜原住民社群做為研究對象。他決定進行一個行為經濟學實驗，以了解該社群對公平的態度，是否顯現科學家認為理所當然的人類認知基本要素。也就是說，我們認為自私自利的人（在亨里奇的實驗中，就是不願公平分配金錢的人）該接受懲罰。讓他驚訝的是，祕魯的受試者並非如此，他們不願懲罰那些對自己不公平的人。由於這個發現，亨里奇在接下來的 25 年不斷研究這個問題：是否社會科學的普遍觀點只適用於 WEIRD 群體，也就是來自西方（western）、受過教育（educated）、工業化（industrialized）、富裕（rich）及民主（democratic）的社會？是否很多西方的科學發現其實並不適用於全世界？[12]

令人震驚的是，在很多情況之下，答案似乎是肯定的。這個發現迫使很多領域的科學家對基本假設提出質疑。至此，你可能會這麼想：為什麼這麼多科學家會忽略文化對人類行為的明顯影響？（儘管這個問題出於後見之明。）答案就在一個簡單的事實裡，也就是從歷史上來看，絕大多數的研究對象都來自西方文化。其實，美國大多數的社會科學研究者都是在校園裡尋找研究對象，可以說，就是找美國大學生（來打啤酒乒乓球！）。＊這個星球人類形形色色，這些學生不算是最有代表性的樣本。

　　這個巨大的科學盲點顯示，很多看似無懈可擊的研究結果，事實上並不適用於非 WEIRD 群體（也就是無法「規模化」）。例如，在我的現場研究中，我發現在崇尚父權的西方社會有個廣為流傳的文化假設，也就是認為女性在本質上不如男性好強，但這個假設在印度的母系社會並不成立。在適當的條件下，女性和男性一樣爭強好勝、具有支配欲望並渴望權力！此外，在這樣的社會之中，男性的行為則比較像西方對女性的刻板印象。[13]

　　簡而言之，如果我們社會科學界希望盡可能擴大影響力，我們有重要的事要做。我們在進行新研究的時候，必須擴大受試者樣本，從全世界的社群取樣，而且應該透過「自然現場實驗」（natural field experiments）來完成這樣的研究；也就是讓受試者自然的參與，而非讓他們透過自我選擇的方式來參與實驗。這種方法可使實驗方法和自然產生數據中最有吸引力的元素相結合。在很多情況下，我們的心態必須轉變，從制定基於證據的政策轉向產生基於政策的證據。

　　企業可以（也愈來愈常）運用這種方式，在不同文化群體

---

* 譯注：啤酒乒乓球（beer pong）是源自美國的桌上遊戲，首先，在長桌的兩端擺放各10個杯子，並放置成三角形。決定遊戲先後順序後，一方將乒乓球投入另一方的杯子中，則另一方要喝完杯子內的酒，並將杯子移開，以便遊戲繼續進行。最後，看哪一方先將乒乓球全數投入對方的杯子中，就是最後贏家。

測試自己的構想或產品,從焦點團體轉向在「現場」進行實驗。回想一下我們是如何測試 Lyft Pink 的會員計畫,那純粹是一個自然的現場實驗。

如果從全局來看,我們在這裡學到的教訓是,你忽視自己承擔的風險:在評估一個構想的早期反應時,你得查看被隱藏的東西,確保參與試驗的群體具有代表性,能代表你最後希望觸及的更大的族群。為了找出真正可用的知識,重要的是找出異質性,而非把異質性隱藏起來。事實上,我建議更進一步,在早期就盡可能去發掘、檢視人們隱藏的差異。畢竟你最終希望能規模化,那樣做不只能為你的構想規模化帶來有價值的洞見,也因為這樣能與競爭對手做出差異,脫穎而出。這些差異可能涉及地理位置(如我們在凱馬特連鎖超市看到的)、家庭結構(如家長學苑)、行為模式(如我們在 Lyft 測試會員計畫所見)和文化態度和規範(如性別角色及公平的構成要素),及在那之間的一切。

如果你是中學校長,正在考慮實施一項看似會有成效的新措施,例如,增加學生錄取四年制大學的機會,就得調查在既有計畫實施地點的學生社經背景是否與你自己學校的學生有所不同。若你是個創投業者,正考慮投資一家頗有潛力的公司,那你得了解該公司的商業模式是在哪裡取得成功的,以及他們的合作對象。簡而言之,思考你的受眾。接著,當你準備提高電壓時，找尋你目前尚未觸及、但調整模式後可以納入的對象。

這就帶來一個重要的問題：如果我們發現目前的模式碰到瓶頸，而我們仍有擴展規模的雄心，那該怎麼做？

擴展你的受眾

拉法耶・伊里許耶夫（Rafael Ilishayev）和雅基爾・戈拉（Yakir Gola）很愛抽水煙。

2013 年，他們倆是費城卓克索大學（Drexel University）的大二學生。這對年僅 20 歲的哥兒們喜歡一邊聊天，一邊抽水煙，直到深夜，也就是直到水煙菸草沒了，或是餓了想吃點東西。接著，他們不得不疲憊的跋涉到最近的便利商店。如果商店都關了，這晚就到此為止。這種空手而回的困境給他們一個靈感。

拉法耶和雅基爾利用二手家具買賣賺來的錢當做創業金，創立一家新公司。他們的宗旨很簡單：**一家能送貨到府的便利商店**。他們設計一個 app 讓用戶下單。不久，兩人每週都工作百來個小時，在費城各地送貨。他們外送的東西包括水煙菸草、洋芋片、一手啤酒或飲料、蚯蚓軟糖、冰淇淋到微波墨西哥捲餅。他們將公司取名為「Gopuff」（意為「呼煙」），畢竟這個商業靈感源於他們最愛的水煙，這家公司的生意有點像 Amazon 賣校園零食套組，不過在 30 分鐘之內就可送達。

Gopuff 從小生意開始做起，不久就以極快的速度擴大規模。拉法耶和雅基爾找到了早期投資人，建立員工團隊，和各品牌談批發價，雇用自己的外送員，並運用社群媒體以幽默的方式向千禧世代行銷。由於拉法耶和雅基爾對受眾瞭如指掌，他們的事業具有明顯的可擴展性。

他們把業務擴展到其他城市，拉法耶和雅基爾很快就在這個新的、飛快成長的食品外送利基市場分到一杯羹。截至目前，Gopuff 已經有大約 7,000 名員工，在 650 個城市營運。[14] 2019 年，公司營收已經超過 2.5 億美元。據報導，2019 年，日本投資巨擘軟銀集團（SoftBank）在 Gopuff 投資 7.5 億美元。[15] 不管 Gopff 的兩位創辦人一開始是否意識到公司完美鎖定某個客戶群，但這個客戶群的確是他們所熟知的，亦即跟他們需求一樣的人。就像很多偉大的構想，他們的點子來自確定自己想要什麼，事實證明，這也是其他許許多多的人想要的東西。

然而，儘管 Gopuff 有利可圖，但拉法耶和雅基爾了解，他們的市場有上限。大多數的成年人過日子的方式不像大學生。這代表他們目前忽略巨大的潛在客層。他們的銷售設備已經建立好了，可繼續擴展，但為了做到這點，他們必須重新思考他們銷售的東西,以及銷售的對象。

2020 年,拉法耶和雅基爾來找我,與我討論 Gopuff 如何在新市場開展。我提醒他們,如果他們不考慮不同人口結構(人口老化)的目標客戶(老年人),規模化可能會失敗。拉法耶和雅基爾決定,他們得提供更多種類的商品,迎合不同的新客群所需。這是個明智的決定。換句話說,他們需要做的是商品多樣化。例如,為了滿足老年顧客的需求,Gopuff 必須也提供藥局的即時配送服務,不只是便利商店。為了吸引新手父母,他們也得全年無休提供尿布、嬰兒食品和嬰兒溼紙巾等。為了讓這些比較成熟的新顧客了解 Gopuff 新增外送品項,他們也需要新的行銷方法。他們做了這些改變。沒想到 2020 年爆發新冠病毒大流行,他們的業績一飛沖天。2020 年上半年,他們的銷售額暴增 400%。

Gopuff 的迅速爆紅和規模化並非複製早期的成功,給同樣的顧客更多他們想要的東西。反之,他們是透過商品多樣化、提供更多種類的商品以擴大顧客群。他們透過這種方式,也就是提供不同的選擇給不同的人,大規模拓展顧客群。

速食店也會這麼做,也就是在菜單上增加新品項,效果往往比麥當勞當年推出豪華拱門漢堡好得多。例如,塔可貝爾(Taco Bell)在 2018 年推出納喬薯條(Nacho Fries)*,不久就成為半個世紀以來最受歡迎的品項。[16] 雖然塔可貝爾在其他國家早就推出納喬薯條，這種薯條首次在美國亮相時，還是讓常客興奮不已，也吸引了新顧客。

如果增加商品品項會太複雜或成本太高，致使規模化難以為繼呢？可以試著保持商品不變，但設法降低價格或改採更容易生產的方式（如尋找好的生產或銷售模式）。也可以考慮把商品賣到潛力更佳的新市場，找到更多需要你的商品、也負擔得起的顧客。然而，如果這些調整策略都無效，就該考慮退出或轉向了。

類似的原則也可運用在非營利機構和公共政策倡議。我曾幫忙山巒協會（Sierra Club）募款。[17] 我從現場實驗發現，如果引進配套捐贈計畫（例如，如果你今天捐 100 美元，將搭配另一個匿名者捐贈的 100 美元），男性捐贈者就願意捐更多的錢。然而，女性則不受配套捐贈計畫的影響。當然，我不想放棄女性捐贈者。因此，我嘗試其他方式，如小額捐款。同樣的，我們發現在芝加哥高地實施的家長學苑計畫，只有西班牙裔家庭成效不錯。但我們沒有就此止步。我們嘗試發展其他計畫，也就是進行有效的「商品調整」，如全日制幼兒園，結果黑人和白人家庭都能從這個計畫受益。

在這個紛雜的世界要將計畫規模化，不能只想著找出一體

---

* 譯注：納喬薯條是以墨西哥香料調味、佐以玉米片奶酪醬的薯條。

適用的方法。你要做好心理準備隨時調整，以滿足**所有**受眾的需求。

*　　　　*　　　　*

　　無論是在商業、科學研究、教育或政策制定的領域之中，如果沒有好好考慮未來受眾的需求，即使是最好的構想，也會在規模化時碰到電壓下降的問題。而接下來我們將學到一點，施行的情況（即 5 大攸關性命的指標中第三項）也同等重要。

第 3 章

關鍵是廚師，還是食材？

2008 年春，如同鄰家大男孩般親切的英國名廚傑米・奧利佛在英國開設他的同名義大利餐廳 Jamie's Italian 旗艦店時，他似乎已經掌握完美的配方，不只以合理的價錢提供健康、美味的義大利餐點，而且是有可能快速規模化的連鎖餐廳。

此時，奧利佛已舉世知名。這位上相、年輕的副主廚自從 1997 年被 BBC 製作團隊發掘，不但主持的節目《原味主廚》（*The Naked Chef*）收視率高，還出了同名暢銷食譜書（節目和書名當中的「naked」指奧利佛的烹飪風格，也就是用最簡單的烹調方式表現食物的原味，和他的衣著無關）。他最愛新鮮而廉價的食材，喜歡簡單上菜，而非珍稀的材料和繁複的烹飪手法。他向世人表明，即使沒有廚師的專業訓練，沒有高超廚藝，也可以在家做出美味、營養的菜肴。他的簡單餐桌很吸引人，讓所有的觀眾，不管男女老少，都為之折服。

　　奧利佛的節目愈來愈多，食譜書更一本一本的出。更令人敬佩的是，他成立一個基金會，在英國各個學校努力推廣健康烹飪與營養教育，以減少過度肥胖及與飲食有關的病症。他還創立一個非營利計畫，培訓弱勢家庭的年輕人成為熟練的廚師，讓他們踏上光明的前程，也為餐飲業注入多元化的新血。奧利佛的連鎖餐廳能規模化，不只是因為烹飪風格，更因為他建立一套價值觀，並帶給人們「食物也是社會變革的一條路徑」這道希望的訊息。兒時有著紅通通蘋果臉頰的他，在父母開的鄉村酒館裡切洋蔥、端啤酒給客人。似乎他唯一的人生目標就是在高度競爭的餐飲界稱霸。誰會說他不能成功呢？至此，他的生涯證明，他是那種能輕易建立一個帝國的天子驕子。

　　奧利佛的第一家義大利餐廳在英國牛津開幕時，毫無意外的引來大批饑腸轆轆的饕客。這家餐廳獲得《衛報》的讚揚。[1]更重要的是，餐廳提供高品質的食物並不會讓一般人荷包大失血。似乎奧利佛有點「食」成金的魔力。他為自己的義大利餐廳擬訂一個野心勃勃的擴張計畫，這將考驗他的商業頭腦。正如《衛報》的評論家所言：「如果傑米能複製早期牛津總店的模式，很快就可以在全英國養出一群能夠抵禦不景氣的金雞母。」換言之，如果他能使最初的概念規模化，他的餐廳將銳不可當。這就是奧利佛的雄心，然而，正如我們已經看到的，規模化的過程往往會撐開企業中的隱形裂痕。那麼，奧利佛的

餐廳能增強電壓，不負人們的期望？或者可能不敵電壓下降而
走向失敗？

　　奧利佛的連鎖餐廳在短短幾年內已打入 27 個市場，擁有
70 家分店，很多都在海外。[2] 這種閃電般的擴張速度令人印象
深刻，因為一般而言，廚師的手藝很獨特，難以規模化。一個
人在任何一個專業的獨特技能是不可能大量複製的。原因很簡
單：這種高手是不能複製的。用古典經濟學的術語來說，無論
需求量有多大，供給量（某種烹飪才華）是有限的。在這種情
況之下，規模化注定失敗，除非廚師能把自己的祕笈傳授給學
徒或雇員，然而這是非常困難的事。這可以解釋，為何極少數
超級難訂的頂級餐廳很難展店。即使開了分店，不久品質就會
下降，來店的顧客數目也會下降。人類的才華也很難規模化。
餐飲業付出很大的代價才得到這樣的教訓。這就是為什麼世界
級的名廚都會根據聲譽和品質來衡量自己餐廳的成功，而非展
店數。

　　名廚費蘭・阿德里亞（Ferran Adrià）在西班牙開設的鬥牛
犬餐廳（El Bulli）[3] 獨一無二，便是這種成功的縮影。他那大
膽的分子料理實驗全靠他獨特的專業知識和天賦。由於他在創
作分子料理時要非常專心投入，多年來他數次關閉餐廳，有時
長達 6 個月，以發明突破性的新菜。然而，他知道不是閉關修
練就夠了，他了解自己的限制，而且設法會把自己的局限化為

優勢。在 2010 年，餐廳關門前最後幾年（他自己決定歇業），據報導每年有 100 萬人想要在他的鬥牛犬餐廳訂位，但只有 8,000 人能訂位成功（顯示稀有和獨家令人趨之若鶩）。阿德里亞很清楚，如果他把自己的創新料理規模化，擴展到許許多多的分店，包括他獨創的白腎豆泡沫和長得像葡萄的液體橄欖，幾乎可以肯定，在他沒有親自監督的廚房，品質必然會下降，出現電壓遽降的問題。換言之，他明白，身為主廚的他就是鬥牛犬餐廳成功的祕密。

那麼，奧利佛要如何越過這個障礙，突破餐飲業無法規模化的難題，成功規模化呢？

首先，Jamie's Italian 能一炮而紅，火速展店，是因為奧利佛的名字和臉孔就是一個非常吸引顧客的品牌。如果顧客喜歡你、信任你，名氣和品牌知名度很快就能推升規模化，而奧利佛不只是名人，更是有信譽的名廚。然而，光靠這點並不能保證餐廳連鎖店能大規模的發展。無數由名廚（或是名人）開的餐廳甚至在還沒開始規模化前就失敗了。何以 Jamie's Italian 能讓顧客一再光顧，而且不斷吸引新客人上門？因為這家餐廳就像他的食譜，提供的料理都是用新鮮的食材、簡單烹煮而成，不是用奢侈的材料，也不是烹調做法繁複的菜肴。簡而言之，奧利佛和阿德里亞那一派的廚師截然不同。奧利佛的成功不在創新，也不是技術風格，而是人人都做得來。這意味其他廚師輕易就可複製他的廚藝，餐點也可以控制在顧客願意經常負擔的合理價格。大多數名廚如要規模化，不免會陷入左右為難的困境，奧利佛就用這種方式突破障礙。阿德里亞成功的祕方是他本人，而奧利佛的祕方是他的食材。食材不像天才，非常容易規模化。

然而，這種快速、大規模的擴張方式終究不是奧利佛應付得了的。他不了解，他的餐廳帝國成功的祕訣是否還有其他不是那麼明顯的因素，一旦改變，整個帝國就會瓦解。奧利佛就敗在這點。

首先是行政總裁賽門‧布雷根（Simon Blagden）。布雷根是經驗豐富的高階管理人員，自奧利佛的連鎖餐廳成立以來，一直是餐廳營運的掌舵者，而且精通開店門道，能掌握展店的地點、時機和方法。這是一種獨特、很難複製、擴展的技能，只有在餐飲業打滾多年的老將知道如何選擇加盟夥伴：加盟主最好和奧利佛的價值觀相合，重視優質有機食材的採購，保持一流的料理品質，即使這麼做會減少利潤。布雷根還貫徹正面的公司文化，因此員工願意留下來，很少人離職。在人員流動率高的餐飲業實在很不容易。布雷根的商業直覺是長期磨練出來的，特別是就人員招募和尋找合適的人方面。他是奧利佛的餐廳規模化不可或缺的助力。

奧利佛本人則是另一個因素。儘管連鎖餐廳分店愈開愈多，他盡量到店裡監督營運狀況。他的精神和使命是他餐廳品牌的一部分，而這個部分是可以擴展的。即使奧利佛無法在全世界打著他名號的餐廳親自為客人做菜，依然可讓每一個來客感覺到他的影響力。不幸的是，奧利佛低估自己對餐廳的重要性。

2017 年，布雷根帶著兩個高階主管出走，奧利佛的連鎖餐廳開始崩壞。奧利佛找人取代他們，但犯了一個錯誤，也就是找個不合格的人來掌管餐廳，並繼續展店，那個人就是他的妹夫保羅·杭特（Paul Hunt）。杭特以前是股票經紀人，1999年曾因內線交易被判刑、罰款，因此對 Jamie's Italian 這種以價值為導向的餐飲集團，並不是最好的人選。更重要的是，杭特在餐飲業的經驗不多。他擅長的是砍掉負債累累、嚴重虧損的分店，但在選擇新的開店地點和合作夥伴以擴張版圖方面，就少了布雷根的魔力。正如奧利佛餐飲集團未來的執行長在帝國傾圮之後的公開談話：「我們太快在錯誤的地點開了太多餐廳。」[4]

正面的公司文化才留得住人。杭特留不住員工，這點也是規模化的致命傷。從奧利佛餐廳離職的員工後來曾描述杭特這個人，說他是個惡霸，而且有性別歧視的問題，使員工士氣受到打擊。（然而，奧利佛曾公開為妹夫辯護，以減少外界對他的撻伐。）

更糟的是，這時奧利佛已忙得焦頭爛額，能出現在餐廳的時間很有限。他的缺席，加上杭特的缺點，導致領導力真空，加上美食外送產業的競爭，奧利佛的餐飲集團更難靈活適應這個不斷變動的市場。這是個當頭棒喝，亦即成功規模化不只是維持生產力、分配與需求，也要能在情勢有所轉變時靈活應變。如果關鍵人物顧此失彼（記住，人才無法規模化！），企業就會變得遲鈍笨拙。

而對任何餐廳來說，最糟的不是輸給新的競爭者，而是品質下降。這正是傑米奧利佛餐廳面對的重擊。顧客在網路及媒體留下一大堆負評（一位顧客在 TripAdvisor 發表評論說：「不但難吃，服務也教人不敢恭維。」還有無數的顧客也有同感）。一位美食評論家在《週日泰晤士報》（*Sunday Times*）寫道，在 Jamie's Italian 用餐的經驗讓她想大喊與翻桌。[5] 或許奧利佛也會想這麼做。2019 年初，奧利佛的餐飲集團虧損 1 億美元，他不得不關閉該集團在英國的 25 家餐廳，資遣 1,000 名員工。[6] 2020 年，他在別無選擇之下，只能關閉更多的分店，包括台灣和香港。

奧利佛曾經風光好幾年，很少有廚師能像他這樣成功規模化。但最終，規模化的電壓減弱，無以為繼，於是他的餐廳帝國瓦解了。

可妥協 vs. 不可妥協

　　奧利佛的義大利餐廳倒閉不是因為偽陽性（味蕾不會說謊），也不是這個餐飲集團不知道自己的受眾（他們的菜單和價格都是針對中產階級的顧客設計的），而是奧利佛似乎不全然了解他一開始平步青雲的原因。他不懂成功規模化的相關要件，必須**保持**這些要件，才能維持規模化的高電壓強度。

　　在第 2 章，我們看到，電壓下降可能源於對受眾或客戶的誤判，認為他們能代表更大的人群。但任何想要擴展自己的構想或事業的人，也必須考慮**某些情況代表的要件**，或是規模化所需的天時地利。Jamie's Italian 走向規模化的情況，和餐飲集團剛成立的時候類似嗎？答案是肯定的……直到某些不可或缺的因素出現變化。

　　對任何構想或事業（不只是餐飲連鎖店）要持續壯大，你必須知道高績效的驅動力為何，並盡可能維持這股力量。要做到這點，在做任何事之前，你必須好好想清楚：你的成功祕方是「廚師」，還是「食材」。換句話說，你的小規模成功主要取決於什麼？是你的構想或產品最關鍵的人物，比方說，為你打造營運平台的工程師，或是為你的非營利事業募款的知名代言人，還是構想或產品本身？如果涉及到人，你必須了解負責實施這個構想的人是否忠實履行構想的每一個部分（在政策圈，這就叫做「政治決心」)。了解這點並不是成功了一半，而是全部的成敗關鍵。

　　如果你的答案是「廚師」(也就是人)，你的發展很可能會受限，畢竟，正如我們所見，擁有獨特技能的人本質上是無可擴展的。但這並不是指你無法獲利，只要你打從一開始就了解規模化的限制，依然能夠賺錢。李斯特貨運公司（List Trucking）就是無數例子當中的一個。這是我祖父開創的家族企業，他一個人單打獨鬥：一個人、一輛卡車、養活一家老小。我父親接手後，公司稍稍擴展，多了幾輛卡車，大抵還是他一個人幹。後來公司交給我哥哥，現在基本上是由他和另一個人經營。我祖父、我爸和我哥都是了不起的人，辛勤幹活。但你知道嗎？他們無法規模化，因為他們的貨運公司靠的是人，而非材料。換言之，他們像廚師那樣用技藝謀生，不是利用食材大發利市。當然，有些貨運公司的規模很大，擁有數百輛甚至幾千輛卡車和很多員工，但對很多小公司來說，他們是靠個人風格在做生意，即使無法擴展規模也沒關係。我的家人沒有擴展公司的雄心壯志，只要守住這個小小的家族企業，過著幸福快樂的日子，他們已心滿意足。

　　重點是，你要知道你想要開一家由家庭成員經營的小店，或是像 Uber 那樣想要打入全球市場的大公司。如果你的構想取決於廚師**和**食材的組合，如 Jamie's Italian，你則必須確定兩者的相對重要性。就食材而言，哪些是**可妥協**？哪些是**不可妥協**的？然後想想：就那些不可妥協的食材，也就是你的事業不可或缺的材料，是否不會有供應問題？以確保規模化是可行的。

例如出版這本書英文版的方今出版社（Currency）在企鵝蘭登書屋（Penguin Random House）出版集團旗下，他們的銷售網絡是關鍵因素，由於系統和基礎設施已經建立完成，銷售業務可以規模化。就算全美國各地一下子開了兩百家新書店，出版社將能夠幾乎在一夜之間把書發到這些新開的書店。另一個關鍵因素則是好的內容。由於偉大的構想和一流作家不多，好的內容無法規模化（正如世界級的名廚一樣有限）。因此，如果出版社計畫進一步擴大規模，首先必須確定哪些關鍵因素可規模化，哪些則否。在這種情況下，如果他們把規模擴大為原來的兩倍，即使能夠發行，內容將會是個問題。

如果你放慢腳步，環顧四周，你將發現，可妥協和不可妥協的問題隨處可見。比方說，你把一部車的組成零件拆解開來，就很容易看到哪些是可妥協的要素，哪些則是不可妥協的要素。如果一部車要在路上跑，必然少不了 4 個輪胎和引擎，至於最先進的導航系統和給後座乘客看的電視螢幕，沒有也沒關係。在經濟學中，評估這些組成部分的價值就是所謂的特徵分析法（hedonics）。對你的構想進行類似的特徵分析是規模化科學的核心要務。

　　不可妥協的東西具有無限的價值，因為如果沒有這樣的東西，你的企業就不能規模化。而可妥協的部分則價值有限。只有不可妥協的東西無匱乏之虞，才能成功規模化。總之，就成長中的企業而言，一旦不可妥協的東西面臨短缺、不再能規模化，就會開始失去電壓。

堅守信念

　　正如前面的例子所示，想要在企業成長過程保持高電壓，一定要**取得**可規模化但不可妥協的資源。以 Airbnb 為例，在創業之初，不可妥協的資源就是數位平台和房源，公司必須保有這兩個要素，才能規模化（當然，他們也可以擴展其他服務）。隨著公司的成長，你也許會新增不可妥協的東西，或用新的東西取代舊的。如 Netflix 在成立早期，不可妥協的因素包括 DVD 郵寄業務所需的基礎設施。今天，這種設施依然可用，然而已經變得可以妥協，因為出現新的、不可妥協的東西，包括串流內容資料庫和提供內容的線上平台。

　　然而，堅守不可妥協的東西，常會在擴大規模時帶來困難。最明顯的一個例子莫過於醫護人員長久以來面臨的一個挑戰，讓病人按時服藥，就是所謂的服藥依從性（compliance；

或 adherence）。藥物要發揮藥效，病人必然要遵照醫囑服藥，這是不可妥協的。病人要服藥，病才會好。如果你不塗抹藥膏，你的皮膚因為黴菌感染冒出來的疹子就不會消；你若是不吃抗生素，你的鏈球菌咽喉炎就不會很快好起來。沒有遵照醫囑按時服藥的病人不會得到所需的好處（除非是無法確立療效的實驗藥物，或是藥物會帶來無可忍受的副作用），甚至可能送命。

然而，依然有病人不遵從醫囑，讓全世界的醫護人員大傷腦筋。其實，一個多世紀以來，醫師一直在努力了解這個現象。如果病人不好好接受治療，醫學知識就無法拓展和進步，病人也就無法從中受益。因此，頑抗不從的病人一直是醫學進展規模化的一大障礙。

缺乏依從性的問題，也會為政策和公共財的規模化帶來重大挑戰。試想：社區蓋了一個新公園，如果沒有人使用，社區就不會受益。同樣的，如果沒有人參加就業培訓計畫，這樣的計畫也就沒有任何好處。這些個別案例可能看來沒什麼，但想像一下，500 個沒有人利用的公園，或是 500 個沒有人參與的重新就業培訓計畫，這些代表大規模的失敗。

依從性（簡單說就是「使用」）對任何一項政策、計畫或事業的規模化是不可妥協的。正如要注意焦點團體可能不足以代表更大規模的族群；先導研究的設計者必須注意，大規模推動時依從性程度是否會下降。商業世界也會有這種不易察覺的陷阱。

在醫學領域，會有這麼多關於依從性的研究是有原因的。當然，醫療機構關心病人的安康，但由於大藥廠有極大的獲利動機，只要病人能好好服藥，這些藥廠就有很大的既得利益。也就難怪這個領域的很多研究都是由大藥廠贊助的。保險公司也有明確的獲利動機：他們希望你遵照醫囑服藥，變得更健康，為你支付的醫療費用就可減少！壽險公司也是一樣：你活得愈久，他們能收的保費就愈多，死亡保險金的給付也能再往後延。

任何以經常性購買和消費為基礎的企業都會碰上依從性的難題，為了擴大規模，他們不只希望顧客上門，更希望顧客實際使用商品並獲得足夠多好處，才會一再使用。例如喬氏超市（Trader Joe's）的沾醬，如果你沒有先試吃並覺得喜歡，他們沒辦法讓你迷上這款沾醬。（會對人體有所作用，讓人上癮的產品也是，如香菸。）同樣的，如果你想參加就業培訓計畫，但第一天就缺席，就不會覺得這個計畫有用，也不大可能完成培訓。又如，你幾天沒有吃藥，卻覺得比較舒服，就不大可能完成整個療程。因此，一個構想或產品要成功規模化，只是找到受眾不夠，還必須確保受眾會以你所提供的方式實際參與。這沒有妥協的餘地。

　　為什麼人們不服用對他們有益的藥物？當然，這個問題令人費解，也涉及複雜的心理層面。這要比喬氏超市的顧客買這款或那款沾醬要難以了解。差別在於，對大多數的藥物而言，你必須先付費，至於效益（讓你感覺好轉）則沒那麼快顯現。喬氏超市的沾醬則不同，在你品嘗的當下，你可以立即感受到美妙的滋味，立刻就能獲得效益。由於人類常有現時偏誤（我們認為可以馬上獲得的東西價值較高），如果一種藥物的效益要等上幾週或幾個月才會出現，要人們耐心地按時服藥並不容易。然而，說到底，挑戰是一樣的。成功的關鍵就在是否有恰當的誘因。在芝加哥高地幼兒中心的教育課程中，我親眼看到，如果沒有恰當的誘因，結果會如何。

　　這個幼兒中心的研究計畫進行第三年，我們設計的課程帶來驚人的成效。課程本身有兩大核心是不可妥協的：指導孩子發展認知與非認知技能的時間，以及父母在我們的引導下參與。我們知道我們面臨雙重挑戰，也就是不但要家長報名參加家長學苑，還要他們配合學苑的規定；每一位家長的生活狀況不同，很多家長會覺得很難配合。因此，我們決定提供現金做為誘因，使他們願意排除萬難來參加。

　　雖然我們當中有很多人抱持浪漫的想法，認為不該用金錢誘因來激勵家長參與孩子的教育，但根據我的研究，這樣的金錢誘因是一種強大的行為推力，特別是在弱勢社區。這裡的家長總是必須辛苦工作，以扛起養家的重擔。我們知道在芝加哥高地，金錢誘因是不可或缺的。但是直到倫敦一個學區與我們連絡，說他們看到芝加哥高地幼兒中心計畫的成效，想要效法實施，我們才知道金錢誘因有多重要。

我的同事羅勃・麥特卡夫（Robert Metcalfe）與薩多夫和我一起幫倫敦學校行政人員準備課程時，發現了一個問題：根據該學區的政策，校方不得利用金錢作為誘因來鼓勵家長參與孩子的教育。[7] 我了解他們這麼做是有理由的，但這無法改變一個事實：對我們這個計畫的規模化而言，金錢誘因是個不可妥協的因素。我們費盡唇舌向校方解釋，他們依然堅持實施這個計畫，只是少了金錢誘因。

我擔心的事果然發生了。家長不願參加家長學苑。主要原因是他們忙於工作賺錢，沒有時間，至於那些真的報名參加的家長，出席率很低，甚至比美國成績最差、曠課問題最嚴重的學區還糟。不出所料，他們的孩子沒能從課程受益。怎麼可能受益呢？畢竟在倫敦實行的這個計畫少了不可妥協的因素。這就像在花粉熱的高峰期不吃藥，卻希望過敏症狀會好轉。

重點是，在你的構想或計畫擴展時，你無法完全控制別人會怎麼做。有時，你可以利用誘因使人順從不可妥協的因素，但你不能強迫他們。有時，就因為一個環節，整個計畫功虧一簣。就像倫敦學區那個例子，從這個計畫去除金錢誘因，就像把汽車的輪子拆了下來,這就是特徵分析錯誤。

在其他情況下,不能堅守不可妥協的要素則比較微妙,因此會造成**計畫飄移**(program drift,又稱**任務飄移**〔mission drift〕)的結果,這和全然不順從截然不同,主要的差別在於計畫執行者的行為,而非使用者的行為。在計畫飄移的情況下,不可妥協的要素沒辦法在規模化的過程中獲得滿足,可能是由於組織的限制。在規模很小的時候還沒有這樣的限制,一旦規模擴大,就無法實施。也可能是因為計畫執行者不願或無法忠實的複製計畫,一旦規模化,計畫就會完全走調。例如有一家連鎖餐廳在菜單上增加龍蝦,一開始在少數幾家分店試賣,決定擴展這個方案後,卻把龍蝦換成螃蟹。美國政府在全國推行的啟蒙方案(Head Start program)則是計畫飄移更重要的例子。

美國政府在 1965 年推動的啟蒙計畫(Head Start)是詹森總統(Lyndon B. Johnson)大社會(Great Society)計畫的一部分。這是全面性的社會福利計畫,包括「對貧窮宣戰」的法案。啟蒙計畫是大社會計畫的重點,目的是對低收入社區家庭伸出援手,從教育、健康、營養等方面,為弱勢家庭的幼兒提供教育方案。30 年後,在啟蒙計畫之下,出現一個目標更為明確的新計畫,也就是早期啟蒙計畫(Early Head Start)。會有這樣的計畫是因最近科學界對兒童發展,特別是從出生到 3

歲這段期間的發展，有了更進一步的了解。因此，這個計畫是為了嬰幼兒的獨特需求量身打造而成，目的是透過安全、良好的照顧，促進他們在身體、認知、社會和情感方面的發展。目前，美國這個早期啟蒙計畫已經成為世界上最大、由政府資助的早期兒童發展介入計畫。這個計畫在 1995 年實行之初共有68 個項目，到 2019 年已擴展到 1,200 個項目，已有 300 萬個兒童和家庭參與這個計畫。[8]

　　早期啟蒙計畫依循已經實施多年的啟蒙計畫，旨在支持家長在孩子的教育扮演更積極的角色。這個計畫的關鍵（亦即不可妥協的因素）之一就是家庭訪視。工作人員每月兩次到每個家庭訪視，每次約一個小時到一個半小時，幫助家長找到刺激孩子發展的方法。在早期啟蒙計畫啟動之後的幾年間，家庭訪視對幼兒的學前準備和父母的教養方式的確有很大的幫助。至少在小規模施行的情況下，可說成效斐然。然而，這個計畫大規模實施之後，就遇到電壓遽降的問題，特別是對高風險家庭的訪視。[9] 經過仔細探究，研究人員發現家庭訪視在全國各地明顯有品質不一的狀況。由於規模化，服務對象愈多，就愈可能品質下滑。

　　問題是，工作人員訪視的高風險家庭愈多，就會碰到愈多必須為生活拚搏的家長。可想而知，這些家長能讓孩子有飯吃、能支付帳單就不錯了，顧不了孩子的教育。基本上，他們為了過日子忙得焦頭爛額。結果，家庭訪視「偏離」早期啟蒙計畫的方法和任務，不再是原本設計、測試的那個計畫。雖然看起來差不多，實質上已經變了很多，成效也大打折扣。

由於早期啟蒙計畫不完全了解那些不可妥協的因素，亦即家長必須花時間參與孩子的學習狀況，家庭訪視規模化之後，不再堅守不可妥協的因素。結果，家長的參與度下降，孩子的發展和未來的生活就無法從這個計畫受益。[10]

有些計畫涉及學術研究、政府／慈善補助及非營利組織的實施，就很常出現計畫飄移的情況。這通常是因為計畫的經費來自多個源頭，每一個源頭都有自己優先考慮的事項和目的。例如，基金會的捐贈者希望每一個孩子的考試分數能進步，學區則以不放棄任何一個孩子為目標，而大學研究人員則想要有可以發表的結果。每一方都有自己的要求，致使不可妥協的因素漸漸淡化。在這種情況之下，電壓下降並不顯而易見，因為要妥善評估在公共系統中擴大執行的計畫需要很長的時間，於是錯誤會存在很多年，無法被揪出來。在找出問題、了解原因、進行改善之前，已浪費大量的金錢和人力。

計畫飄移的概念並不只限於步調較慢的政策介入和學術研究領域，也會困擾企業，特別是產品的品質下降，不能讓客戶滿意時。以奧利佛的義大利餐廳為例，由於管理不善和資源不足，導致食物品質下降，這也就是孟天（Paul Midler）*所說的「品質褪色」。[11] 有趣的是，在非營利與營利事業交會的灰色地帶，任務飄移引來最多的關注。

在過去的幾十年裡，企業漸漸重新定向，愈來愈傾向把社會影響力納入其策略重點，而很多非營利組織則不得不向營利靠攏，以維持營運。事實上，我們現在可以看到創投業者不只是想賺大錢，同時也想讓這個世界變得更好，而非營利群體則以營利事業來支持自己的計畫，[12] 例如美國退休人士協會（American Association for Retired Persons, AARP）† 就以保險業務來資助自己的倡議，這項保險業務每年可帶來超過 10 億美元的收益。研究人員發現，不管是社會企業和商業企業，這種「服事二主」的情況常常會導致任務飄移。如果既要追求獲利**又要**做好事，兩者都是不可妥協的話，資源就會分散，無法為任何一方提供必要的支持。

那麼，組織要如何應付不可妥協的因素和計畫飄移的問題呢？從經濟和心理方面下手提供誘因是個好的起點。為了增加對不可妥協因素的依從性，我們必須想辦法讓利益更直接和明顯，同時使依從的成本降低。對於飄移，我們發現，找到能堅

---

* 譯注：《黑心帝國：中國製造業第一手全揭祕》（*Poorly Made In China: An Insider's Account of The Tactics Behind China's Production*）一書作者。

† 譯注：美國退休人士協會：成立於1958年，有3,800萬會員，是全球最大的非營利組織。

守信念的人（如公司的創辦人或是最初發現醫學突破的科學家），讓他們來帶領團隊，執行計畫，就可以減少計畫飄移的問題。此外，如果實施者了解任務背後的**原因**，會更忠於任務。

然而，在 21 世紀的商業世界中，沒辦法堅持不可妥協的因素，會導致規模化的電壓遽降。這常常與計畫飄移無關。反之，這是因為一種奇妙的、新的因素出現了，不費吹灰之力就促成了規模化：也就是創新的科技。

科技要聰明到笨蛋都會用

大多數的數位科技本質上都是可以規模化的。幾行程式碼就可無限、即時的複製。消費者對你的產品「依從性」很高，因為這個產品是他們心甘情願花大錢購買的。因此，如果一種新科技是你的事業基礎，你或許會認為那些不可妥協的因素可以安全無虞的規模化，畢竟每個副本都完全相同。

只是沒那麼快。

還記得第 2 章提到的家戶能源監控平台 Opower 嗎？ 2010年，也就是那家公司啟動節能計畫兩年後，他們有了新的數據。我出色的博士後研究生麥特卡夫在我們團隊的協助下，為該公司分析數據。Opower 和漢尼威爾（Honeywell）合作，最近推出一款有望顛覆市場的智慧恆溫器。這款恆溫器可以節省能源，在你外出工作或睡覺時調整室內溫度，而且會在離峰期買進更多能源、在高峰期買進較少能源以降低能源成本。這個恆溫器可透過手機上的 app 來控制，不管人在哪裡，只要有手機，就能調整。

這個恆溫器具備成功產品的所有要素。不但通過工程測試，原型機的表現也很好，Opower 決定在加州中部地區大力推廣。令人費解的是，這款恆溫器未能達到預期的節能效果。[13]於是，我們的團隊，包括克里斯・柯雷博（Chris Clapp）、麥特卡夫、麥可・普萊斯（Michael Price）和我，開始著手研究，一探究竟。

我們研究將近 20 萬個家戶的數據，發現電壓下降的原因很簡單：採用不一定等於依從。當然，智慧恆溫器已經在用戶的家裡安裝好了，用戶的手機也下載恆溫器的 app，但這並不表示用戶以正確的方式使用恆溫器。依照預設的設定使用確實可以節能，但事實上，客戶漸漸改變預設設定，回到習慣的使用模式，因此恆溫器的節能成效不彰，不像 Opower 說的那麼厲害。

問題在於工程師沒有模擬實際的人類行為。其實，他們所預測的節能成效是「完美的」客戶用最佳方式使用恆溫器的結果。但在現實中，他們的用戶是人類，而人類會衝動、容易犯

錯、喜歡套用經驗法則，傾向短期滿足，不一定能完全了解指
示或按照指示去做。也許用戶外出上班時，不想關掉暖氣，讓
愛犬受凍，或是在回家之前，先把暖氣打開。千萬別低估人類
的無能、懶惰和浪費，特別是如果你想要規模化的話！工程師
在打造、測試恆溫器的時候，就該好好考慮這些傾向。如果沒
有找真正的用戶來測試產品，就不可能猜到用戶會用何種方式
來誤用創新，也就達不到預期效果。

　　簡而言之，他們也許製造出智慧型的恆溫器，但使用這東
西的人類肯定沒那麼聰明。事實上，Opower 的問題和不遵照
醫囑吃藥的病人沒什麼兩樣。理論上來說，藥物和創新科技都
是可以規模化的，只是必須要有適當的依從性。後來，我的團
隊進行現場調查，找出利用誘因來激勵用戶好好使用恆溫器的
方法。初步結果看來很不錯。

　　當然，以後見之明來看，Opower 在設計產品的階段如果
能預料到依從性的挑戰，並設法解決，就不必走冤枉路了。但
這需要想像，並找一般人來試用，看可能會出現哪些問題。畢
竟一般人不像工程師那麼熟悉電子產品。像蘋果電腦這樣頂尖
的科技公司就常這麼做。他們秉持創辦人賈伯斯（Steve
Jobs）的堅持，在正式版本的軟體開放下載之前，會先釋出測
試版讓註冊用戶使用，聽取他們的回饋意見，看有哪些問題需
要調整。

　　智慧恆溫器的學習曲線比較陡峭，與這樣的創新相比，容易上手的科技則更容易在一開始就擴大規模。看看 Instagram。使用方式是不是簡單得不得了？你拍張照片，貼上去，其他人就看得到了。不需要教學，即使不貼照片的人也可以利用這個 app 來窺看別人。對 Instagram 來說，這種簡單和容易使用的特點就是不可妥協的因素。不只是最初的 100 個用戶覺得使用起來非常簡便，目前全球超過十億的使用者也都覺得好用。

　　最後一個例子是最近問世的一項科技，很容易規模化，但這不是來自商業，而是源於社會運動。2020 年，喬治‧佛洛伊德（George Floyd）因明尼亞波利斯警察戴瑞克‧蕭文（Derek Chauvin）單膝壓制，導致窒息死亡。在沒有人被起訴前，名為草根法律方案（Grassroots Law Project）的組織發動每人一通電話，打到明尼蘇達州政府官員的電話及答錄機，為枉死的佛洛伊德伸張正義。志願者先打草根法律方案提供的電話號碼，聆聽一條訊息，了解該說什麼，然後就把電話轉到政府官員的辦公室。在跟某人交談或留言之後，志願者只要按米字鍵，電話就會自動轉到下一個官員那裡。志願者一次又一次按了米字鍵，留下一條又一條的訊息，讓官員聽到他們的聲音。這樣的偉大創新為早已存在的需求增加新的效率，才短短幾天，蕭文等涉案警察就被逮捕、起訴。這場正義之戰能獲勝有好幾個因素，顯然電話自動轉接技術立下大功。對推動社會運動的人而言，這種技術向大量民眾傳遞訊息是很有價值的工具，因為方便好用的科技能夠規模化。

這裡要說的教訓是：要讓依從成為一件簡單的事。一種要讓很多人、各式各樣的人使用的新技術，在設計和測試階段可能要花很多時間、金錢、腦力和精力，甚至可能還要東奔西跑；但套用墨菲定律，如果有可能出錯，那在規模化的時候一定會出錯。因此，測試再怎麼千辛萬苦，都是值得的。

為了避免企業在擴大規模時，因情況改變導致電壓下降，我建議**翻轉**傳統的研究和產品開發模式。也就是說，**起先**，你要想像成功規模化會是什麼樣的情景，如何在很長的一段時間，運用在形形色色**所有的**人群上。為了達到這個目標，你必須從一開始就確立什麼是不可妥協的因素。例如，有一個教育計畫要規模化，參與的教師將多達 5 萬名。你不該在先導研究精挑細選，找最優秀的十位教師來參加。一流教師無法代表其他 49,990 名二、三流教師。同樣的，如果你的課程需要愛因斯坦這樣的天才來教，那就發展出一種可以擴展愛因斯坦教學法的科技，否則課程不可能規模化。對政策制定者而言，這意味從基於證據的政策轉為基於政策的證據。

如果規模化受到組織的限制（從建築大小到可用的技術，乃至於防範入侵的安全措施），在最初的研究就必須測試哪些因素是可妥協的，哪些則是不可妥協的。如果不可妥協的因素無法規模化，你的構想就注定失敗。這種方法就是所謂的「逆向歸納法」（backward induction），我們將在第 5 章深入探討。

＊　　　　＊　　　　＊

　　一旦我們願意接受構想必須服膺現實，才能用比較務實的方式使這個構想規模化。我們開始在種種限制之下實行時，必須了解自己究竟置身於什麼樣的環境之中。這不是說你該放慢腳步，而是指在衝刺之前，搞清楚該往哪個方向跑。我曾在商業界和很多跑得很快的人合作。即使是跑得最快的人，如果跑錯方向，永遠也不會贏。

　　但是，當你堅守不可妥協的因素，卻發現規模化之後帶來意想不到的後果。眼看著這樣的後果將摧毀你所做的一切，你該怎麼辦？

第4章

外溢效應

1965 年，31 歲的律師雷夫・奈德（Ralph Nader）出版第一本書《任何速度都不安全：美國汽車設計埋下的危險》（*Unsafe at Any Speed: The Designed-In Dangers of the American Automobile*）。[1] 奈德是為消費者權利喉舌的傳奇人物。他在這本令人意外爆量暢銷的書中，第一句話就開門見山指出：「超過半個世紀以來，汽車已經導致數百萬人死亡、受傷，並帶來無盡的悲傷和極大的損失。」

在那本書接下來的章節，奈德剖析汽車設計的各個層面，何以有些部分是不必要的，甚至可能過度危害駕駛人、乘客和行人。例如，他探討碰撞的科學，透露汽車製造商如何命令工程師，要他們特別重視設計風格，安全性反而是次要的考量。他也討論汽車在交通繁忙的城市（如洛杉磯）造成的空氣汙染。他在書中大發不平之鳴，慷慨激昂的要求監管機關拿出行動，結果，出版幾個月後，向來慢條斯理的美國政府果然動了起來，成立國家公路交通安全管理局（National Highway Traffic Safety Administration）。1968 年更通過最重要的一條聯邦法律，要求駕駛人和同車乘客都得繫上安全帶。

表面上看來，奈德的努力似乎增進美國道路的安全性。或者，事情沒這麼簡單？

一轉眼到了 1975 年，我在芝加哥大學的同事山姆‧佩爾茲曼（Sam Peltzman）發表一篇題為〈汽車安全法規的影響〉（The Effects of Automobile Safety Regulation）的研究報告。[2] 雖然標題並不起眼，結論卻語不驚人死不休：儘管奈德在數十年前就開始為汽車安全大聲疾呼，直到今天，交通安全措施並沒有讓人更安全。正如佩爾茲曼所言：「關於本項研究的結果，筆者最有把握的一點是，汽車安全法規並沒有降低高速公路的死亡率。」他的解釋也許更令人驚訝。施行交通安全法規是為了用路人安全，但駕駛人反而更容易**冒險**，於是出現更多交通事故。既然**繫好安全帶就很安全**，駕駛人可能有意無意的認為，**那麼不妨油門踩到底**。就個別情況而言，萬一發生車禍，安全帶的確可保護駕駛人，然而如果擴大規模來看，安全帶似乎使交通事故的總數變多。似乎電壓增益被之後的電壓下降抵消了。這真是一個令人始料未及、震驚萬分的結果。

佩爾茲曼的報告當時引發不少爭議，這倒是不足為奇，因為這篇文章被支持與反對監管的人政治化了。其實在那些年間，其他領域也有許多研究得出類似的結論。安全措施可能反而會使人傾向冒險。例如，騎自行車的人戴上安全帽，比較會橫衝直撞；更糟的是，在自行車騎士旁邊開車的人也更粗心大意。[3] 2009 年，一項研究依循佩爾茲曼的研究路數，發現使用新型頭頸支撐安全裝置系統（head and neck restraint system）[*]的美國全國運動汽車競賽協會（National Association for Stock Car Auto Racing，簡稱 NASCAR）賽車手較少出現嚴重傷害，但事故和車子的損害率都增加了。[4] 簡而言之，安全措施有可能反過來削弱它原本的目的。

　　研究人員常把這種現象，也就是後來所謂的「佩爾茲曼效應」（Peltzman effect），當作透鏡來研究風險補償（risk compensation）。**風險補償**的理論是指，我們在任何情況之下做選擇時，就看當時的安全感如何（也就是說，如果我們覺得受到較多的保護，就會冒更多的風險，反之，如果覺得自己容易受傷，就會比較戒慎恐懼）。政治學者史考特・賽根（Scott Sagan）論道，九一一恐怖攻擊之後，我們擔心恐怖分子會取得核子武器，因此部署更多的安全人員來守衛核電設施，但是

---

[*] 編注：一般簡稱HANS裝置，是一種專為賽車設計的安全配備，許多專業賽事強制要求採用這套設備。

這麼做反而更不安全。[5]佩爾茲曼效應也延伸到保險市場:有保險的人比沒有保險的人更容易做出冒險的事。這種現象又被稱為**道德風險**(moral hazard)。這種行為模式一旦形成規模,可能會產生巨大影響。

這裡最顯而易見的重點是,我們每天做出的選擇似乎是出於自由意志,其實可能是不知不覺被看不到的效應塑造出來的。(因此,你除了該繫好安全帶,**也**得小心駕駛!)但從規模化來看,這說明另一個我們必須避免讓電壓下降的原因,也就是**外溢效應**(spillover effect)。這是一個事件或結果可能對另一個事件或結果產生意想不到的影響。最典型的例子就是在某個城市設立的新工廠,造成空氣汙染危害附近居民的健康。這種效應說明事件、人類創造的事物和自然環境是環環相扣的。「外溢效應」這個術語已經被應用在心理學、社會學、海洋生物學、鳥類學和奈米技術等很多領域,但在這本書,我們將從人類的角度來定義,也就是一群人對另一群人產生的非預期影響。在規模化的過程中,也就是把一件事擴大規模,在廣大的人群中實施,外溢效應往往很可能發生,而且很明顯。還記得規模化的墨菲定律:如果有可能出錯⋯⋯那就是**在規模化的時候**。或者這樣說:還沒規模化的時候,情況比較容易預期,一旦規模化,意想不到之事發生的機率要高出很多。

伴隨規模化而生的外溢效應

外溢效應屬於一個更大的類別，也就是所謂的非意圖後果定律（law of unintended consequences）。這個道理不言自明：有時，我們已經計畫好會有什麼結果才採取行動，結果卻讓人始料未及。正如奈德的汽車安全改革和監管運動，就算這樣的行動立意良善，你期待達成某種結果，並不代表不會產生其他結果。這種現象在規模化之後通常會變得格外明顯。

外溢效應可能會為規模化帶來危險，也就是經濟學家所說的**一般均衡效應**（general equilibrium effect）。所謂的一般均衡效應是指整個市場或系統的變化，而這樣的變化在規模小的時候不會顯現出來。在經濟學，一般均衡效應指的是供需關係的自我調節。這種關係是隨著市場發展形成的。廣泛來說，這意味某個領域的系統平衡遭到破壞，系統會在其他領域自我調節，直到恢復平衡。也就是牽一髮而動全身。

這種例子在就業市場很常見。比方說，某一年，大二學生中有半數都決定將主修改為經濟學。幾年後，他們進入職場時會出現什麼情況？假設雇主對經濟學主修者的需求沒有突然激增，大量的經濟系畢業生湧入市場（供給增加）將導致薪資下降，這就是電壓遽降。然而，如果我進行實驗，隨機選擇 100 名大二學生，強迫其中一半的人把主修改為經濟學，再來看看他們畢業後第一份工作的收入。這些新增的經濟系畢業生收入應該不會受到影響，因為區區 50 個學生並不會破壞整體就業市場的平衡。

這就是問題所在：我們從實驗得到的答案是源於小規模的實驗，不是大型活動，因此不必然適用於每一個人，甚至是半數大二學生。然而，從現實來看，這正是我們在規模化之前想要知道的事，特別是在政策領域：在**每個人**都在改變、**任何事情和每一件事**都可能改變的世界裡，我的構想會帶來什麼樣的整體影響？你不能把構想放在培養皿中。即使是創新，也可能帶來與目的相悖的負面結果，然而這樣的結果，**只有在規模化之後才會顯現**。

大規模的就業培訓計畫也有類似的結果。這樣的計畫目的是在提供更多機會給求職者。理論上似乎很好，但在現實中，愈多人成為專業技術人士，高薪工作的競爭就愈激烈。這種競爭有可能會拉低所有專業技術人士的薪資，使就業計畫出現問題，減少吸引力，至少在規模化之後變得有利也有弊。一般均衡效應再次顛覆人們的預期。

共享汽車是另一個顯現一般均衡效應的完美實驗室。例如，我還在 Uber 工作時，卡拉尼克同意試著提高基本費率，讓司機增加收入。費率愈高，就可收到更多的車資，聽起來似乎很有道理，不是嗎？然而，光從表面來看，可能會上當。

　　我們公司的 3 位經濟學家強納森・霍爾（Jonathan Hall）、約翰・霍頓（John Horton）和丹尼爾・克聶佛（Daniel Knoepfle）在實施費率提高的 36 個城市調查研究 105 週。[6] 他們發現了一個有趣的模式：在前幾週，費率提高使司機收入大幅增加，但是到了第 6 週，收入就開始下降了，變成比費率提高前再多一點點而已，到了第 15 週，收入反而不如費率提高之前。為什麼？由於漲價，想當 Uber 司機的人變多了，而原來的司機又更努力載客。因此，市場的供給面變得更競爭，這意味每位司機的總載客趟次減少了，消除費率提高帶來的預期效益。Uber 提高費率的用意是好的，然而大規模實施卻產生始料未及的外溢效應。

　　我後來觀察到西雅圖的 Uber 乘客也出現類似的外溢效應。這件事其實很簡單。我們給一群 Uber 用戶 5 美元的優惠券，讓他們在某個星期五下午搭乘，然後和那個下午沒拿到優惠券的用戶比較。果然，拿到優惠券的那群人叫車的趟次增加了，而司機收入增加的部分足以抵消優惠券提供的折扣。表面上來看，我們似乎中獎了：只要一個小改變就有可能賺大錢。

　　在這種早期成功的鼓舞下，我們決定在西雅圖讓更多乘客可以利用 5 美元的優惠。沒想到擴大實施之後電壓下降，我們像吃了一記悶棍。儘管 5 美元的優惠立即帶來乘車趟次的增加，就如同我們最初測試那樣。但接著出現市場失衡的狀況，在整個城市乘車趟次突然減少。似乎一開始令人心動的優惠在一夜之間遭到嫌棄，就像一盤原本美味的食物因為乏人問津，最後餿掉了。這究竟是怎麼一回事？

我們研究數據之後，就豁然開朗了。原因並非第一次的小規模成功是偽陽性，也不是參加先導計畫乘客的代表性不足，無法精準代表所有西雅圖的乘客。擴大實施後，5美元的優惠一開始的確造成需求增加，叫車的乘客多了，但可載客的司機變少了。司機短缺導致費率增加，乘客等車的時間也變長，於是整體需求又減少了。市場是活的，隨時都在變動，此時只是進入一個新的平衡點。雖然使用者人數不多時，這個策略看來似乎萬無一失，一旦規模化，卻轉勝為敗。套用麥爾坎・葛拉威爾（Malcolm Gladwell）的術語，好點子到了引爆點就會成了壞主意。

即使在最總體的層面上，外溢效應也以同樣的方式發揮作用。例如，流行病學家通常會說，很多空氣和水的汙染物質是無害的，因而濃度很低，身體的自然防禦機制能修補任何損傷，因此人體不會受到影響。然而，如果排放這些汙染物質的發電廠擴大經營，或是又設立新的發電廠，就有可能超過臨界點。不妨看看汽車和航空的歷史。交通運輸的科技創新對人類生活帶來革命性的轉變。若是19世紀的人看我們能夠這樣輕鬆快速的在世界各地遊走，拜訪各個地方的人，必會嘆為觀止。然而，經過一段時間的規模化之後，交通運輸科技進展也成為氣候變遷的元凶，可能會威脅到我們的生存，徹底改變我們在這個星球上的生活。

雖然我們往往把焦點放在因外溢效應而生的不可預見的問題，但就規模化而言，始料未及的影響並非全部是負面的。在國際發展方面，很多人都很關心外國援助組織對當地社群最後產生的影響。特別是就發展經濟學而言，提供現金給貧困地區居民的做法是個值得研究的領域。例如，一個非政府組織為了刺激貧困地區經濟，積極提供現金或小額貸款給很多居民，就得小心可能發生的外溢效應。這種規模化的現金挹注是否會引發通貨膨脹，或者社會階層化的問題是否會加劇？

2014 年，有一群受矚目的經濟學家，包括丹尼斯·艾格（Dennis Egger）、約翰尼斯·豪斯霍佛（Johannes Haushofer）、愛德華·米格爾（Edward Miguel）、保羅·尼浩斯（Paul Niehaus）與麥可·沃克（Michael W. Walker）等人，想要回答這些問題，因此在肯亞貧鄉進行現場實驗。[7] 他們在維多利亞湖（Lake Victoria）附近夏亞地區（Siaya）的 653 個村子，以隨機的方式提供每個茅屋人家 1,000 美元，總計約 1 萬戶。沒錯，這個計畫耗費 1,000 萬美元！正如研究人員所言：「在這個計畫高峰期的 12 個月裡，我們給予的現金約相當於當地 GDP 的 15% 以上。」

在計畫實行的兩年半中，他們蒐集各種經濟數據，沒發現負面外溢效應的證據，例如他們擔心的通膨率並未飆升，反而看到一些正面的外溢效應。他們發現資金挹注使消費顯著增加，不只是收到錢的家庭（這是可預見的）消費增加，甚至**未參與**實驗的家庭也是。當然，接受現金補助者消費增加，當地商家因此獲得更多利潤，商家生意好又能在當地雇用更多人員，結果就是商家與其雇用的人員都有更多的錢可以使用。像這樣大量現金挹注到經濟，創造出水漲船高的結果，提升整體的經濟表現，即使沒有收到現金補助的家庭也可能從當地的經濟好轉受益，這就是一般均衡外溢效應使然。

在商業世界，你可把「顛覆」這個流行語看作是描述一般均衡外溢效應的另一種說法。這個數位時代已帶來好幾波的顛覆，而且日後必然還有一波又一波。快速的創新步伐就像地震一樣破壞平衡，使很多公司，甚至整個產業漸漸被歷史遺忘，如旅行社、紙本雜誌等。然而，不管如何，商業環境就像任何渴望平衡的系統，會繼續自我調整，於是新的公司和產業也會不斷冒出來，取代消失的公司和產品。

從總體的角度來看，外溢效應可以成為頭條新聞。工廠創造就業機會，但也帶來汙染，危害附近社區居民的健康，類似的例子不知道有多少？或者新興建好的高速公路為城市交通基礎建設帶來福音，然而同時也帶來噪音和空氣汙染，致使鄰近住宅房價下跌。這種例子多不勝數，也就是經濟學家所謂的**外部性**（externalities），這種有意圖的行動引發意想不到的效應，影響範圍很大而且非常普遍。

在規模化之後，這些意想不到的效應可能在全球產生漣漪，但重要的是要記住：龐大的個人選擇網達到臨界質量後，外溢效應就是從這裡冒出來的。如果要設計並維持一個可規模化的事業，就必須好好了解這種情況是如何在總體的層面發生。但是，只從總體的層面來看也會有問題。

在比較個體的層面上，外溢效應也可能產生同樣大的影響，儘管顯現方式是間接的，甚至無法被察覺出來。我第一次推動公益計畫，也就是為我們在伊利諾州的少年棒球隊佛洛斯摩火鳥隊（Flossmoor Firebirds）募款，就親身體會到這一點。

社會層面中的外溢效應

2010 年夏天，我雇用 200 多個人挨家挨戶為一支少年棒球隊募款。這支棒球隊叫火鳥，球員都是來自弱勢家庭。我不知該付這些人多少錢，接著我突然靈光一現，發現這是做現場實驗的好機會。時薪 10 美元是否足以激勵他們成功募集所需要的捐款？如果再付多一點，這樣的誘因是否會讓他們更積極，募集到更多的錢？因此，我做了以下的實驗：把所有的人隨機分成兩組，一組時薪 15 美元，另一組時薪 10 美元。當然，時薪是私下談的，所以每個人只知道自己領多少。接著，他們就搭上廂形車，去不同的社區募款。為了方便載送，車上兩組人都有。我想他們不會討論工資的事，即使有人問我，我將一律回答時薪可能有差異（但是並沒有人問起這個問題）。

在審查數據時，顯然時薪 15 美元的人比較努力，與時薪 10 美元的人相比，他們去更多戶人家募款，也募集到更多的錢。看來，多付 5 美元是值得的。

因此，在翌年夏天，募款季節再次來臨時，我一樣雇用 200 個人，這次付給每個人的時薪都是 15 美元，心想如此一來我就可利用去年夏天的研究結果來幫助那些出自弱勢家庭的球員。事情進行得很順利，直到夏末的某個週末，我們發現現金快不夠了。我們了解要達到募款目標，現在非得精打細算不可。我們召募一批新人，這些人搭同一部車，時薪則都是 10 美元。我預計他們募得的款項不會像時薪 15 美元的人那麼多，但是由於時薪只給 10 美元，還是值得一試。然而，讓我驚訝的是，時薪只拿 10 美元的人和拿 15 美元的人一樣努力，募得的錢也一樣多。

這樣的變化令人費解。時薪多一點或少一點，是不是對他們的募款表現沒有明顯的影響？顯然，我必須再做一次現場實驗以探究薪資效應的真相。

　　因此，接下來的那個夏天，我們設計實驗時，以時薪來區分同坐一車的人。第一種是讓時薪 15 美元和時薪 10 美元的人同坐一部車。這種時薪混合組就是我們第一年夏天採用的方式。第二種則是只讓時薪 15 美元的人同車。第三種則是讓時薪 10 美元的人同車。重要的是，雖然第二種和第三種人同車且時薪相同，但他們完全不知道別人拿的錢比自己多還是少。

　　接下來的進展很有意思。我發現第二種和第三種人的表現沒有差異，儘管時薪有別，但他們一樣努力募集款項，募得的錢也差不多。但時薪混合組（第一種人）就不同了：與時薪較低者相比，時薪較高者在各方面的表現都比較好。

　　可見，多出來的 5 美元不是激勵時薪較高者努力的誘因，而是時薪較低者因為發現自己拿到的錢比別人**少了 5 美元，失去了工作的動力**。其實，第一個夏天我雇用的那些人的確談到了薪資，時薪較低者因而發覺自己拿的比較少而**失去誘因**，不想走訪那麼多戶人家，有人甚至會偷竊或是把募得的錢占為己有。

　　這種心理現象就是**因為忿恨而心灰意冷**（resentful demo-ralization），也就是知名的約翰・亨利效應（John Henry effect）的反面。約翰・亨利效應是指在實驗中控制組的受試者感受到他們處於與實驗組競爭的情況下，為了不甘示弱，而比平常更加努力，因而出現超乎尋常的表現。在我的現場實驗中，受試者的怨恨來自知道時薪的差異（也就是自己拿的時薪要比別人來得少），結果產生意料之外的影響，募得的款項因此減少。

根據你的直覺，如果你付更多錢給某人，這個人照理說會更加努力。但在事件、人與環境複雜的交互作用之下，上述假定的真理就可能被一種令人意想不到的方式戳破。我應該只付 10 美元給每一個人就好了，這樣就能為那些弱勢的球員募集到更多的錢。

這個現場實驗的結果具有更廣泛的涵義。不只是涉及募款，在眾多經濟部門，也有助於公司和組織更進一步推動員工薪資的透明化。薪資數據應該公開，至少在公司內部該做到這點，好讓公司裡的每一個人知道公司上上下下，從基層到高層，每一個人賺多少錢。根據我在棒球募款方面的經驗，一旦有人得知薪資的真相，看到別人比自己賺的錢要來得多，就會因為怨恨而心灰意冷。但這仍未道盡原委。

2017 年，柔伊‧卡倫（Zoë Cullen）和里嘉多‧培瑞茲－楚格里亞（Ricardo Perez-Truglia）以亞洲某家資產規模達數十億美元的商業銀行為目標，進行一項巧妙的實驗，研究其 2,060 名員工對主管和同儕薪資的誤解如何影響他們的動機和行為。[8] 卡倫和培瑞茲－楚格里亞發現經理人的平均薪資要比一般員工高出 114% 到 634%。同時，非管理職務的員工，與同一部門同儕的平均薪資相比，從多 16% 到少 16% 不等。研究人員從問卷調查得知這家銀行員工對同事薪資的反應，員工把經理人薪資低估了 14.1%，對同儕薪資多寡的猜測則比較準確。這點很重要，因為員工如果知道經理人賺的要比自己想的**多很多**，就可能心生不滿、也比較沒有工作動力。

接著，有意思的部分來了。研究人員讓員工知道經理人和同儕的薪資，並在接下來的幾個月觀察他們的行為。分析結果發現，員工得知經理人的薪資比自己原先想的多出 10%，則**更努力**工作，在接下來的 90 天中工時增加了 1.5%。反之，員工得知同儕薪資比自己想的多出 10%，在接下來的 90 天中，工時則**減少** 9.4%。有些員工甚至意氣消沉到想要離職。

原來，員工發現經理人賺的要比自己想的要來得多，可能產生激勵作用。這是因為他們對自己未來的薪資更樂觀，這種效應要強過得知上司薪資要比自己想的高很多引發的負面效應。反之，一旦得知同儕的薪資比自己高，就會認為自己受到不公平的待遇（也許是正確的）而忿恨不平，也就會對自己的未來感到悲觀。

那麼，這種薪資透明化的大規模實驗可能會產生哪些外溢效應呢？首先，我們必須了解，在組織擴展之時，會傾向雇用較少的主管，較多非管理職務的人員。一家公司每聘用一名經理人，通常會雇用好幾個較低階層的員工，因此公司規模變得更大，經理人與員工的比例就會變小。在大公司任職的人，同僚的人數可能會多於經理人。因此，公司如欲公開經理人的薪資，隨著組織規模擴大，這種做法也就更有價值。也就是說，可以提高電壓。然而，若是公開較低階層員工的薪資，如果這些員工的薪資不盡相同，公司在規模化的過程中就可能會出現電壓下降的問題，因為有更多員工會忿恨不平，導致怠惰，有些人可能因此想要離開公司，另謀他職。

更廣泛的說，領導人應該意識到一點，也就是人不是在真空中做選擇的。個人行為也會受到已知訊息的影響，特別是我們會拿他人來和自己的情況相比。正如上述薪資調查研究所揭示的，我們得注意這種隱藏的外溢效應，而且必須靈活因應。驚訝不只是為我們帶來意想不到的結果，而且能激發新的見解，因此可以讓我們學到很多東西。

高電壓的社會外溢效應

不管我們是否意識到，我們的同僚對我們的行為有著強大而無法預料的影響力。雖然我們了解，這種動力在職場上是很有價值的，但在職場之外，也看得到這種同僚之間的外溢效應。身為父母，我因此認真思考我的孩子的人力資本形成如何受到同伴影響（也就是用經濟學術語來討論他們的教育）。其

實，研究人員和教師最近非常關注教育的同儕效應。很多人認
為，除了教師品質、班級人數和父母參與，同儕的構成也是決
定學生學業成績好壞的重要因素。經濟學家布魯斯・塞瑟多特
（Bruce Sacerdote）的研究顯示，在小學、中學和高等教育中，
在某些情況和某些結果之下，同儕效應的確是決定學生日後表
現的重要因素。[9] 在我的團隊準備推動芝加哥高地幼兒中心的
計畫時，塞瑟多特的研究以及我身為家長的個人經驗對我的期
望有所影響。

　　打從我們成立這個幼兒中心的第一天，我就相信兒童學習
本質上就是一種社會化的活動，因此可能會出現外溢效應。我
希望這是一種正面效應。以前的研究顯示像我們這樣的實驗，
實驗組（在隨機選擇之下接受介入措施的參與者，也就是接受
我們特殊學前教育課程的孩子）會不經意的對**控制組**（沒接受
介入措施的兒童，在實驗中做為比較的樣本）產生影響。

　　在這個計畫中，「介入效果」（treatment effect）的外溢效
應可能很大，因為實驗組和控制組的孩子和家長住在同一區，
屬於同一個社群。當然，最大的問題是，如果我們把這個計畫
規模化，推廣到其他學校，讓更多孩子參與時，介入效果會如
何表現？但首先，我們必須確定外溢效應是有益的，不會造成
傷害。於是，我的同事法特瑪・莫梅尼（Fatemeh Momeni）
和伊芙絲・澤瑙（Yves Zenou）跟我一起找答案。[10]

幾個月過去了,接著又過了兩、三年,那些可愛的孩子日復一日走進我們的教室,老師也都完全依照我們的課程認真教學。實驗組的課程主要包括加強兒童認知技能(如推理和記憶等與智力發展有關的活動)的特殊技術以及非認知技能(如團隊合作和分享等人際技能)。每天放學後,實驗組和控制組的孩子會一起玩追迷藏、打球,發明富有想像力的遊戲,玩得很開心,當然,他們也會吵架,然後言歸於好。簡而言之,孩子就是孩子,會一起玩,並不斷的溝通。**直接外溢效應**因此而生,從實驗組外溢到控制組。

從本質上來說,**只要透過接觸和日常互動**,參與實驗組的孩子會把快速發展的認知和非認知技能傳給控制組的孩子。孩子在一起的時候,實驗組的孩子會透過說話、分享和玩耍,用一種微妙、自身察覺不到的方式影響控制組的孩子,於是控制組的孩子會模仿他們的行為、選擇和技能,也就是實驗組在課堂上學到的東西。這種外溢效應和區域化大有關係,空間距離愈小,效應就愈強(如孩子是鄰居)。我們再次看到這種「水漲船高」的原則,也就是一個群體中的一些成員獲得的好處會外溢,使所有成員受惠。這種外溢效應幾乎可以保證,一旦計畫規模化,將可以為同一個社群大多數的孩子帶來好處。這就是電壓增益的效果。

我們也在實驗組看到類似的效果。參與實驗組的孩子在認知和非認知技能方面都有很大的進步，形成一個自我強化的循環，使整個群體學習速度加快。簡單的說，孩子會互相刺激，發展得更快。實驗組獲得的好處直接外溢回到這個組本身，產生指數型增長的電壓增益，亦即使好處出現加乘效果！這樣效益是可以擴大的，因為愈人多參與，累積起來的優勢就會放大。

同時，我們在芝加哥高地的研究還出現另一種外溢效應。社區裡的孩子一起玩耍時，他們的父母必然會聊天。實驗組的家長主動提起自己的孩子參與我們的計畫，而且他們也參加我們的家長學苑，也許甚至還會說到他們正在學習的新技巧。換言之，我們的計畫已經傳開了，每個關心孩子未來的家長都有強烈的動機想要讓孩子變得更好，而這樣的動機像野火一樣蔓延開來。當然，控制組的家長一樣關心孩子的未來。（他們也曾登記，想參與我們的計畫，只是名額有限，沒抽中。）因此聽到實驗組的家長說起孩子學習的事，也受到激勵，發揮創造力，尋找協助孩子的方法，增進孩子在認知和非認知技能方面的發展，或許透過課後輔導、利用其他輔助學習計畫，或是依照參與家長學苑的家長提到的技巧去做。

在某種程度上，這種效果就像努力工作的員工知道經理的薪資要比自己想的來得高一樣。他們並沒有怨嘆孩子沒抽中（抽籤是隨機的），因此不能參與我們的計畫，這些控制組的家長更關心孩子的教育，也願意花更多時間和心力陪孩子學習，因為我們的幼兒中心可做為他們學習的榜樣，並給他們灌輸樂觀的思維，讓他們知道自己的孩子也能和實驗組的孩子一樣獲益良多。彷彿實驗組的家長使他們打開眼界，看到種種可能，而他們希望自己的孩子不落人後。這是我們在推動計畫之初意想不到的結果。這代表一種強大的外溢效應。總而言之，除了原始評估的計畫成效加上外溢效應，整體影響至少擴大了 10 倍。強大的電壓正在發威！

然而，憑良心說，我們該承認這個計畫也有負面的外溢效應。實驗組的家長在孩子身上投入更多的時間。每個父母的時間都是有限的，根據我們得到的數據，這些家長因而沒那麼多時間陪伴孩子的兄弟姊妹。[11] 因此，我們意想不到的結果是，實驗組孩子的兄弟姊妹從父母那裡得到的關注少了很多。雖然與前述直接外溢效應相比，負面外溢效應很小，然而如果忽略這個效應，看起來會以為這個計畫比實際情況更有效益。為了得知全貌，我們必須檢視整個生態系統，來考量這個計畫對**每個**孩子的影響。

我們在芝加哥高地幼兒中心觀察到的正面外溢效應是一種**網絡效應**（network effect），也可說是**網絡外部性**（network externality）。在被數位浪潮席捲的 21 世紀，這種現象與商業大有關係。Facebook、LinkedIn（和其他社群網路平台）都是很好的例子。如果除了你，只有 10 個人使用這樣的平台，因為社群網絡很小，效益也很小。例如，假設使用 Facebook 的人不多，你就無法和認識的眾多人保持連繫。若是 LinkedIn 的用戶很少，你就沒有什麼探索的空間，也很難和專業人士搭上線。但是如果有很多人都在使用這些服務，好處就大得多。這種類型的電壓增益就叫**拋物線成長**（parabolic growth）。隨著網絡規模的擴大，成員能獲得的利益也愈來愈大，最後到了所謂「鎖定」（lock-in）的程度，這意思是指成員在使用上幾乎被這些平台綁住。

或者，想想第 2 章提到的 Lyft Pink 會員計畫。愈多乘客加入，就會有愈多司機跟著加入。這使得等候車輛的時間和價格雙雙下降，因為會有更多司機與乘客配對成功。隨著等待時間和價格下降，更多乘客叫車，就會再次啟動循環。這對規模化而言，可說是天大的好消息。

網絡外部性也會在社會的其他層面發揮作用。以疫苗接種為例，無論是小兒麻痺症、麻疹、流感，或是新冠肺炎，施打疫苗的目的是為了減少重症和死亡的機率。這是主要好處，但是規模化之後，也就是接種疫苗的人口總數到了某個關鍵門檻，也會產生外溢效應：亦即群體免疫。若是達成群體免疫，即使沒接種疫苗的人也能間接獲益，因為周遭的人都免疫了。反面則是拒絕接種疫苗的人愈多，全部人口的風險就愈大。這就是現代社會可能會利用社交訊息來羞辱反疫苗者的理由，希望遏制負面的外溢效應。

＊　　　＊　　　＊

我們可以從外溢效應始料未及之處學到，也就是在你開始規模化時，你必須密切注意的不只是你希望達到的效果，還有料想不到的後果，有時則是你起初沒預期到、也看不出來的結果。這一切都是相互連結的，你編織的網絡在規模化之後，只會變得更複雜難解。

在此很快複習幾個重點。你該從下面三個基本類別來思索、衡量外溢效應：

一、**一般均衡效應**：這種效應通常發生在規模化時，而且會導致令人意想不到的結果，對整個市場產生強大的正面或負面影響。通常你可以從引爆點的出現看到這種外溢效應。

二、**社會行為的外溢效應**：這發生在當別人透過觀察或直接影響，對你的行為發生作用時。觀察別人也會使人（有意或無意）改變自己的行為，而這樣的改變可能是正面或負面的。

三、**源於網絡外部性的外溢效應**：對使用者而言，使用某
　　種產品或採用某種政策會強化效益或使成本增加，就
　　會出現這種外溢效應。也許這是有意為之，也有可能
　　是在規模化的過程中自然產生的。

如果你發現負面的外溢效應，必須立即著手解決。若是你
看到正面的外溢效應，那就好好利用；因為這樣的效應，或許
就是成功規模化的關鍵，讓你得以實現理想。一旦你這麼做，
就可以清除規模化的第四個障礙。但是第五個，也是最後一個
陷阱依然可能使你電壓消失：規模化成本飆升，無以為繼。

第 5 章

成本陷阱

艾瑞維爾（Arivale）公司將為數百萬人的健康帶來革命性的轉變。[1]

這家公司成立於 2014 年，翌年開始營運，是生醫研究先驅勒羅伊・胡德（Leroy Hood）*的心血結晶。數十年來，胡德一直是基因定序突破性創新的領導人物，使科學家有能力探究人類基因組，並了解基因傾向及其對人類經驗的影響。胡德及艾瑞維爾的共同創辦人兼執行長克雷頓・路易斯（Clayton Lewis）成立這家公司的目的是使「科學養生」（scientific wellness）這個新興領域能有變革性的進展，也就是以數據為基礎，為個人量身設計健康保健之道及生活方式。

　　艾瑞維爾的服務看起來很簡單，即使維持其服務的科學過程其實很複雜。會員選購公司的服務，就能透過基因檢測得知自己身體健康的弱點。這種健康風險報告是非常寶貴的訊息。接著，會員定期接受血液檢驗、腸道微生物菌相評估，健康體適能教練也會提供會員一對一的指導，利用實驗室檢驗結果，提供有關飲食、運動及其他選擇的建議。會員得到的客製化建議乃根據一系列檢測揭示的基因生物標記，同時還會收到不斷變化的即時回饋，了解自己參與艾瑞維爾計畫之後身體所做出的反應。

　　這種創新的服務能促進會員目前和未來的健康，因此前景相當看好。如果你有罹患某種疾病的遺傳傾向，雖然目前沒有症狀，日後可能會發病，艾瑞維爾的精準指引將幫助你現在做出明智的選擇，減少這種疾病或其他疾病危害你未來的健康。或者，如果你有不健康的習慣，教練會協助你及早改掉這些壞習慣，以免為時已晚。換言之，艾瑞維爾的服務像是把醫師、教練及可以預見未來的水晶球合而為一，創造健康和長壽的新模式，這對你未來的生活品質真的會大有幫助。也難怪這家公司不費吹灰之力就募集到 5,000 萬美元的投資資金，而且在 2016 年被科技新聞網站極客網（GeekWire）評選為年度最佳新創公司。位於西雅圖的艾瑞維爾令人興奮，因為這家公司不只專注於客戶健康的未來，似乎也暗示健康本身的新希望。顯然，這是一個值得規模化的構想。

　　為了避免讓人以為艾瑞維爾炒作多於實質，且讓我們在此暫停一下，分析這家公司被看好的原因。艾瑞維爾會那麼令人矚目，不只是該公司的宣傳讓人心動、迎合現今潮流。畢竟，在這個世界，追求健康不只是人人趨之若鶩的文化現象，也是個數十億美元的產業。胡德和路易斯的願景是把健康管理推進 21 世紀，並符合前述規模化所需的 4 個條件。他們提供給會員的是基於證據的科學，亦即胡德等科學家在基因研究的突破；而且（在 2019 年）發表經同儕評閱的觀察報告，證明艾瑞維爾 2,500 名以上的會員，因追蹤生物標記與接受體適能訓練計畫，臨床表現獲得改善。[2] 簡而言之，公司推翻傳統的創新技術不是偽陽性。此外，他們的服務可能吸引到的人多到沒有上限，畢竟誰不想變得更健康呢？誰不想擁有沒有病痛糾纏的未來？而且艾瑞維爾的服務客製化，為了每個會員量身訂做，因此可以滿足廣大且多樣化的人群所需。同樣的，他們也很清楚哪些是不可妥協的條件（實驗室檢驗和生活方式的指導），深知這是他們必須堅持到底的事。再加上，看不出有什麼外溢效應。艾瑞維爾似乎成功在望。

　　可惜，這家公司依然失敗了，無法實現規模化。

規模化的成本問題

1776 年，亞當斯密（Adam Smith）出版古典經濟學的著作《國富論》（*The Wealth of Nations*）。在這本具有里程碑意義的專著中，最有名莫過於亞當斯密提出的「看不見的手」。[3] 這個比喻非常巧妙，意指在自由市場中有一股看不見的力量，使商品的供給與需求會形成不斷變化但健康的平衡。亞當斯密研究這種自然的交流，也就是消費者想買東西，而賣家想賣東西，因而發現「看不見的手」會影響任何事情的規模化，也就是：**規模經濟**（economies of scale）。

在這個地球上，幾乎每個人都享受過規模經濟的好處，即使不熟悉這個術語。你使用手機、看電影、用電或服用處方藥，都受惠於規模經濟。要把這些產品推向市場，都需要大量資金：手機的設計與研發（工程設計流程、金屬與塑膠，以及工廠組裝）、電影的製作（演員、劇組工作人員、布景、宣傳）、配電的基礎設施（電線、電網控制技術），或是經過多年構思、研發和測試才生產出來的突破性藥物（實驗室成本、臨床試驗）。你可以把這些初始投資看作是一種**固定成本**（fixed cost）。無論如何，這筆錢都是要花的。

但在產品的初始投資之後，製造這些產品的平均成本會隨著規模擴大而大幅下降。這是因為成本已經分散到幾十萬或幾百萬個單位，這意味隨著生產數量的增加，每個單位的生產成本就會降低。

蘋果公司的工廠製造的 iPhone 愈多，每支手機的製造成本就會下降，因此蘋果能以消費者可入手的價格販售，同時還能獲利。電影公司在全國各地、甚至全世界放映一部電影，由於規模化，就能收取較低的票價，並實現收益。一旦公用事業公司擁有在一個城市輸送電力的基礎設施，愈多家戶使用，平均成本就愈低。又如突破性的藥物研發出來，愈多人服用，每劑的生產成本就愈低。這些都是規模經濟的例子，也就是每單位產出的平均總成本會隨著產出的增加而減少。換句話說，手機、電影票和電賣得愈多，公司向消費者收取的商品或服務費用就愈少。由於消費者喜歡便宜的價格，那隻看不見的手就會確保實現規模經濟的公司是最後的贏家。

反之，當生產某樣東西的平均成本隨著產量增加或營運規模成長而**遞增**時，就會出現**規模不經濟**（diseconomies of scale）的問題。例如，生產所需的關鍵資源變得稀少或愈來愈難以獲得，就會發生這種情況。像是石油和天然氣的開採。最初的幾百桶可能只需使用低成本的幫浦設備，石油就能汩汩從礦井中流出，然而一旦礦井裡的油快被抽乾，就需要利用昂貴的特殊設備才能把最後幾桶油抽出來。同樣的，例如有個學區的目標是雇用資格完備的教師。招募最初幾位教師可能很容易，但要招到最後的一、二十位教師可能得要花很多錢，因為人才已經變得供不應求，你必須和其他雇主競爭。顯然，如果擴大規模意味成本激增，你的構想很快就會失去電壓。

亞當斯密在《國富論》中，特別強調勞動的分工與專業化是實現規模經濟的關鍵。這種論點是常識：如果工人只做他們擅長的單一任務，不但可以提高生產力，久而久之，也能更熟練。換言之，專業化會讓生產更有效率，也更有成本效益，公司能夠擴大規模，也更具有優勢。例如，製造 iPhone 的工廠工人在組裝方面效能更高，生產力提升，因此能降低每支手機的製造成本。理論上，販售給消費者的價格也能降低。

這一點很重要。畢竟，不管你的構想有多好，如果產品帶來的報酬沒有超過成本，或是你的非營利組織獲得的成果不能證明支出是合理的，你就會失去電壓，你的構想也就無法規模化。就算已清除前四章討論的障礙，你的構想經過驗證確定是可行的，你的受眾龐大且深受吸引，你堅守不可妥協的條件，沒發現有任何負面外溢效應（或者甚至還有不少正面的外溢效應），若是成本一直增加，到失控的地步，你的構想依然無法規模化。那就沒戲唱了。

規模經濟（牢牢根植於經濟的供給面）的概念讓人想起1980 年代的雷根經濟學。供給學派論者認為，刺激經濟的最好方法是減少稅收並縮減政府管制，以降低營運成本。如此一來，消費者支付商品和服務的價格就能降低。雖然供應學派的經濟理論帶我們進入總體經濟領域，而這個領域與規模化的科學研究並沒有直接相關，但仍凸顯一個不可避免的事實，亦即不管國家經濟繁榮或個別企業的成敗，都會深受營運成本的影響。

艾瑞維爾的情況也是如此，雖然推出革命性的醫療保健服務，最後還是不敵成本問題的考驗，黯然退出市場。

在轉虧為盈之前

艾瑞維爾剛推出服務時，會員每年約支付 3,500 美元，以加入這個最先進的養生計畫。一系列基因檢測和生理檢驗的實驗室費用，加上健康教練及其他員工的薪資，營運費用很高。因此，這家公司要提供創新服務，又要壓低價格，獲利能力就會受到威脅。然而，考量到艾瑞維爾的計畫能促進生活品質的改善並減少醫療費用的支出，長期看來每年花這 3,500 美元可說很划算。畢竟，更長壽、更健康的生活是無法訂價的吧？

其實，對大多數的人來說，要活得更久、更健康，3,500 美元還是太貴。

由於開始價格很高，艾瑞維爾無法創造公司和投資人希望的需求。乍看起來，這種情況似乎還好。很多公司都需要熬好幾年才能獲利。畢竟，影響需求的不只是開始價格，還有行銷、競爭和其他因素，使得公司遲遲無法為產品或服務找到客戶群。就連亞馬遜（Amazon）也花了 10 年才轉虧為盈（創辦人貝佐斯的祕訣是建立基礎設施，然後透過規模經濟創造巨大的成本優勢）。有時，一家公司只要堅持下去，調整產品，嘗試新的促銷策略，同時努力減緩燒錢的速度就行了。但對艾瑞維爾來說，時間並沒有帶來有意義的客戶增長。儘管已經加入的會員都從這種獨一無二的服務獲得很棒的體驗，新會員並沒有蜂擁而來。亞當斯密說的那隻看不見的手似乎**完全**隱形，它沒有輕拍更多人的肩膀，說道，**嘿，要不要試試看這個服務**？

　　儘管新客戶加入的速度不如艾瑞維爾所需，公司的領導人依然不想降價。為了長久的財務健康著想，他們不能這麼做。他們的產品成本真的太高了。此外，從規模經濟來看，他們也不知道是否會員人數超過某個門檻，利潤就會提高。健康教練不像智慧恆溫器或是類似的科技產品，能夠以低邊際成本大量生產（別忘了，人才幾乎不可能規模化），而且基因測試和血液檢驗的數量也不可能多到像醫院或門診那樣，得以受惠於規模經濟的好處。正如執行長路易斯後來說的，基因檢測、血液檢驗、腸道微生物菌相分析和專人指導，這些林林總總加起來的費用「貴得嚇人」。簡而言之，儘管會員年費很高，艾瑞維爾無法只靠會員繳交的年費來成長。無論如何，具有突破性、以科學為基礎的養生方法並不便宜！如果降低費用，公司就會賠錢，因此艾瑞維爾在營運的前三年，一直沒調整價格，同時把剩餘的資金投到行銷，努力吸引新會員。然而，新會員並沒有上門。

2018 年，也就是艾瑞維爾營運 3 年後，決定孤注一擲，大幅調降費用，將會員年費從 3,500 美元砍到 1,200 美元（也就是從每月 290 美元降到 99 美元）。即使新價格非常優惠，但是到了第 2 年，依然只招募到 2,500 名會員。該公司祭出的最殺優惠並沒有啟動收益引擎，反而像是油箱（也就是營運資金）被鑽了個洞，飛機因而以致命的速度漏油。雖然他們從實務學到一點經驗，設法使基因測試的成本下降一些，但這樣也只是死馬當活馬醫。2019 年 4 月，艾瑞維爾絲毫未曾向大眾透露公司的情況有多糟，而是晴天霹靂般公開宣布倒閉：

> 我們創立艾瑞維爾的願景是透過客製化的服務、由數據驅動，並以預防和指導為原則，在美國建立養生計畫的新範式……
>
> 很遺憾，從今天起，我們將終止我們的會員計畫。儘管顧客對這個計畫參與度和滿意度很高，很多顧客的臨床健康指標也有大幅改善，我們還是不得不在今天終止這個計畫。我們決定停止營運的原因很簡

單，也就是這個計畫的成本超過顧客能夠支付的費用。我們的計畫建構在蒐集基因檢測、血液檢驗和腸道微生物菌相分析上。我們相信這些檢測和分析的成本會逐漸降低，最終能夠符合成本效益。很可惜，在那一刻到來之前，我們無法一直在虧損之下經營。[4]

那個月，艾瑞維爾解雇 120 名員工、拋下所有的顧客，結束營運。很多會員因為無法再使用這種客製化的保健計畫而難過。對每個人來說，都是痛苦的一刻。艾瑞維爾的高層主管相信，如果入會費低一點，也許能找到夠大的客戶群來獲利。但是營運成本太高了。對於艾瑞維爾的倒閉，路易斯事後反省道：「我們沒有成本較低、比較簡單的方案，我們一直把焦點放在我們的旗艦產品，顯然這麼做是危險的。」這個科學養生的嘗試原來看起來很有希望，最後還是沒能規模化。

從規模經濟到固定成本

艾瑞維爾為何會面臨致命的電壓下降？或許你認為箇中原因（至少是原因之一）是以為早期用戶可以代表一般人群；換句話說，高估潛在受眾人數。不管怎麼說，這家公司最終失敗，表示他們提供的服務沒能創造足夠的需求，就算大幅降價，一樣乏人問津。艾瑞維爾是否打從一開始就想得太天真，認為只要開張營業，顧客就會絡繹不絕？或者美國人偏好短期、能立竿見影的做法，還沒能做好心理準備將眼光放遠，接納較具前瞻性的醫療保健策略，看重並非立即見效的長期預防措施？簡單來說，是不是一開始受眾的人數就很有限，無法規模化？

從某方面來看，這種說法言之成理。但從另一方面來看，其實有不少人想要艾瑞維爾提供的服務；從早期需求來看，應該有很多人會被公司的養生服務吸引，只是被費用嚇跑了。[5] 需求是存在的，但營業額增加得不夠快，填補不了資金缺口。由於艾瑞維爾為了營運，燒錢速度太快，要起飛、達到規模經濟，才發現跑道不夠長。

這裡的教訓是，要使企業成功規模化，不只是要明白有多少人欣賞你的構想，而且願意掏錢買單，更重要的是，你需要花費多少錢才能提供給客戶他們要的東西。

艾瑞維爾在成本方面遭遇的不幸，是新創公司常見的危險，尤其是那些早期成功信心滿滿，以為很快就可以踏上規模化之路的公司。小聰明棒棒冰（Wise Acre Frozen Treats）也是個好例子。2006 年，吉姆・皮卡雷羅（Jim Picariello）在緬因州海岸的小鎮校舍用粗糖製造有機冰棒。他很有先見之明，預料健康冰棒將大受歡迎。兩年後，他雇用十幾名員工，開了間小工廠，並和整個東岸的連鎖超市簽約。接著，眼看著他就要締造創業以來最大的突破：把棒棒冰賣到西岸的連鎖超市。他的公司就要規模化，進入爆炸性的成長階段。不料這時碰到困難。皮卡雷羅後來說：「我們總是來不及供貨。到了年底，我們破產了，我也失業了。」[6]

究竟是哪裡出了問題？首先，這些棒棒冰的製造和分銷成本很高。需要考慮到的因素包括設備、優質原料、保險和行銷等，每個月要支付的成本總計約 3 萬美元。在規模不夠大的情況之下，收益無法抵消這些營運成本，公司資本就漸漸被侵蝕掉。要不是在 2008 年碰上經濟大衰退，也許還能寄望天使投資人出手相救，讓公司撐得久一點，持續規模化，直到實現獲利。皮卡雷羅說，他應該在擴大規模之前先籌措更多的資金。但這是後見之明。就算他做到這點，由於成本降不下來，即使有更多資金，只是延緩死期的到來。這家公司已落入成本陷阱（這是每家公司都會面臨的威脅），不可能靠規模經濟起死回生。

提到規模經濟，我們通常會聯想到低成本、大量製造的產品：源源不斷從工廠裝配線產出的東西。但是規模經濟也可能出現在不大可能發生的領域，甚至是似乎完全不可能規模化的高檔產品或服務。新興的太空旅遊就是個有趣的案例。今天，世界上至少有十來家公司希望能販售太空旅行的行程，把乘客送到外太空，再載回地球。其中，最知名的或許是理查·布蘭森（Richard Branson）的維珍銀河（Virgin Galactic）、貝佐斯的藍源（Blue Origin）和馬斯克的太空探險技術公司（SpaceX）（然而 SpaceX 的長期目標已超出單純的太空旅遊，企圖讓人類飛越太陽系，甚至使人類移民火星，使火星成為人類的第二個家園，而藍源的終極目標同樣著眼於人類在外太空的生存）。

多年來，這三家公司已為太空旅遊投資數十億美元，讓乘客得以（安全）乘坐火箭掠過太空邊緣，到外太空一遊，幾十分鐘後安全返回地球。但是開拓太空旅行的成本極高，因此這樣的商業計畫其實極度冒險。

第一批前往外太空旅遊的費用將非常昂貴（在筆者撰寫本文之時，維珍銀河計畫向每位乘客收取 25 萬美元），能付得起這筆錢的潛在客戶群極小，要完全靠商業太空飛行服務回收投資成本的機會可說微乎其微。這也就是為何每一家公司都在探索如何用既有的研究和科技（也就是已支出的部分）擴展財源。例如維珍銀河、藍源和 SpaceX 都為國際太空站的研究人員提供貨運服務。SpaceX 更與美國太空總署（NASA）合作而獲得巨額補助。* SpaceX 為了太空探險的遠大目標投資巨額，NASA 的金援是一大助力，可抵消部分成本。

然而，有了這些平行收入管道還是不夠。要擴展太空探索的規模，關鍵就在如何解決成本方面的問題，也就是找到規模經濟。

馬斯克對規模經濟的痴迷使他成為與眾不同的企業家。自從多年前他改變網路銀行的世界以來,他進行的每項重大創新都是因規模經濟而大放異彩。如斯特拉,他的電動車新創公司。特斯拉是股市寵兒,目前市值超過 5,000 億美元。特斯拉能締造這樣的成功,是因為有兩個重要零件能達到規模經濟:電池和太陽能發電電池。這兩樣東西都能用更低的價格大量生產。此外,特斯拉努力邁向「用機器來製造機器」的高效率世界。馬斯克以得意的口吻述說他的「外星無畏艦」(Alien Dreadnought),也就是高度先進、全自動生產的機器人工廠。

SpaceX 甚至想出使規模經濟資本化的辦法。你可以從一段非凡的影片看到 SpaceX 的兩枚火箭在甘迺迪太空中心以南畫定範圍內同時降落。[7] 這就是真正了不起的地方:基於可重複使用組件的製造策略。SpaceX 不但以完全自動化的方式生產,而且盡可能重複使用組件,因此能每週至少生產一枚火箭。這個策略也讓 SpaceX 能把衛星送到近地軌道布局星鏈網

---

* 譯注:2021 年春天,NASA 宣布和 SpaceX 簽訂一紙價值約 28.9 億美元的合約,委由 SpaceX 打造重返月球的載人太空船(Lander)。NASA 計畫最快於 2024 年讓太空人重返月球表面。2022 年,SpaceX 與 NASA 續約,後來又拿下追加訂單,將在 2030 年前為 NASA 額外進行 5 次太空任務,雙方合約總價逼近 50 億美元。

路，而且大幅壓縮成本（讓電信通訊服務公司大驚失色）。事實上，由於 SpaceX 利用可重複使用的火箭來發揮規模經濟的優勢，把衛星送到軌道的成本減少為原來的十八分之一。[8]

有一天，太空旅行規模化之後，就有可能允許人類在其他星球定居，但這條路很漫長，而且花費必然是個天文數字（哈！）。但這些公司很精明，正在利用規模經濟來降低任務的平均成本。如此一來，至少未來會更有機會規模化。

太空計畫所需的投資資本可說明，很多有希望規模化的創新在起步階段面臨的挑戰：也就是創新前期投入的初始成本。對新創公司來說，通常要吸引金主投入所需的資金，才能克服最初的成本障礙。對懷有偉大構想的研究人員來說，則需要花時間才能獲得可靠的數據，同時還得要找到大筆的補助款、口袋深的捐贈者或是建立企業合作關係（但正如前述，這可能會導致任務飄移的危險）。在很多產業，對沒有雄厚資金的外部人士而言，這些初始成本高得可怕，因此不得其門而入。也許我有個很棒的構想，可以打造出過濾假新聞和仇恨言論的社群媒體平台。但我約翰・李斯特只是一名經濟學教授，沒有電腦工程（computer-engineering）技能，因此無法自行創設出一個新的平台，沒有相關經驗得以說服投資人我知道自己在做的事，也沒有先導研究數據可證明我的構想不是白日夢。如果我沒有資金、不能聘雇工程師、沒辦法吸引更多有經驗的合作夥伴來測試構想原型，我的構想將永遠停留在紙上談兵的階段。

固定成本最棒的一點就是，一旦你有了技術、原型、證明數據或是任何創新作為企業的基礎，這筆錢就不用再付一次。固定成本和原料、員工薪資、醫學檢驗和健康指導等持續營運的成本不同，這筆前期初始投資就能帶來紅利，用不著再投入大筆資金。（這就是專利和版權法存在的原因：允許為創新付出血汗和金錢的人獲得一段時間的保障，從中獲益。）如果你供應的產品或服務在市場產生需求，在理想的情況下，就能踏上規模化之路，享受規模經濟帶來的優勢。

再來看看共享汽車。Lyft 和 Uber 為了推出它們的創新運輸模式，需要大量的前期固定成本。最燒錢的部分是電腦工程，也就是創建數位平台，來做到以下這些事：透過供應商和顧客介面，即時配對司機與乘客、確定乘車價格、執行交易、更新司機與乘客評價的系統，還有提供申訴管道及其他無數微小但重要的功能。這些都是需要砸大錢才做得出來的！一旦這些都建置完成，開始運行，規模經濟就會發揮作用，每多一個乘客利用 Lyft 平台叫車，就會分攤一點固定成本，每次服務的平均成本就會下降。

這裡的教訓是，你必須一開始就算好固定成本，才知道資金是否足夠。即使有了足夠的資金，也得想辦法減少初始成本。對於像太空旅行這樣昂貴的計畫，似乎是難以實現的目標，但就軟體及其他新創事業來說，節省初始成本還是可行的。例如，你或許可以透過提供公司認股權，讓員工願意接受較低的薪資，某些情況下，員工未來可能會大賺股票上漲的紅利。初始成本花的錢愈少，日後需要對客戶收取的費用就愈低，這也代表客戶需求可以提高。你也可以透過重複使用某些材料，或販售主要生產過程的副產品，來抵消初始成本。例如很多生產原油的公司也生產天然氣。這不是巧合，因為天然氣就是石油鑽探過程的副產品。同樣的，糖蜜為蔗糖產製的副產品，木屑是木材業的副產品，羽毛是家禽屠宰廠的副產品。

　　在未來成長的過程中，只要有可能，就盡量發揮規模經濟的潛力。在很多情況下，你必須在固定成本和變動成本之間權衡取捨。正如前面的例子，初始成本高可能意味著日後的邊際成本（marginal cost）*可以大幅降低。這樣一來，如果必要資金沒有短缺的問題，初始成本高確實是件好事；在理想的情況下，隨著規模擴大，營運成本會愈來愈低。

　　一旦你準備啟動計畫，計算日常營運成本會是多少，然後假設這些成本要比你預期的至少高 10%。然後，估計營收數字，並與營運成本相比，想想你的規模必須擴大多少才能獲利（或者反過來想，還有多少時間資金會枯竭）。注意燒錢的速

---

* 譯注：邊際成本是指每增產一單位產品增加的成本。

度。你可能會採納皮卡雷羅的建議，準備多一點資金，讓跑道延長。

　　最後，如果你的商業模式已經建立可觀的規模經濟，為了吸引顧客，採取低價策略是合理的。一開始也許必須吸收損失，但是如果你知道成本會隨著顧客增加而降低，毛利終究可以變多。如此一來，即使不漲價，依然能夠獲利。這就是為什麼很多軟體產品和 app 都有「免費增值」（freemium）的策略：免費提供基本服務引客戶上鉤，然後提供更好的服務向客戶收取費用。最後，你必須好好查核自己的「窒息價格」（choke price）（也就是使需求下降到零的價格），你得進行一些測試，了解不同的價格如何影響需求。降價出售也許很傷，但別忘了，薄利多銷還是比客戶歸零要來得好。

　　上述原則能幫助你設計策略，降低初始成本和營運成本，提高規模化的成功機率。

社會變革規模化的成本

　　到目前為止，我們主要討論的是商業，但在金錢世界之外，規模化的成本問題也很普遍，甚至可能更為常見。事實上，不管是公共政策、非營利組織或慈善事業都可能面臨成本障礙的考驗。這些領域的計畫和介入措施不是為了賺錢，而是要對社會及人們的生活產生正面的影響。既然如此，就必須採用一些衡量標準來斷定成效。要有正面的社會影響力，規模化的成本效益可說非常重要。

以小兒麻痺疫苗為例。在 1950 年代，小兒麻痺症病毒每年使美國數以萬計的兒童受害。[9] 這種病症有高度的傳染力，透過體液（如唾液和噴嚏）及受汙染的液體傳播。可想而知，當時的家長都非常恐懼。這是一場嚴重的公共衛生危機。幸好病毒學家喬納斯・沙克（Jonas Salk）研發出第一支對抗小兒麻痺症的疫苗。數萬名兒童參加這種疫苗的人體試驗（包括他的孩子），消除人們對此疫苗效力的疑慮。他的試驗也顯示，不管是什麼樣的人、住在哪裡，只要接種疫苗，就能得到保護（具有人口和情況的代表性）。唯一的外溢效應也是正面的：愈多兒童接種，病毒的傳播就愈少，因為病毒的宿主變少了。這就是群體免疫的特性。

但是小兒麻痺症疫苗要成功規模化，疫苗製造和配送都必須具備成本效益。所幸，這種疫苗拜規模經濟之賜，製造成本低，也容易配送（至少在美國是如此，醫學中心以及在都市和鄉郊地區的推廣人員都可為兒童施打）。因此，到了 1979 年，美國已經完全消滅小兒麻痺症。

與之對比的例子，已經成公共政策的都市傳說。故事是這樣的：有個小兒麻痺接種計畫要在尚比亞北部溼地的偏遠地區施行，那裡的人口約有 5 萬人。在先導計畫中，據說某個組織購買氣墊船來配送疫苗，以克服地形複雜的問題。這個計畫很成功，但是援助人員試圖擴大規模至整個地區實行時，很快就發現窒礙難行。氣墊船隊的費用太高了！最後，他們只能放棄這地區的疫苗接種計畫。

理論上，任何計畫的社會效益必須超過財務成本，證明為此提供資金是合理的。因此出資及執行計畫的組織或政府，自然會傾向選擇以較少成本來獲得更大效益的方式。這是簡單的數學問題。如果一個城市決定撥款推動戒毒計畫，必然會選擇每一美元能幫助到最多人的方案。即使一個計畫的成功率達到100%，若是得在每個人身上花 5 萬美元，那就不會規模化。（除非這個計畫是由名人或科技億萬富豪資助。）

此外，即使是成功、可規模化的解決方案，也不能保證會有持續不斷的金援，畢竟還有太多急迫的問題需要解決。如果戒毒計畫對社區帶來的好處，看不出投入那麼多經費是值得的，市政府就可能轉移預算，把戒毒計畫的資金轉到新的校園營養計畫上。再者，不管是什麼問題，總有一些互相競爭的解決方案。例如，在國際救援方面，就有很多組織運用不同的技術，提供低成本的可再生能源給經濟落後的偏鄉地區，如太陽能電池板、小型風力渦輪機，甚至還有豬糞沼氣發電系統。這些計畫都在爭取資金，低電壓的計畫很可能會失去支持。而電壓低的原因通常是因為成本高，無法帶來令人滿意的結果。

　　現在我們知道，就規模化的成本問題，我們可能會遭遇什麼樣的挑戰。政府不想花太多錢，新創公司為籌措高額的初始成本所苦，如果營運成本過高會導致企業無法在價格上競爭。儘管情況也許不同，本章討論的策略同樣適用，不管你是想使新的技術突破規模化、擴展以研究為基礎的教育計畫，或是運送疫苗到偏鄉。然而，即使你完全遵守這些原則，還有一個因素，可能會使你的成本隨著構想的發展而膨脹，那就是人。

完美是規模化的敵人

　　我和團隊最初設計芝加哥高地幼兒中心的教育模式時，目標很明確：不只是為孩子創建可以改善他們未來生活的計畫，而且要能規模化，可擴展到世界各地成千上萬個社區。

　　每位家長都知道，教師是兒童在學校期間發展的基石。因此，打從一開始，我們就知道不可妥協的條件之一，就是招募最優秀的老師。我們必須四處尋找真正有天賦、教學生動活潑的教育工作者，這種老師可說萬中選一。表面來看，這麼做似乎符合邏輯：招聘最好的老師，孩子就能得到最好的教育。

　　只是有一個問題：要不惜重金，才能找到最好的老師。

　　正如我們在第 3 章看到的，擁有專業技能的人（以這個例子來說，就是優秀教師）很難規模化。不只是要找到很多傑出的人才（如廚師）很難，這樣的專業人員不像好市多的萵苣，可用「批發價」大量購買，人才不會因為大規模雇用而變便宜。好市多的分店每週買進幾千顆萵苣，就能把價格壓低。事實上，人才反而變得更昂貴。這是因為，如果你想吸引更多一流人才進入教師行業，就得提高教師的薪資，才能與其他求才若渴的雇主競爭，如華爾街銀行或是矽谷的高科技公司。在芝加哥高地幼兒中心，這是我們無法忽略的事實。

在我們的幼兒中心負責設計課程的團隊，努力記取前人失敗的教訓，避免重蹈覆轍。例如，在 1990 年代，加州教育當局在全州實施小班制，試圖提升學生成績。[10] 問題是，要推廣這種做法，需要招聘更多老師，最後聘用的老師往往缺乏必備的技能或經驗。最近，同樣的狀況發生在想要推行小班制的田納西州。從這兩個案例來看，最初小規模實施的結果都很不錯，然而一旦擴大規模，好處就不見了。正是因為學校無法聘請到所需的教師。

為了解決規模化的問題，我們在德國數學家恩斯特・澤梅洛（Ernst Zermelo）的研究中找尋靈感。澤梅洛 1871 年生於柏林，後來成為傑出的歐洲邏輯學家。他戴著細框眼鏡、目光犀利，思考難題時總會撫摸他的山羊鬍。他潛心研究的一個難題在早期賽局理論扮演重要角色，也就是澤梅洛定理（Zermelo's theorem）。

　　賽局理論用數學來模擬對立雙方可用的不同策略和純粹理性的決定。換句話說，賽局理論模擬的不是現實生活，因為在現實生活中，沒有人是完全理性的，然而我們從賽局理論得到的見解仍可以用在現實生活。澤梅洛認為，在西洋棋這種兩人對弈的棋局中，在任何時刻，其中一方必有一連串必勝的走法。當然，不是每個棋手都能想出這點，但這是賽局結構中的邏輯。在賽局理論和澤梅洛定理的理論數學宇宙中，完美的策略決策的確存在，而且是可以驗證的。

　　澤梅洛在 1913 年提出定理，[11] 在 1950 年代，數學家把他的研究與**逆向歸納法**（backward induction）相結合。這個術語聽起來似乎很厲害，其實只是意味從當前問題的最佳結果往回推（不管是你想贏正在下的一盤棋，或是創建一個在規模化後依然符合成本效益的教育課程），然後以此來設計你的策略。換句話說，為了達成目標，你必須從最後一步開始，一步步往前推，就能找到通往目的地的最佳路徑。透過邏輯仔細盤算大規模成功的樣貌，接著你就知道要怎麼走了。頂尖棋手會利用逆向歸納法，想要在規模化時持續保持高電壓也是如此。

　　為了解決人力資本問題，我們的規劃團隊採用逆向歸納法。我們先考量現實情況，也就是一旦我們的計畫規模化，擴展到數千所學校，不可能有無盡的預算供我們聘請無數的優秀教師。因此，我們必須放棄理想，實際一點：在設計課程時，必須預設我們只能招募到能力普通的教師。

如果我們設計出一種模式，即使無法招募頂尖教師，也能提升學生的表現，計畫規模化之後，就不會被募集一流人材的高成本限制。因此，這意味著得抵抗找來頂尖教師進行先導計畫的誘惑。儘管這會讓結果也許不那麼亮眼，在短期內宣傳的效果沒那麼好，申請到經費也會被打折扣，但我們知道這個計畫的長期成功才是最重要的。

當我們準備在芝加哥高地執行這個幼兒中心的計畫時，以等同當地公立學校招募與薪資標準，從一般應徵者中找到我們所需的 30 名教師和行政人員。可以說，儘管他們不是才華傑出的名廚，還是能端出令人食指大動的菜肴。如果我們需要 3 萬人，並支付這些人的薪水也沒問題。這就是最重要的部分。我們避免做那種只供應高級食材的頂級餐廳，當想多開兩家分店時，就無力負擔了，只能降低食材的等級，或者在其他地方省錢。如果我們的餐廳打算規模化，開個幾千家，一開始就選用比較平價的食材，會比較容易經營。我們的計畫也是如此，一開始就不強求招募到頂尖教師，實施之後才比較容易維持電壓。

我們常聽到有人引用伏爾泰（Voltaire）的這句名言：「完美是良善的敵人。」我們也許可把這句話改為：「完美是規模化的敵人。」在擴大規模、複製不可妥協的因素時，犧牲了完美，換得在現實世界切實可行。在芝加哥高地推行計畫時，我們把現實世界的成本限制放在心上，然後把重點放在測試計畫規模化的效能。

　　一開始就決定不找最好的人才，聽起來似乎有悖常理，甚至愚蠢。然而，如果是要設計創新的新硬體，然後規模化，那就不能找能力一般的電腦工程師。畢竟硬體或數位介面的設計必須追求最好的品質，這是不可妥協的條件。但是如果大規模的硬體維修，需要 4 萬名技術人員，那就不可能要求每個技術人員都是一流高手。雇用次級技術人員當然不是最理想的，但這是可以妥協的。最重要的是，在高速成長的情況下，你依然可以忠於基本原則。

　　在大多數的情況，理想的條件總是無法顧及現實面，因此你必須問自己如此現實的問題：真的能大規模雇用最優秀的人嗎？或者在預算或人才的限制下，其實並不可行？很可能堅持雇用頂尖人才根本行不通。因此，考慮到未來時，你必須記住人力資源的成本，確保在規模化過程中持續可以負擔。

＊　　　　＊　　　　＊

　　前面這五章我們討論規模化 5 大攸關性命的指標，為了確保你的構想具有不斷擴展的生命力，必須跨越的關卡包括：偽陽性、人口與情況的代表性、外溢效應和成本。至此，你已經知道如何識別可規模化構想的關鍵特徵，但你也許會思考這個問題：**如何才能把一個好的、可規模化的構想從 A 變成 A⁺？**

接下來的章節，我們探討的重點將從如何避免電壓下降，轉移到如何增益電壓。我從研究中找出 4 個關鍵策略，也就是本書後半要探討的：利用行為經濟誘因達成最佳成效、把握在營運邊際容易錯過的機會、懂得為了更長遠的勝利放棄短期目標，以及設計出可持續運作的高電壓文化。

因此，讓我們增強電壓吧。

第二部

規模化的 4 個要訣

第6章

可規模化的誘因

　　幾年前，一家為小企業主提供貸款的公司委託我和同事李維特一件事：準確評估貸款申請人的性格。這家公司的理由頗為直觀。如果貸款申請者為人正直、重誠信，就會盡力履行還款承諾。此外，這樣的人很可能是個強而有力的領導人，有經營能力，因此借錢給他們是明智的投資。所以，我們的任務是設計一個現場實驗，來預測貸款申請人是否具備這樣的特質。我們都是喜歡跳脫框架思考的人，因此採用來自學術界的創新點子：「掉皮夾的實驗。」[1]

　　在接下來的幾個星期，我們團隊的研究助理路過貸款申請人的公司，並將皮夾「不慎」掉落在公司門外的人行道上。幾秒後，研究團隊的另一名成員撿起皮夾（我們在皮夾裡放了一張紙條，上面有姓名和電話號碼），走進公司，說自己在門口撿到這只皮夾，不知如何還給失主，請他們代為處理。

接著，我們等待回應。

我們的第一個衡量指標是時間，貸款申請人多久之後打電話來說皮夾在他們那裡，前提是，**如果**他們真的有打來的話；事實上，有幾家公司完全沒打電話來，因而被扣了一些分數。接著，我們檢查歸還的皮夾，看裡面還剩多少錢。我們在一些皮夾裡放了 60 美元（3 張 20 美元的紙鈔），有些則放 40 美元或 20 美元，也有完全沒放錢的。有些人拿了皮夾裡的錢（拿了一些或全部），但他們都一律表明「皮夾本來就是這樣」。我謝謝每位打電話來的人。然後，我們蒐集完所需的數據，團隊和我就開始為每一個企業主計算他們的性格／誠信分數，然後把報告送交給委託我們的貸款公司。

最後，我還是不知道貸款公司決定放款給哪幾個申請人，也不知道我們的指標預測他們是否還款的準確度如何。但我們發現，這個實驗隱含更重要的問題。表面上，這是貸款申請人誠信度的評估，而其中還有一個更深層、迫切的問題：如何預測一家企業能否成功？由於成功幾乎都是源於以某種方式規模化，我們自然而然會推想，有誠信的貸款申請人事業規模化的成功率比較高。也就是說，性格可能是通往高電壓規模化的一條隱密路徑嗎？

其實並不盡然。

在崇尚個人主義的西方文化，執行長和創辦人的地位就像搖滾巨星或名人。我們預測一家企業能否成功時，通常會特別注意領導人的行為、個性和理念，而非整個組織。不只是企業執行長，還包括所有具有領導地位的人，如政府官員、政壇高層、研究中心的主任等。幾乎大多數的人都認為，只要看看領導人是什麼樣的人、做了什麼，就能洞悉成敗。比較極端的例子，像是我知道有個擁有超過 20 億美元的私人投資公司老闆，就雇用擁有獨家手法的前中央情報局（CIA）情報員評估高階職位的應徵者。他深信這套方法很可靠，有助於公司的成功。或許是吧。領導人的性格固然重要，但其實並非如此。他們在組織內培養的文化也很重要（我將在第 9 章深入探討文化規模化的問題）。

　　一般普遍把焦點放在個人身上，直覺上是有道理的。人類特有的易錯性（fallibilities）使我們成為「快思者」，為任何現象尋求簡單的解釋。我們很容易得出結論說，某一家公司成功的原因在於他們有偉大的領導者。畢竟，要探討多個因素複雜的交互作用比較困難。然而，如果我們高估個人性格的影響，低估環境因素的影響，我們就可能陷入一種叫做**對應偏誤**（correspondence bias，又稱基本歸因謬誤〔fundamental attrition bias〕）的陷阱。要成功規模化，重要的不總是「誰」，而是「什麼」及「如何」；你做了什麼決定，你如何執行這些決定。

　　過度強調領導風格和領導人的性格，就會忽略企業成功的一個關鍵因素，也就是激發人員努力的動機。而要激勵員工為了共同的目標努力，只取決於一件事：你必須拿出正確的誘因。這個基本要素和人們**如何**工作有關，而非和**誰**一起工作有關。

如果誘因是對的，領導人的性格就不怎麼重要了。這讓人在好幾個層面都鬆了一口氣。首先，從品質或成本的角度來看，人很難規模化，如果成功不完全取決某些人，其實是好消息。當然，我們應該努力雇用最好的人才，但偶爾還是會讓害群之馬進公司。但在正確的誘因之下，即使是害群之馬也可能洗心革面，變成正直、勤奮的人。其次，設計良好的誘因，幾乎可以無限擴展，對行為和結果產生巨大、正面的影響。此外，我們每個人都對誘因有影響力，無論是否正式坐在領導的位置上。

無論一個企業只有 3 個人或者多達 333,000 人，能否用誘因激勵這所有人，往往是規模化成敗的關鍵。大多數的人聽到經濟學家提到誘因，總是會翻白眼，心想**又來了，不就是要說多付一些錢，員工就會更努力？**雖然這在某種程度上是對的，但不全然如此。其實，要大規模的用誘因提高績效不一定得付出昂貴的代價。要破解這點，我們可以從看似不可能的源頭去找答案：我們決定給人小費的時候。

Uber 的小費杯

Uber 剛進入市場時，有很多優點是顧客喜歡的：車子很快抵達、輕鬆追蹤乘客和司機的所在位置、車資比計程車便宜等。還有一點，搭車不必給小費。車資是根據 Uber 的演算法訂立的，乘客用不著花時間考慮該給司機多少小費，擔心給太多或太少，司機會怎麼看他們。從乘客的角度來看，這是無摩擦交易（frictionless transaction）。

然而，有一天，小費的問題還是來了。

我剛到 Uber 工作那陣子，我們收到愈來愈多的報告，指出司機在車裡放了杯子，暗示乘客給小費，甚至直接向乘客要小費。這也許是因為 Uber 主要的競爭者，也是我後來的東家 Lyft，營運之初就在平台上設置給小費選項，也可能是因為 Uber 司機認為他們應該賺更多的錢，或許這兩個原因都有。無論如何，Uber 司機希望能收小費，而乘客也感受到給小費的壓力，就像從前搭計程車的情況。要不是 Uber 發生相當棘手的問題，「#DeleteUber 行動」，執行長卡拉尼克也許會忽略這個小費問題。#DeleteUber 行動發生在 2017 年 1 月，人們為了抗議川普的「入境禁令」紛紛罷工，Uber 卻趁計程車罷工時營業，從中獲利。於是，紐約人紛紛響應刪除 Uber app 的行動。[2] 結果，數十萬名使用者發現 Uber 沒有快速、自動化系統來處理大量用戶停用的請求，他們的憤怒就像火上加油，愈燒愈猛。

這一切演變成一場不斷蔓延的騷亂，不只損害 Uber 的聲譽，也引燃司機的怒火，加深他們對公司的不信任。然而，不管在過去或現在，司機一直是 Uber 營運模式中不可妥協的要件，畢竟對 Uber 提供的服務和前提，也就是廉價、便捷的乘車而言，龐大的車隊是最關鍵的因素（至少到汽車自動駕駛能夠規模化之前）。顯然，Uber 必須做點什麼來贏回他們的信任，而且要快。

我認為小費就是解方。卡拉尼克一開始不願讓司機收小費，因為這似乎跟他的使命，也就是盡可能降低車資相牴觸。此外，他還擔心 Uber 獨特的評價系統（司機和乘客可為對方評分）會給乘客壓力，怕評分被打低，不得不多給一點小費。但我還是在公司兩位高階主管，Uber 交易平台（Uber Marketplace）主管丹尼爾‧葛拉夫（Daniel Graf）及負責 Uber 成長、司機與數據部門（Growth, Driver, and Data）的亞倫‧席爾德克勞特（Aaron Schildkrout）的協助下，提出我的建議。卡拉尼克好不容易才讓步。對 Uber 來說，司機就是公司生存的命脈，如果收小費對司機有幫助，那就值得一試，即使顧客懷念以前不用給小費的日子。再者，我們認為小費會使司機更有動力提供更好的服務。顧客什麼時候抱怨過服務太好呢？

2017 年夏天，Uber 為司機制定一套新的額外津貼，包括讓乘客選擇給小費。但給小費的方式和計程車不同，不是面對面、直接給司機，甚至不是在行程結束時當場支付。司機給乘客評分**之後**，才知道乘客給了多少小費。因此，這種做法產生的情感和精神上內耗會比較少，這也是卡拉尼克願意支持收小費的原因。儘管如此，有時我仍會收到來自朋友和熟人的電子郵件和簡訊，表達他們對 Uber 新設小費功能的不滿。

一開始，司機都很感激，但他們的感激之情很快就轉為失望。雖然因為小費之賜，每趟載客的收入增加了，整體薪資卻不升反降。為什麼？我們分析數據，發現在平台上新增小費功能，造成一個有問題的外溢效應：在我們開始收小費之後，很多人加入 Uber 司機的行列，每一個司機載客的總趟次變少了，因此收入減少了。

此外，從顧客給司機的評分來看，給小費並沒有像我們預期的那樣提升服務品質。[3] 我們不知道為什麼會這樣，但這的確與多年來酒店管理研究的結果相悖。換言之，小費是個誘因，激勵司機增加工作時間，但是沒有激發他們更進一步提高服務水準。

接著，還有更讓我們意外的事。與之相比，上述問題似乎微不足道。

我們研究乘客給小費或不給小費的數據，發現**只有 1% 的**

乘客每次搭車都會給小費。沒錯，每 100 個乘客只有 1 人必定會給司機小費。同時，60% 的乘客**從未**給小費，而 39% 的人有時會給小費。

這個結果教我們吃驚，不過我進一步思考，發現這種表現是合理的。當然，純粹從經濟的角度來看，給小費不合理。小費又不是非給不可，為什麼要付？但小費的問題其實要比古典經濟學來得複雜。

39% 的 Uber 乘客偶爾給小費，而 60% 的人完全不給，原因很簡單：**沒有人看到他們給多少小費**。

因此，不給小費完全沒有損失。

損失規避

我們在第 1 章提到康納曼與特沃斯基在認知偏誤方面的開創性研究，特別是確認偏誤對偽陽性的影響。但他們最有名且最有影響力的研究，是關於人類心靈會出現另一種偏誤：**損失規避**（loss aversion）。

有很長一段時間（回想起來，真是長得令人扼腕）社會科學家認為經濟學和心理學是涇渭分明的兩個領域。經濟學家以將人類設想成「理性主體」的選擇理論（人類會為了自身利益不斷做出理性的選擇）去分析經濟模式的邏輯，而心理學家則從所有看似不合理的人類思維和行為模式去尋找邏輯。以前經濟學家和心理學家似乎沒有什麼交集，直到康納曼和特沃斯基出現，他們道出，在人類心理中各種不合邏輯的怪癖如何影響我們的經濟決策。透過他們的研究，之後又有無數的研究者跟進，行為經濟學因此凝聚成形。

損失規避是行為經濟學的核心之一，基本概念是，人類討厭任何形式的損失，以致於面對等量的損失和收穫時，我們寧可規避損失。這種概念的另一種說法是，損失帶來的痛苦要比收穫的快樂來得強。這就是為什麼避免損失（及伴隨損失而來的痛苦）是強大的誘因。

康納曼和特沃斯基表示，由於人類的這種傾向，我們做出種種魯莽的決定。例如，房價在高漲之後下跌，賣方為了避免損失，反而想以高於當前價值的價格出售，結果在市場上交易時間拉得更長。同樣的，股市投資人手中虧錢的股票往往會持有太久，因為他們不想面對已實現虧損。另一方面，投資人會太快賣掉賺錢的股票，因為擔心一旦股價下跌，獲利會吐回。這種現象就叫處置效應（disposition effect）。

如果你從演化的角度來看，就很容易明瞭，人類直覺式的決策為何會如此不對稱。我們的遠祖在荒野中求生時，例如在十萬年前，多取得一些食物，明天可能比較好過。然而，失去今天的食物意味可能就沒有明天了。在這種情況下，損失帶來的風險要比收穫更高，因此我們演化成對損失非常敏感，會不惜一切代價避免損失。

這不只適用於物質資源的損失，如金錢或食物，也適用於任何種類的損失，包括**社會**損失（social loss）。

人類本質上是社會性的動物。這種特質也可追溯到我們物種長遠的演化過程。為了生存，我們必須和部落其他成員相處、合作。這使我們得以抵禦威脅、群體狩獵、分享資源、建造安全、堅固的居所，並相互合作，以面對其他挑戰。因此，我們演化成會對別人如何對待我們及有何反應非常敏感。我們知道別人在打量我們。

這就是所謂的**自我監控**（self-monitoring），我們會有意無意的監視我們在他人眼中的地位。對我們的祖先來說，社會資本的喪失，意味可能被趕出部落，那會降低生存機率。因此，人類自然而然在演化的過程中生出一種強烈的欲望，希望別人對自己有好感。

給或**不給** Uber 司機小費與這點有關。

雖然跟祖先相比，我們今天的賭注很小，我們還是會避免讓人反感。這就是為什麼社會規範和文化期待，在人類生活是非常強大的力量。因為在公共場合違反社會規範、敗壞善良風俗可能會損害自己的形象。當然，美國文化中的一個習慣就是給服務人員小費，從餐廳服務生、髮型設計師、按摩師到飯店行李員等。給小費是門藝術,有時很公開,有時則不欲人知。在某些情況下,比方說你和朋友一起去餐廳吃飯,然後拆帳,你朋友就知道你給服務生多少小費。在大多數的情況下,收到小費的人當下就知道客人給多少錢(老實說,你給了小費,但還沒起身,必然會注意服務生收到小費的反應吧)。換句話說,在公共場合,我們會盡力遵守社會規範,保護自己的聲譽,而我們給多少小費,這件事可能會影響別人對我們的觀感,以及我們怎麼看自己。

但 Uber 讓司機收取小費的方式,使乘客沒有立即的社會及聲譽壓力。一旦沒有壓力,就覺得不付小費根本沒什麼關係。無疑這對乘客是件好事,但也消除給小費的有力誘因,不會為了避免別人對自己觀感不佳而給小費。

關於這個故事,最重要的不是 Uber 應該要讓給小費這件事更公開。(也就是說,如果小費是你商業模式中不可妥協的因素,特別是在規模化的過程中,你或許會對給小費的方式,該公開或留有隱私有不同的看法。)而是我們會如何因為在意社會上別人怎麼看我們,而在這個誘因的引導下去做某些事。

事實上,誘因是一股非常強大的力量,甚至可以增加國家的財富。

價值 1 億美元的提醒與社會規範的力量

多明尼加共和國面臨一個問題：幾百萬人民都不繳稅。

班傑明・富蘭克林有句名言，世上只有死亡和納稅這兩件事是不可避免的。儘管如此，很多國家都為逃稅的問題苦惱，尤其是在開發中國家。在多明尼加這個位於加勒比海、陽光明媚的島國，逃稅問題可說是鄰近國家中最嚴重的。例如，2017年，多明尼加有將近 62% 的公司沒繳納企業所得稅，而且約有 57% 的人民沒繳交個人所得稅。這可是一大筆錢！

當然，政府沒收到稅金，就沒有足夠的錢可以用於基礎建設、社會福利等重要公共計畫。因此，多明尼加政府當務之急就是讓更多人繳稅。2018 年，該國國稅局決心展開行動，使更多人民履行納稅義務。他們打電話來求助，我和幾個同事願意出手相助。當然，我們有一個條件，也就是讓我們進行現場實驗。

我們請多明尼加政府發送一系列的訊息給人民和公司。如果有任何人或任何公司不想繳稅，就得衡量不繳稅的利弊得失。他們可能有利益（放在自己口袋的錢會比較多），但可能也有損失（遭到罰鍰或監禁，不過這些懲罰有時難以執行）。我們要政府發送這些訊息的目的，是想扭轉人們心中權衡逃稅利弊的比重，讓他們覺得逃稅的弊大於利。

其中一則訊息是告知／提醒人民，逃稅會被關進監獄。另一則訊息則是告知／提醒人民，根據最新法規，逃稅者會被列入公開的欠稅名單。換言之，如果有人不繳稅被抓到，就會被公諸於世。這種公開披露的做法，是利用聲譽壓力和損失規避來對納稅義務人施壓。如此一來，在意自己社會地位的納稅人只得乖乖繳稅。

隨著納稅季節的來到，政府發送訊息給 28,000 名自雇者與超過 56,000 家公司。其中一半收到的訊息是不繳稅會被關進監獄，另一半則是逃稅者的姓名將被公布。接收到這些訊息之後，納稅人則會以非常不同的角度來分析繳稅或不繳稅的利弊得失。

叮（收銀機發出悅耳的響聲）：這招奏效了。

2018 年，多明尼加政府發送的提醒訊息使得稅收增加超過一億美元（占該國當年 GDP 的 0.12% 以上）。要是沒有提醒訊息的推力，多明尼加政府就**收不到**這筆錢。不出所料，我們發現關於坐牢的提醒更有效，畢竟，失去自由是每個人最厭惡的事。儘管坐牢的**威脅**很容易規模化（同樣的訊息可發送給更多人），要把那麼多人關進監獄既不實際、也不道德；監獄容量有限，很難擴展到更大的範圍。幸好，公開披露的威脅也很有效，只是威脅逃稅有損社會地位，就可為政府帶來數百萬美元的額外收入。別忘了，我們只是以一小部分的納稅義務人為目標進行這個催繳計畫。這種訊息策略如在全國施行，政府將能收到更多的稅金，而成本只是收益的九牛一毛。

當然，這招不是在任何情況都能奏效。我並不是要建議想擴展事業的人們，把公然羞辱和聲譽威脅當成手段，放進你規模化辦法的一環。那反而像是建立「毒型職場文化」，可能會造成反效果。

重點是，任何人都不願看到自己的社會地位受損，這是人性的一部分。因此，透過使人遵守社會規範來維護自己的聲譽，能對人們的行為產生強大的影響。此外，這種誘因能成功規模化，因為當愈多人信守社會規範，也就是違反規範者將被貼上恥辱的標籤，遵循規範的誘因就變得愈強大。

但這只是損失規避和社會規範奇特（且可規模化）交纏在一起的方式。

為了不落人後

2013 年，維珍航空想實行一個雄心十足的計畫，因此與我的同事葛立爾‧高斯聶爾（Greer Gosnell）及麥特卡夫接洽。他們想要透過提高燃油效率來大幅減少碳排放。[4] 顯然，若能實現這個目標，不但對環境有利，也能為公司省下很多的錢。唯一的問題是，要怎麼做？

維珍航空知道，提高燃油效率的關鍵主要是在機師手裡。機師做的很多小決定都會以不同的方式影響油耗。例如，起飛前，機師計畫載油量時，會把飛機重量和起飛後的天氣狀況納入考量。升空後，他們選擇的飛行高度及向飛航管制塔台申請的捷徑，還有襟翼的設定等種種有關空氣動力學的決定，都會影響燃料消耗的多寡。在降落時，他們也可以關閉至少一個引擎滑行到登機口，但這不是必要的。

由於機師最終握有這些事情的決定權，關於燃油的使用，航空公司通常會鼓勵他們採行某種做法，但不會強制非這麼做不可。然而，維珍航空發現溫和引導機師朝減少碳排的方向去做可能帶來很多好處。挑戰在於，如何調整機師長久以來的習慣。

這就是我和同事大展身手的時候。我們有個構想，認為可以利用社會規範來做，然而不像多明尼加共和國納稅實驗那樣公開。再說，維珍航空向來以快樂的工作文化聞名於世，我們可不想讓這家公司的氣氛變得不愉快。

航空公司的機師是經過嚴格訓練才能坐進駕駛艙。為了在這一行出類拔萃，他們投注相當大的心力。因此，至少從理論上來看，我們的研究群體傾向對自己的工作感到自豪。他們或許想為地球環境盡一份責任，至少願意幫雇主省錢；他們和多明尼加那些逃稅的人不同，不會從不良行為（在這種情況下，也就是浪費燃油）獲利。然而，他們可能有意無意不願修正既有的操作方式。因此，我們設計的策略不依賴懲罰或個人獎勵。關鍵是簡單的蒐集資訊，然後私下傳給他們參考。我們希望這個小小的舉動能發揮社會誘因的功能。

從 2014 年 2 月到 9 月，我們傳送三種不同的報告給三組維珍航空機師。第一組收到的是他們上個月的燃油效率報告。第二組也收到同樣的燃油效率報告，但增加一則訊息，鼓勵他們依照我們為他們設計的燃油節省辦法來達成個人目標。第三組和第二組收到同樣的報告和鼓勵，還告知若是達成目標，公司將用他們的名義進行小額捐款，捐給他們指定的慈善機構（這是所謂「有利於社會的誘因」）。至於第四組控制組則只收到一封信，告訴他們公司將測量每位機師使用燃油的情況。在這個研究計畫進行的 7 個月裡，機師和往常一樣在世界各地飛行，只是每個月都會收到我們的報告，像是耳邊出現一個小小的聲音。

這次在維珍航空的現場實驗並沒有像我們在多明尼加那樣，公開威脅人民，不繳稅的話可能會為了這件事丟臉，危及自己的社會地位。我們寄給機師的信，沒有一封威脅說要公開他們燃油數據，或是他們的年收入或績效評估可能受到影響。我們希望這個實驗能有潛移默化的效果，讓機師明白公司正在內部建立減碳目標的**規範**，但在實行目標的同時，不會讓他們受到任何懲罰，如燃油效率不佳者會被減薪或績效扣分。儘管他們的個人選擇不會帶來任何負面影響，機師知道公司高層主管（以及我們這些經濟學家）會看燃油效率相關報告。換句話說，機師決定怎麼做之後，效果會在整個組織中發酵，再回饋給機師。由於公司組織本來就是一種社群結構，如果有人不遵守新的規範，自然隱約會有一點社會損失之感。

　　結果，我們發現機師收到報告後願意採取更省油的做法，不是怕在同事面前難堪，而是他們希望**自我**形象符合致力於減碳的社會期待（或是公司規範）。我們的計畫是否能擴大影響到全公司 335 位機師、約 40,000 個航班、超過 10 萬個機師的決定？由於人類在建構自我形象時，神經網絡會做出精細的調校，我們對這個減碳計畫的規模化很有信心。

　　事實證明，我們是對的。在分析數據之後，我們發現三個實驗組的機師**全**都採取能提高燃油效率的做法。更棒的是，連控制組也都這麼做。控制組的機師知道，儘管他們沒收到任何建議，但也在實驗之中。這可能要歸功於**霍桑效應**（Hawthorne effect），[5] 也就是被觀察者知道環境改變了，或是他們知道自己成為被觀察的對象，行為也會跟著改變，以獲得別人的讚賞。（霍桑效應源於 1920 年代幾位研究人員在西方電器公司的霍桑廠進行的實驗，看燈光照明等因素對工作人員的影響，因以為名。）在這種情況下，只是知道公司將測量自己的燃油使用量並加入研究數據中，就足以讓控制組的機師改變他們的習慣。在工業心理學中，常用霍桑效應這種技術來提高員工績效。這就是我們在機師身上看到的。

在上述三個實驗組中，從報告得知明確目標也收到鼓勵訊息的人，減碳成效最佳，比只收到報告的人多出 28%。似乎機師很在意自己沒達到目標，因此致力於節省燃料，而且覺得有面子，也就是他們的自我形象符合公司的期待和規範。有意思的是，小額捐贈的誘因似乎沒有效果。與收到報告和鼓勵訊息的那一組相較，增加小額捐贈那一組並沒有節省更多的燃料。看來，誘因做法已達到極限。

總的來說，我們估計這次實驗使維珍航空節省 7,700 噸燃料、約 537 萬美元的燃油成本，並減少超過 21,500 公噸的排碳量，這對航空公司和地球來說，都是很高的電壓增益。此外，還有額外的收穫：調查顯示，機師喜歡這樣的實驗，乃至於 79% 的人說他們希望有更多這樣的計畫（只有 6% 的人不喜歡）。最後，與控制組相比，這樣的經驗似乎對機師的工作滿意度產生正面的影響。

一旦建立好有效蒐集數據的機制，這樣的計畫就很容易規模化。這是因為 5 大攸關性命的指標會因為計畫產生的推力得以獲得滿足。這是個好消息，因為節能減碳不只是航空業的挑戰。在 21 世紀，幾乎每個產業都面臨這個問題。為了證明這點，我們可再看看 Opower 這個例子。在第 3 章，我們看到這個家戶能源使用監測平台推出的「智慧」恆溫器，由於使用者更改預設設定，使得節能成效不彰，這種技術也就在規模化的過程中電壓遽降。

推行智慧恆溫器失敗後，Opower（還有消費者和地球）清楚了解到最重要的一點，也就是他們從鼓勵消費者採用節能技術就能獲益，不一定要推廣任何產品。因此，Opower 開始實施家庭能源報告（Home Energy Report）的計畫，定期發送郵件給家庭用戶，讓他們知道自己的能源使用情況，並提供鄰居的數據做為比較。這個策略就像我們在維珍航空進行的實驗，利用自我認知與社會規範來促進良好的行為，但增加了一個強大的誘因：社會比較。這個構想是利用人們希望「不落人後」的基本欲望，類似我們與所有的機師分享燃油效率報告。在此，你想維護的是你在社群中的自我形象，也就是將節能減碳視為自己的重要責任。要是發現自家消耗的石化燃料比「更環保」的鄰居還多，就會自慚形穢。其實數據是匿名的，沒有人知道你是否為了減碳改開電動車，或是客廳的燈整晚都沒關，家庭能源報告還是會觸動損失規避心理。我們在 38 個地區、25 萬個用戶進行 Opower 家庭能源報告的現場實驗，觀察這樣的行為介入措施，我們發現收到家庭能源報告的用戶，得知自己和同一地區其他家庭用電量比較的訊息後，平均用電量減少 2.4%。

我們深入研究數據之後，發現家庭能源報告影響的時間長度要比我們預期的久。這個結果讓我們非常驚訝。在 Opower 停止發送家庭能源報告**之後**，仍有 35% 至 55% 的家庭繼續努力省電，甚至在實驗結束 7 年後依然如此，就像是消費者肩上有個省電小天使，不斷提醒他們至少要和鄰居一樣省電。儘管 Opower 已不再發送家庭能源報告，用戶仍繼續保有節能減碳的自我形象。

這將對目的規模化是一大利多。計畫只要實行一次，就很容易規模化，而且只要發送一次訊息，成效甚至比接連不斷發送要來得好，因為訊息重複發送往往會使效果遞減。簡而言之，重複發送的訊息會教人厭煩，最後就起不了作用。

我曾在各種情況之下、以不同社群進行這種和誘因有關的現場實驗。例如，即使美國人知道省電燈泡有很多優點，大多數的人依然不採用。於是，我在芝加哥利用類似的社會比較訊息做實驗，成功促使很多家庭改用省電燈泡。這意味我們不只是可以用自我形象和社會規範的力量來重塑人們的行為，增進環境和社會的福祉，甚至可以使人接受新的、重要的創新技術，不會在一開始就抵制。

這種誘因也可用在投票。很多人會去投票至少有部分是因為，別人可能會問他們是否去投票，他們可以得意的說自己投了，但是如果沒去投票則羞於承認。換言之，承認自己沒時間去投票會使自我形象受到威脅，被視為不是積極參與民主的好公民。正如我進行的一項有關投票的研究顯示，只是要求人們**說出**自己的行為（即使他們可以說謊），也能使人做出更多有利於社會的選擇。

　　這對各種情況之下的規模化有深遠的影響。對公司來說，由於大規模監督員工愈來愈困難（更別提會帶來信任和參與感等問題），因此改為採用問卷和調查等容易實施的辦法，以激勵正面行為（例如參加訓練和職能發展工作坊）並**抑制**不良行為（如偷竊）。

　　同樣的，如果一家公司要向美國聯邦有毒物質釋放清冊（Toxics Release Inventory）申報工廠有毒物質的排放，由於這是向大眾公開的資料，經理人就有強烈的動機減少有毒物質的使用。如果一個組織宣布將開始提供員工多樣性的年度數據，主管在人員的招募和晉升方面，自然會更注重多樣性。事實上，如果多層次的組織採取更進一步的大膽措施，決定公布各部門數據（如本書的出版社在 2018 年做的事情），主管不只是會在這方面取得進展，以提高組織聲響，也希望自己部門的表現比其他部門更好。否則，可能會導致社會資本和自我形象的**雙重損失**。

　　社會誘因與其他常見的誘因不同。如給員工獎勵金、提供免費午餐或其他福利，隨著企業規模擴大將會耗費很多的錢。但大規模實施社會誘因將會非常省錢。此外，由於人類心理學在不同群體中的差異不大（大多數的人損失規避的程度都差不多，而且幾乎每個人都很在意自己的社會形象），這種誘因策略非常容易擴展。相形之下，激勵員工的金錢獎勵因人而異，有些人也許要很大一筆錢才會有感覺。無論你要規模化的目標是利潤、社會影響力、健康或教育成果，還是為了其他目的，你必須設計誘因機制，利用我們高度社會化和會自動規避損失的大腦，促使人們去做有利所有相關人員的行為。

這些原則也適用於商業世界以外的地方。例如，醫師可以想辦法使病人遵守治療計畫，包括要求每天記錄處方藥服用時間、是否依照建議做運動等。教師可以要求學生追蹤讀書時間、檢查回家功課是否完成等。當然，這些誘因並非增益電壓的唯一途徑。錢也是不錯的誘因。（這是身為經濟學家的我無法否認的事！）然而，如果要大規模利用金錢作為誘因，除了老生常談的「給得愈多，收得愈多」，還有更有創意的用法。

到手的東西不能讓它飛了！

人類對有所失要比有所得來得敏感，對痛苦的厭惡也勝過對快樂的喜愛。我們討厭失去已有的東西，這種厭惡的強度高於我們獲得未曾擁有之物的欣喜之情；涉及金錢時，這一點尤其如此。但大多數的金錢誘因結構剛好相反：我們達到某個績效目標時，才會獲得獎勵。雖然這種做法看起來似乎很合理，但研究顯示，大規模利用金錢誘因並**不是**最有效的方法。如果我們顛倒過來，先給獎勵，再來看工作表現和績效呢？

人類非常厭惡失去已擁有的東西，這就是所謂的**稟賦效應**（endowment effect）。[6] 丹尼爾・康納曼、傑克・克聶區（Jack Knetsch）和理查・塞勒（Richard Thaler）進行的一項實驗明白揭露這種效應。這個經典實驗其實很簡單：他們給每個受試者一個馬克杯。馬克杯很普通，不是什麼名貴的杯子。接著，他們對受試者說，他們可以把杯子賣掉，或是跟別人換他們認為價值相同的東西（如一條巧克力棒）。他們發現，一旦受試者覺得自己是馬克杯的擁有者（也就是**他們的東西**），他們對馬克杯的估價就會變成他們原本願意支付價格的兩倍。一旦受試者拿到馬克杯，兩者的關係就會發生根本變化。

其他研究人員也從實驗發現這種看似非理性的效果，包括丹・艾瑞利（Dan Ariely）和齊夫・卡蒙（Ziv Carmon）。[7] 這兩位研究人員用最搶手的全美大學體育聯盟（NCAA）四強決賽門票做實驗。他們分別問抽到門票的學生和沒收到門票的學生，看兩方願意以多少錢的價格交易。結果發現賣方平均出價高於買方十幾倍。因為演化使人類變得非常討厭失去已擁有的東西，不管是社會地位、金錢或是廚房用品，只要是屬於我們的東西，我們都不肯輕易放手。但在實驗室之外，我們能如何利用這種效應？

2008 年，我有個機會探索這個問題。[8] 那時，中國一家電子公司希望我能幫他們提高工廠的生產力。這家公司就是萬利達集團，是中國電子百強企業之一，在南京、漳州和深圳都設有製造中心，員工多達兩萬多人。該公司主管與我和坦吉・侯賽因（Tanjim Hossain）連絡，希望我們能用低成本的誘因來激勵員工，讓他們更努力。於是，我們利用另一種失去／獲益認知偏誤，也就是所謂的**框架效應**（framing effect）來進行現場實驗。框架效應的概念很簡單：一項任務或情況，以不同的框架來呈現，讓你覺得那是一種損失或獲益，將會影響你的態度和行為。

萬利達集團製造、銷售各種消費電子產品，從筆記型電腦、個人電腦、GPS 和家用電器等應有盡有。我和坦吉在南京廠進行實驗。這裡主要是生產 DVD 播放器、數位相框等電子產品。我們以一群員工作為受試者，實驗幾種不同的獎勵計畫，以了解這些誘因形成的框架對團隊和個別員工的生產力有何影響。於是，我們給每個員工一個馬克杯。

好啦，不是真正的馬克杯，是一筆小小的獎金，但作用跟康納曼實驗中的馬克杯一樣。我們為一組員工立下生產里程

碑，一開始就宣布會給他們獎金。但是有個條件：我們說，這
筆錢不會馬上發放，而是在達成生產目標的那個週末。這是委
婉的說法。真正的意思是，如果他們**沒有**在週末之前達成目
標，只好跟獎金說再見了。這是他們的損失。我稱之為追回法
（clawback approach）。

　　正如你看到的，這就是動機的框架。「損失實驗組」**覺得**
自己已經拿到錢（儘管錢還沒匯到他們的帳戶），但現在這筆
錢可能會溜走。同時，「獎勵實驗組」感知的框架則完全不同，
也就是依照傳統的獎勵方式，**你必須先達成目標，然後才能獲
得獎金**。這一組的人並不覺得自己已經拿到錢了。

　　經過 6 個月，萬利達工廠的員工依照廠方設立的標準進度
工作，不管是損失實驗組或獎勵實驗組，每逢週末的獎金發放
日，都是幾家歡樂幾家愁，有人得到獎金，有人沒獲得獎金。
當然，在現實中，他們努力的工作目標完全相同，但是誘因帶
給他們的感受卻截然不同，而且對他們的生產力產生很大的影
響。

　　我們發現，擔心獎金被追回的損失實驗組表現要比傳統獎
勵實驗組來得好，整個小組的生產力提高 1% 以上，而且在為
期 6 個月的實驗中，這種影響並沒有減弱。或許這個比例微不
足道，但你可別小看這 1%。長久來看，生產力持續提高 1%，
就有很大的影響。對像萬利達這樣的公司來說，可能意味在幾

年內增加數千萬美元的利潤。

追回實驗凸顯損失規避的力量，足以刺激員工，而且看來非常適合規模化。重要的是，即使獎金總額不高，不可能改善受試者的財務狀況，倘若採用標準誘因結構的話，不足以激勵他們；不管有意或無意，希望避免損失帶來的難受是一股強大的力量，足以促使行為改變。

我也在其他國家進行追回法的現場實驗，看看這個方法是否適用於不同族群、文化和情況。結果發現，這個方法的確有效。例如，我們在烏干達首都坎帕拉（Kampala）市郊招募 1,200 名挑豆工人。我們看到工人的生產力提高 20%！[9] 這樣的成績非常驚人，遠勝過萬利達。然而，這類行為效應都有邊界條件。我曾在 21 世紀初一系列論文中，發表其中一個邊界條件的關鍵發現：在資產交易方面經驗老到的人很少表現出損失規避。[10] 這是合理的。我們在研究中發現，對於放棄好東西，經驗老到的人會將損失的感受放進大腦中不同部位。經歷多次損失之後，對損失就不會那麼敏感，[11] 這代表一個重要的邊界條件，因此我們可以知道能把這種誘因推到什麼程度，只是我還沒有在組織裡達成這一點。

從這個角度來看，在誘因加上框架是很有用的方法，可以為企業的規模化增強電壓。最重要的是，這不是只對高層主管和股東有利的策略，也讓員工賺得獎金。此外，不光是我們，亞力克斯・伊瑪斯（Alex Imas）、薩多夫和薩梅克的研究也證實，很多員工都覺得這種追回獎金計畫很不錯。[12] 努力工作以保住自己的東西是很棒的事。然而，如果一家公司要擴大實施追回計畫，必須重承諾：不能把獎金擺在員工面前，卻設下不切實際的目標，如此一來將會對員工帶來毒性壓力。同時，必須貫徹計畫，不管有多少員工達成目標、獲得獎金，都必須持續下去。在使用誘因做為推力時，堅守組織倫理要比任何電壓增益更重要。

現金獎勵與獎杯

　　儘管追回法似乎特別適用於商業，運用在非營利領域也能產生正面影響，特別是教育。在商業世界之外，如果要用金錢作為誘因來改變行為，我們往往會覺得有點不舒服。其實，這個方法很有效，沒有理由刻意迴避。例如，在很多大學，要申請到獎學金的條件是學業成績平均點數（GPA）必須達到一定的標準。又如我們在芝加哥高地幼兒中心，就是以現金獎勵作為誘因，使家長踴躍參加家長學苑。事實證明，就算只是一筆小錢也有成效；當計畫本身經費不很充裕時，這樣的小額獎勵就可能發揮很大作用，促使社會變革大規模實現。這種方法特別能刺激某些行為，以縮小社會經濟差距，正如我和經濟學家羅蘭・傅萊爾（Roland Fryer）、李維特和薩多夫在芝加哥高地親眼所見，不是在幼兒中心，而是在同一學區的中小學。[13]

芝加哥高地有 9 所八年制學校（K-8 school），總計約有 3,200 名學生。這裡就像其他較大的都市學區，學生多半是有色人種，而且來自低收入家庭。就傳統成績評量而言，他們往往處於劣勢。例如，在我們實施計畫的前一年，只有 64% 的學生達到伊利諾州成就測驗（State Achievement Test）最低標準，而整個伊利諾州有 81% 的學生都達到最低標準。[14] 要給樣本組的學生機會，幫助他們擺脫系統性的貧窮循環，追上其他地區的學生，是具挑戰性且急迫的任務。但我們實驗對象不是這些孩子，而是他們的老師。

在 2010-11 學年一開始，我們與芝加哥高地的學校管理人員合作，向教師解釋我們將進行的實驗。如果他們願意參加，就能獲得一筆獎金。結果，那些老師都樂見其成；共有 150 名教師決定參加，幾乎占全部教師的 95%！我很興奮，因為這個實驗可能帶來雙贏：不但老師可以獲得額外的現金（他們和大多數美國公立學校的老師一樣，工作繁重，但薪資偏低），孩子也能從這個計畫獲益。如果我們要推廣這個計畫，我也可以藉這個機會看看追回效應對教學品質的影響。

我們的計畫是這麼運作的。有一組教師（即獎勵組）會在學年結束時，根據學生在標準化測驗全體百分比成績進步的幅度獲得獎金，每進步一個百分比就能獲得 80 美元，最高可能獲得 8,000 美元。（雖然標準化測驗不是衡量學習成果的唯一標準，也不一定是最準確的，但從實驗設計的角度來看，由於可依據同樣的度量標準評分，因此具有公平性，對學生及老師是頗具吸引力的做法。）反之，第二組的教師（損失組）在學年一**開始**就先收到 4,000 美元的獎金，而且必須簽約，如學生標準化測驗全體成績低於平均，則必須退還 4,000 美元與最後應得獎金之間的差額。然而，如果學生的表現高於平均，我們會發給老師額外的獎金，最高 4,000 美元，也就是獎金總額最高仍是 8,000 美元。如此，假設學生成績相同，獎勵組與損失組的教師獲得的獎金是相同的。唯一的區別是獎金的發放時間和框架。

就像再做一次萬利達的實驗，只是我們的受試者不是製造 DVD 播放器的員工，而是為孩子的未來和福祉努力的教師。而且，這次我們不只宣布會給獎金，而是在計畫一開始，損失組教師就先拿到 4,000 美元的現金。

秋去冬來，伴隨皚皚白雪和密西根湖畔的刺骨寒風。接著新的一年，春季到來，氣溫上升，萬物（包括人類）從灰濛濛的冰天雪地鑽出來。此時，芝加哥高地的孩子和老師繼續認真投入緩慢而複雜的學習。我們這一路走來跌跌撞撞，但也頗有斬獲。希望我們祭出的誘因有效，能比往年更成功。學年結束，我們進行標準化測驗。學生不知道他們的分數竟然會影響老師的銀行對帳單！

我們發現了什麼？損失組的老師看到學生的成績突飛猛進。由於他們不想失去已經獲得的獎金，因此格外努力，甚至比之後才會得到獎金的獎勵組老師更賣力。此外，損失組似乎養成了一些好習慣：在實驗結束後的 5 年裡，證據顯示，即使在沒有誘因之下，教學品質依然保持一定水準。[15] 這意味這些老師教出來的學生在這 5 年間的收穫要比其他學生來得多。可見，當初的誘因仍不斷發揮作用，就像很棒的節日禮物，讓人一直珍惜。

由於我們在教師身上進行的實驗很成功，我們不禁想到一個問題：同樣的策略是否對學生也能奏效？為了找出答案，我們以芝加哥地區超過 6,000 名中小學生進行新的現場實驗，看金錢獎勵（10 美元或 20 美元）和非金錢獎勵（獎杯）是否能讓學生成績進步。[16] 結果令人鼓舞。首先，我們發現傳統誘因是有效的，但追回的做法成效更好一點。其實，我們發現不一定要給現金才有效果，不管是先給錢**或**先給獎杯都能讓學生成績更好。然而，在教育上最大的謎團之一是，儘管學生在一生中能從教育獲得很大的回報，為何很多學生不肯努力？我們決定進一步探索獎勵的時機。

這次，我們採取與追回相反的做法，告訴一些學生，如果他們考試表現良好，就會在一個月**後**得到獎勵。突然間，獎勵效果就消失了。亦即，遲來的獎勵（即使是很大的獎勵）對學生的表現沒有幫助。這個發現讓我們洞視學生不好好用功、輟學率高的一個原因，也就是目前的獎勵（上大學、找到高薪工作等）來得太遲，無法充分激勵一些學生。畢竟，如果獎勵延遲一個月就會削弱學生的動機，告訴學生在遙遠的未來他們將有更好的機會，顯然沒有很大的說服力。因此，你如果思考種種行為的誘因，如對抗氣候變遷、鼓勵健康飲食、禁菸、定期看醫師和牙醫等，人們現在必須付出成本，但後來才能獲得效益（有時甚至在很久之後），你就可以很快了解，為什麼人們不肯在這些領域多花一些心力。只要涉及誘因，時機就是一切。

有些專家論道，教育中的任何誘因都會對學生產生負面的下游效應，因為更佳表現的驅動力是來自外在動機，而非內在動機，而且個人滿足感終究是無限的，外在獎勵則否。換言之，有人擔心如果你依賴外在誘因，可能要等別人來激勵你，而非你用建立自己的能力來激勵自己。儘管這些觀點不無道理，但在內在動機已經非常低落的情況之下，如在芝加哥南區的社區，那裡的機會缺乏到孩子覺得在學校怎麼努力都沒有意義。然而，有些研究顯示，獎勵可能帶來很大的正面影響，而且沒有長期的壞處。[17] 其實，金錢或獎杯等外在機動能促成內在動機的**生成**。學生因為想獲得獎勵而學習，最後了悟學習本身就是一種獎勵。

學習從努力的成果獲得滿足，是永遠可以擴展的技能。

＊　　　　＊　　　　＊

我們在芝加哥高地的實驗，證明在商業世界之外的領域，稟賦效應也有很大的效益。從理論上來看，這種方式不只可以用在教育，也可以在其他領域規模化，包括公共和私營部門，如社會工作和警務。當然，由於現金紅利是要花錢的，總會有可能碰到 5 大攸關性命指標的最後一個關卡：成本陷阱。但是，如果你的組織能籌措經費，做為追回計畫的獎金，你可能會發現這是非常值得的投資。

然而，重要的是，我們要明白，使誘因規模化的時候，不管是對員工、我們要服務的人，或是其他利害關係人都必須負起責任。也就是說，以獎勵辦法作為推力時，必須做到公正而平等的使公司、社區和組織全體受益。此外，必須謹慎選擇做法，不要干預太多，而且必須和諧的融入正面的組織文化。這意味，你不應該（也不需要）不斷讓人覺得脆弱，提醒他們會失去什麼。目標是營造出能產生很多好處的情況。

要找到這些好處，往往是指如何將有限時間和資源的正面

影響最大化。為了做到這一點，我們必須學會用不同的方式來
思考。

　我們必須從邊際思考。

第 7 章

邊際革命

我坐在艾森豪行政辦公大樓裡的一張辦公桌前。這棟大樓是宏偉的花崗岩建築，占地極廣，樓高 6 層，離白宮西翼只有兩分鐘的路程。我的辦公室在這棟 19 世紀歷史建築的一樓，連一扇窗也沒有，即使有，我也沒時間眺望窗外。那是 2002 年夏天，在那之前幾個月，我開始在小布希政府擔任高級經濟顧問，每天都忙得不可開交。通常從星期一到星期六，清晨 6 點半就踏進辦公室，晚上 9 點左右才下班回家。星期天我總算能陪陪 4 個孩子，他們都不到 4 歲，包括這個夏天才出生的葛蕊塔。

再早幾個月，我突然接到一通電話，問我是否有興趣加入白宮團隊。我怎能拒絕這個千載難逢的機會？不久，有一天，我一早就來到賓夕法尼亞大道 1600 號接受面試。面試官問我的第一個問題是：「你的立場偏向哪一邊？」在學術界，從來沒有人問我這樣的問題。

我用自信的口吻說道:「我偏向社會自由主義,在財政上屬保守派,而且我是個直腸子,跟箭一樣直。」面試官面無表情的坐著,淡淡的說:「這正是我們從你的文章得到的印象。」下午,我還得跟白宮經濟顧問委員會(Council of Economic Advisers)的經濟顧問群面試。但我想,這份工作沒指望了,他們要的是一個屬於共和黨、右派的經濟學家。但委員會的語氣和早上的面試官大異其趣。

委員會主席葛藍·哈博德(Glenn Hubbard)對我說:「他們早上問你什麼問題?」我說,他們問起我的政治傾向。他隨即插嘴:「我們才不在乎這個呢!你是來這裡當經濟學家的,做的是經濟思想家的事。我們需要的是你的大腦,不是你的政治傾向。」這份工作總算保住了。

第二天,他們表示,如果我通過林林總總的背景調查,就可以來上班了(有人甚至去找我的幼稚園老師,問她我5歲時是什麼樣的孩子!)。想到能在白宮為國效勞,我就充滿自豪。我從未有這樣的機會,此時也不知道9個月後一場正義凜然的反恐之戰,竟會成為大型翻車現場;美國還沒找到海珊擁有大規模毀滅性武器的證據,就貿然出兵攻打伊拉克。不管怎麼說,這是一份我無法拒絕的工作,除了為國服務,這份工作也是我在真實世界研究經濟與人類行為的好機會(就像將近

15 年後我在 Uber 的工作），而且是國家級規模的研究。

其實，國家政策的制定就是巨大的現場實驗，將構想付諸
實踐、擴大規模，並追蹤成效。政府審慎施行政策可能改善無
數人的生活，不論是在現在或是未來。此外，我的角色是科學
實驗者。老實說，政治總是需要多一點科學。

那時，我在華盛頓，工作多到爆炸，一天 24 小時根本不
夠用。我的辦公室被文件淹沒，桌子、椅子上都堆得滿滿的，
很快每一吋地板也會被攻占。幾乎每一頁都和經濟有關：政策
大規模施行的成本效益分析。這項工作很重要，因為聯邦機構
超過 100 個，每年總計發布約 4,500 則新的法規通知。其中，
每年約有 50 到 100 則「在經濟方面具有重要性」（即效益或成
本超過 1 億美元）。每個具有經濟意義的提案，都必須經過正
式的成本效益分析。

就本質而言，所有的決策都涉及這種分析：權衡利益與損
失。其實，我們在日常生活中，時時刻刻都在這麼做，只是沒
想到自己在做成本效益分析。例如買蘋果（這是有益健康的點
心）的好處超過要付出的代價（以價格因素來看，或是不怎麼
愛吃蘋果，比較喜歡吃巧克力棒），因此我們把蘋果放進購物
籃。又如租公寓的好處（空間大、地點佳）勝過成本（租金昂
貴、鄰居會發出噪音），所以我們簽了租約。若是加入健身房
的好處（健身、社交）大於成本（月費、額外的壓力），我們

還是會決定掏出錢來加入會員。在考慮花時間和金錢時，我們都做過類似的計算。如果維繫友誼的好處超過成本，我們就會經常抽出時間和這個人相處。

當然，在很多時候，我們確定成本**的確**超過利益。我們不會每個星期都買昂貴的菲力牛排。即使我們看上一間公寓，非常喜歡，但是這公寓會吃掉收入的七成，我們也只能放棄。如果我們發現自己每個月只去兩次健身房，就會終止會籍。我們若是發現朋友虛情假意，就不會花時間跟這種人在一起了。這種成本效益框架也會延伸到我們做的種種選擇，如教育、工作、婚姻、生兒育女，甚至犯罪或外遇。當然，有時我們會計算錯誤。在這種情況下，我們會把錯誤儲存在大腦裡，作為未來決策的參考。這是一種與生俱來、具有高度適應性的經濟思維。在過去幾百萬年的漫長時光，人類就是靠這種思維生存下來的。

政府決策的計算也不例外，如果依照正常方式運作的話。

史蒂芬·布雷耶法官（Judge Stephen Breyer）在 1994 年成為美國最高法院法官。[1] 前一年，他出版了《打破惡性循環》（*Breaking the Vicious Circle*）一書。這時，成本效益分析已成為政府決策機制不可或缺的一部分。其實，這種做法始於1936 年的《洪水控制法》（*Flood Control Act*）[*2]，然而一直要到尼克森、福特和卡特執政時才成為常規做法。雷根總統入主白宮後，則將成本效益分析納入 12291 號總統行政命令中，規定聯邦機關對所有新的管制都必須評估其成本與效益，證明效益大於成本。（此行政命令是雷根政府的重要工具，用於激進的去管制化的運動，以及削減他不喜歡的社會計畫經費。）

布雷耶就是在這樣的時空背景之下寫出那本書。雷根認為削減開支是解決所有問題的辦法，但布雷耶並不認同。他認為政府想實施的計畫和政策，必須有效確認優先順序。他論道，每個國家從稅收取得的資金（理論上）都是有限的，因此政府有義務善加利用這些錢，藉由大規模實施的計畫，盡可能改善人民的生活。換言之，布雷耶認為政府在成本效益的衡量必須做得更好。

理論上，這種構想沒有問題，但是要付諸實踐就困難多了。正如布雷耶指出，要想知道如何讓每一塊錢發揮最大的效益並不是那麼簡單的事。老實說，就連像我這樣專門研究這種問題的經濟學家都覺得非常棘手。例如，垃圾掩埋場的有毒廢棄物儘管已清理 90%，剩下的 10% 得花更多的錢才能清理乾淨，政府該繼續清理嗎？或者把經費轉移到其他緊急公衛問題上？但這些問題一樣需要大筆預算。

---

* 譯注：這部法令授權農業部對洪水控制計畫做成本效益分析，明文規定水利計畫可能產生的效益必須大於成本。

　　簡而言之，錢該用在哪裡？從廣大的層面來看，如何妥善衡量亟需政府大規模解決的全國性問題的成本效益，如過度肥胖問題或是學生成就差異？這些問題都令人頭疼，也就難怪我辦公室堆滿文件。我必須做出成本效益分析報告，根據單一目標提供施政建議：讓政府花的每一分錢都能產生最大的效益。

　　我當時的任務是環保方面的議題（後來則負責國土安全的研究）。這意味我得跟環境保護署（Environmental Protection Agency）、食品藥物管理局（FDA）、勞工部、能源部、交通部、住宅與都市發展部（Housing and Urban Development）等部門打交道。小布希政府致力於嚴格的成本效益評估，因此沒有任何領域是禁區。執掌白宮行政管理和預算局（White House Office of Management and Budget）的約翰・葛雷翰（John D. Graham）是關鍵人物。他甚至提出非常大膽的構想，也就是以拯救生命的**年數**，而非救了**多少人**，來計算成本效益，使政策更有利於年輕人。如某個計畫對 8 歲大的兒童有益，而非80 歲的老人，累積起來的影響力會大得多，因此占較多的預算額度。

　　當然，有很多批評者認為，生命就是生命，每個人的生命應該有相同的價值。雖然從道德來看，我深有同感，但從經濟層面來看，我無法同意。以適當方式運用時，成本效益分析不是政治策略工具，如雷根時期的做法；應該是以有限經費帶來

最大好處的工具。如果經費要多少就有多少，政策制定者也不
必用這些看似冷酷無情、令人費解的術語來解釋開支的問題。
但畢竟政府經費是有限的，這就是為何必須使效益最大化、成
本最小化。一旦我深入研究這些數據，我就開始注意有很多錢
根本沒好好利用。

　　某天下午，我坐在辦公室審查幾個聯邦機構送來的成本效
益報告。（也許是傍晚了，我提過辦公室沒有窗戶，常搞不清
楚天色是亮還是暗。）那一刻，我突然靈光乍現，發現一件事；
我常開玩笑說，這是我的「美麗境界時刻」──《美麗境界》
（*A Beautiful Mind*）講述的是傳奇數學家約翰・奈許（John
Nash）的故事，他曾歷經精神分裂，到了晚年奇蹟康復，甚
至獲得諾貝爾經濟學獎。那個靈光乍現的發現其實很簡單：政
策制定者在做決策時，使用的數據是平均數。如果一項新的空
氣淨化政策將耗費 1 億美元，能拯救 200 條人命，按照計算，
拯救每一條人命將花費 50 萬美元，這將是新的福音。但是我
發現，有些案例如果把數據分開，真實的情況就不是看到的那
麼簡單了。具體而言，我注意到並非花在每項政策開支上的每
一塊錢都有同等價值。例如，在清淨能源計畫上花的第一筆
5,000 萬美元，減排效果遠超過第二筆 5,000 萬美元的成效。

　　例如在環保署，不同計畫最後花的**幾塊錢**，對結果的影響
差異甚大。例如拆除尾礦壩（回收礦物採集後的廢水和剩餘礦

渣的人造堤壩）花費數千萬美元只能拯救一條人命，而實施合規標準以減少汙染，也有拯救人命的效果，拯救一條人命只要幾萬美元。從我所受的經濟學訓練，我知道當我審閱各個機構提交的圖表和數字，以找出效益最佳的政策優先實行，正如貝雷耶法官建議的，我們要看的不是每一塊錢的平均效益，而是**最後**一塊錢的效益。

這是因為，如果分析成本效益時看的是平均值，會使具體數字變模糊，**某些政策看起來規模愈大，影響力就愈小**。

例如，有一項教育計畫經費是 3,000 萬美元，目標是減少全國學生曠課的比例。最初 2,000 萬美元投入下去時，也許效果不錯，但是最後 1,000 萬美元的效果變得差強人意。每一項政策除了整體效益大於投入成本，難道不應該好好攤開來檢視嗎？政府必須負起責任，優先施行能使**最後**一塊錢發揮最大效益的政策。如果做不到，那就沒能好好分配納稅人的錢，無法善加擴大規模、使最多人受益。但是要如何解決這樣的問題？

我知道答案：從邊際開始規模化。

邊際革命

19 世紀末，經濟學領域出現大飛躍，也就是所謂的邊際革命（Marginal Revolution）。雖然叫做「邊際」，可不是在不重要的邊緣，其實這已成為經濟學的核心見解。邊際革命代表的思想突破已躍上經濟學理論的中心位置，永遠改變經濟學家衡量事物價值的方式。

　　邊際革命的主角有三位，來自三個不同的國家：英國人威廉‧史丹利‧傑逢斯（William Stanley Jevons）、奧地利人卡爾‧孟格爾（Carl Menger）和法國人里昂‧瓦拉斯（Léon Walras，他也是提出一般均衡理論的先驅。我們在第 4 章討論外溢效應時就曾提到這個理論）。在 18 世紀，經濟學研究的一個焦點是要了解為什麼商品和服務在市場上會有這樣的價格。例如，我們沒有貴重金屬也能活得好好的，缺乏營養則不成，但為什麼黃金的價格遠遠超過食物？水才是生活所需，鑽石不是，為什麼鑽石和水的價格有著天壤之別？現在，在全世界的經濟學課堂都會討論到這個矛盾，那就是鑽石與水的悖論（diamond-water paradox）。

　　這就是所謂的價值理論（value theory）。傑逢斯、孟格爾和瓦拉斯以英國哲學家邊沁（Jeremy Bentham）的研究做為基礎，超越供給與需求的有限概念，將**效用函數**（utility function）或效用理論引入價值討論。這個概念很簡單，卻是全新的。我們花錢買東西都能帶來一定的滿足感或效用，不管是購買某種物品、使用一項服務或是擁有某種體驗。這種滿足的程度決定我們從商品或服務獲得的價值。

　　但是還有另一層涵義。傑逢斯、孟格爾和瓦拉斯指出，效用不是靜止不變的：商品和服務可分解為若干個「單位」；對消費者來說，最先或最後（或在中間）利用的單位具有不同的價值。最後一個（最近一個）單位的價值就是**邊際效用**（marginal utility）。邊際效用很少和所有單位的平均價值相同。因此，當我在艾森豪行政辦公大樓上班，努力估量每一個機構在每一個計畫花費的最後一美元價值，研究哪個計畫的最後一美元具有最大的正面影響，我其實是在計算邊際效用（當然，這和消費無關，而是與政策開支有關）。

　　對消費者來說，有邊際效用**遞減**的法則存在，意味最後一個單位的價值比第一個單位的價值低。舉個簡單的例子，如常見的甜甜圈。

　　我喜歡吃甜甜圈。想像一下：我今天已經吃了兩個甜甜圈（說實話，要是沒特別注意，我可能一下子就吃掉兩個了），心想我是否該吃第三個。如果我的決定是基於我覺得第一個甜甜圈有多麼好吃，或是我對甜甜圈的平均喜歡程度，那麼我或許會再吃一個。然而，如果我做決定時，特別考量對第三個甜甜圈的感覺，可能會覺得再吃一個會很膩。換言之，我從第三個甜甜圈得到的滿足感，也就是這個甜甜圈的邊際效用，即將急遽下降。很多政府計畫都會出現這種情況，隨著投資金額的增加，每一塊錢的效用卻跟著遞減。

以另一個政策為例，也就是美國的反毒戰爭。從最後一塊錢的效益來看，用於毒品戰爭的執法和軍事支援，遠不如用於預防和藥物濫用戒斷。大規模計畫的邊際效用如計算錯誤，浪費的錢自然會以指數倍增。這就是為何政府的成本效益分析不只是要把焦點放在平均效用，還要注意邊際效用。

你甚至可利用傑逢斯、孟格爾和瓦拉斯開創的邊際分析，來幫助孩子以最有效益的方式運用讀書時間。例如，如果你想知道孩子如何運用考試前一晚的三個小時才能有最大的收穫，你不會想比較請家教老師輔導、網路學習和複習教科書這三個做法的平均時數，而是想知道這三個做法的第三個小時（亦即**最後**一小時）成效何者最佳。一旦你知道何者邊際效用最好，就可在那個做法分配較多的資源。同樣的計算也適用於學習時間的安排。專家告訴我們，技能的學習和掌握就像採摘蘋果：起先很容易，最後的 5% 到 10% 則很困難。在這種情況下，如果準備數學考試的最後一小時只能成績提高一、兩個百分點，何不做其他作業，或是甚至讓孩子多睡一小時？

這就是經濟學家所說的邊際主義（marginalism），但這樣思考並不容易。我們那充滿偏誤的大腦不習慣這麼做，偏好為了效率把事情簡化。人類大腦傾向在思考時抄捷徑（「快思」），因為這種方式大致來說相當好用，而且省力（「便宜」）。反之，「慢想」則需要較多的神經元，比較費勁，在代謝方面的代價也比較高。不幸的是，這種傾向會扭曲我們的成本效益分析，使我們更難用最有效率的方式來分配時間和資源。

想想我們的電費帳單。你可能不知道電費的計算是分成幾個級距，依照級距內的價格累進收費，也就是用得愈多，價格愈貴。例如，你使用的前 100 度電，每一度要付 10 美分，而接下來的 100 度，則每一度要付 15 美分。研究人員比較消費者對每一個電費級距的反應，發現幾乎所有的消費者都會受到平均價格的影響，而非邊際價格（最高級距）的影響。消費者喜歡利用快捷的方式來思考，因此在考慮要不要把冷暖氣機的溫度調高或調低，計算每一度的平均價格（即 12.5 美分）要比計算**最後**一度電的價格容易得多。

經濟學家理查‧澤克豪瑟（Richard J. Zeckhauser）及歐巴馬時代行政管理和預算局的傑福瑞‧李伯曼（Jeffrey B. Liebman）曾在現實世界研究這個問題，說道消費者會將價格表的差異「弭平」成統一價格，並創造一個字來戲稱這種現象，也就是「schmeduling」*。消費者愈是根據平均數來做決定，而不是著眼於邊際思維，愈容易失去省錢的機會。

不只是消費者會如此。例如，一家正在成長的小企業或新

---

* 譯注：schmeduling 是由 smeared schedule 二字混合而成，也就是價格表被塗抹的意思。

創公司，隨著時間的推移，應付帳單金額或許會愈來愈高，因此在做有關支出和預算的決策時，老闆或創辦人應該看最近一個月的費用，而非平均金額。同樣的，由於廣告費的回報率會隨著規模擴大而下降，行銷人員和企業家應該比較花在各種策略最後一塊錢的效益，來決定要在哪裡投入更多錢。這麼做的目標就是分辨哪些邊際能規模化，哪些則否。

說到這裡，你應該很明白我在華盛頓特區那間沒有開窗、堆滿文件的辦公室裡要做的事：為每個機構送來的每個計畫進行邊際分析。我像透過顯微鏡般仔細研究，看哪裡會顯現邊際效益遞減。一旦能做到這點，就知道某個計畫開始失去電壓時，每一塊錢發揮的價值為何，如此政府機構就可以有效將剩餘資金重新分配，把經費挹注到每一塊錢能產生更多正面影響的政策。這時，我們就可坐看邊際收益大規模爆發。

情況真的是這樣嗎？

當然不是！

這不是因為邊際思考在哪個方面有問題，而是因為大筆資金的重新分配既費神又花時間，在這種情況下，要達成政治共識，也就是同意拿走一方的錢給另一方，必然困難重重。畢竟，這是聯邦政府。而那一刻，我已經完全明白政治官僚不只遲鈍，而且缺乏理性、貪得無厭。就其本質而言，每個機構只關心自己的生存。[3] 能生存與否，取決於能獲得的經費。結果就是，在這種文化之下，求生存才是首要目標，效率（即有效率的利用經費）則是其次。這不是說執掌各個機構的官僚是貪婪的暴徒（儘管偶爾會這樣），其實他們也是不得已的，不得不照著劇本走。互相競爭的部門無不使出渾身解數爭奪資源，就像聖經裡吞噬約拿的鯨魚那樣張口猛吞。更糟的是，各機構的經費取決於他們在前幾年的支出。因此，撙節支出不會帶來好處。

美國政府的問題是，邊際效益往往會被行動遲緩、高度政治化的官僚機制扼殺。不只是美國，大多數政府都是如此。幸好，我還能在其他領域對政府（和美國公民）有所貢獻，如利用科學證據（而非政治！）進行現場實驗，為環保、國家安全、移民和貿易政策等負責機構提供建議。後來，在 2003 年我辭去這個職務。

然而，在 15 年後，我再次有機會把邊際思維帶入規模化的研究中。這次不是在政府，因為公家機關沒有利潤驅動的誘因，不會想節省邊際成本；但是在競爭激烈的商業世界卻很必要。

這次，我來到 Lyft，有機會發動邊際革命、大規模提高電壓。

亞當斯密備忘錄

話說我轉戰 Lyft，不久就出席該公司在舊金山總部的主管會議。會議主席是執行長葛林。與會的每個人都盯著一張塞滿不同支出與收益的試算表。Lyft 必須將行銷重點放在其商業模式的兩面，也就是供給面（招募司機）和需求面（吸引乘客），也難怪公司花了很多廣告費在 Facebook、Instagram、Google、電視、廣播等媒體。我們必須找到最有成本效益的路徑來傳播訊息。這就是我們今天討論的主題。

然而，我凝視電腦螢幕上一格又一格的數字，有些數字似乎開始閃爍、顫動。我覺得之前在艾森豪行政辦公大樓的「美麗境界時刻」似乎即將出現，數據點以令人意想不到的方式凝聚起來，浮現意義。嗯，哪裡怪怪的。不是數字不準確，而是從經濟學的角度來看不合理。這種感覺我現在已經很熟悉。從我的白宮歲月結束到成為 Lyft 的首席經濟顧問，在這段期間我和數十個組織合作過，原本我認為是例外的一個基本錯誤，現在已經成為我心中的一個規則。

Lyft 也跟其他許許多多的公司一樣，沒從邊際去思考問題。

會後，我和得力副手伊恩‧繆爾（Ian Muir）及團隊其他成員深入研究數據。我的印象果然無誤。帳目到處都可看到邊際效益遞減的情況。例如我們花在 Facebook 廣告最後一筆錢的效益，只有花在 Google 廣告最後一筆錢效益的**五十分之一**。在這種情況下，問題很容易解決：只要把 Facebook 的廣告費用挪到 Google 就好了，畢竟 Google 的邊際收益比較大。但我不禁想知道，除了行銷，Lyft 業務營運的其他部分是否也有類似的資金分配錯誤；而且最令人擔心的是，這種誤判的情況是否已經大規模發生。

沒錯，確實如此。從投資到招募司機花的錢、介紹朋友加入的獎勵等，Lyft 都不是從邊際擴大規模。有些策略帶來較高的報酬率，但整體來說，Lyft 只看到公司在廣告及其他營運方面全部投資的平均報酬，這些數字掩蓋哪些部分表現良好、哪些部分邊際效益不佳的事實。也就是說，Lyft 其實不知道公司花的每一塊錢是否能產生最高電壓。

雖然我沒能幸運的在聯邦政府運用邊際思維提高資金運用效率，不過我對 Lyft 的改革比較樂觀。畢竟，商業和政治領域大不相同，規模龐大的企業要是不能獲利，遲早會滅亡。在政府官僚機構中，經濟效能低落、不理性和扭曲的誘因，都會持續使資金分配不當。在民間部門，根本不可能出現這種情況。部分原因是，公司必須力求精簡、靈活、適應力強，才能在瞬息萬變的市場上保有競爭力。其實，還有一個更簡單的原因，這關乎公司的生存。公司如果浪費太多錢，就無法生存。這也就是為何企業既高效又無情。

在我從會後帳目數字得到啟發後不久，我和我的團隊發送一份備忘錄給全公司，大概說明我從帳目的收支發現的問題，以及邊際思維如何幫助公司。這份備忘錄的標題是：「亞當斯密造訪 Lyft：如何利用看不見的手有效分配資源。」這成為公司有史以來最多人閱讀的文件，最後甚至變成新冠肺炎爆發之初，我們公司成本節約手冊的關鍵內容。2020 年春，危機爆發時，足足有好幾個月，幾乎沒有人利用我們的平台叫車。後來，執行長葛林（他是《星際大戰》鐵粉）為了節省每一塊錢，宣布要進行「獎金獵人」計畫，我們把這份文件標題重新命名為：「亞當斯密造訪曼達洛人（Mandalorian）」＊。這份文件的開頭是這麼寫的：

> 　　如果經濟學家看到銅板散落一地，會悻然大怒，尤其是芝加哥經濟學家。要避免這種情況，有一個重要方法，也就是採用亞當斯密在 1776 年最初提到的「那隻看不到的手」……
> 　　這個原理很簡單：經濟理論告訴我們，一家公司在各方面投入的資金最後一塊錢的邊際效益都相等

＊ 譯注：曼達洛人是電影《星際大戰》（Star Wars）中的角色。曼達洛本是已被帝國消滅的星球，倖存的曼達洛人四散在宇宙各地，主角叫作丁‧賈林（綽號老曼）小時候是戰爭孤兒，意外被曼達洛人收養，並訓練成一名獎金獵人。

時，公司才是有效率的營運。關於如何花用最後一塊錢，我們因此得到一個決策規則。我們應該根據每多花一塊錢的邊際效益來分配資金。

這是常識，在 Lyft 的每個人都會同意。簡單來說：如果葛林在地上發現一塊錢，該把這一塊錢投資在哪裡？他該投資在能產生最大影響力的地方。換句話說，這一塊錢應該花在能帶給我們最高邊際效益的部分。我們都知道這一點。

特別是，這個原則表明，Lyft 應該以一顆蘋果與另一顆蘋果相比的方式來比較所有支出的邊際效益，如司機或乘客的招攬，或是與乘客的互動。不同團隊、地區和專案所花的最後一塊錢帶來的邊際效益相等，資源才能有效分配，成長也才能趨於最大化。如此一來，我們就能從資金的投入獲得最大收益。

我想，這份備忘錄之所以能得到公司上下的認同，是因為過去以為邊際效益遠在天邊，現在卻發現近在眼前。葛林要每一位團隊的主管注意支出最後一塊錢的影響，並據此做決策。任何決策都包括在內，從保險到行銷，到司機及乘客誘因方面的花費。值得注意的是，葛林和共同創辦人齊默在 Lyft 建立的正面文化，也有助於員工的正面反應。員工不會因為邊際收益遞減而受到懲罰或責難。有些錢被砍掉，但沒有人被砍。最重要的是，公司確實積極利用邊際思維，不像政府機構那樣冥頑不靈。

截至目前，Lyft 依然維持「高效率」模式，即使是在開始大規模疫苗接種、經濟重啟之後，邊際思維依舊存在，但我們用新的方式來利用這種思維。現在，我們不再只是簡單的去除不必要的開支和維持生存，而是透過邊際思維來決定重新規模化時要在哪裡增加開支。讓司機上線最好的做法為何？在 Google 打廣告？邀請朋友加入 Lyft 司機的行列？為想當 Lyft 司機的人提供車輛？在需求方面，當大家開始重返工作崗位、回復疫情前的生活，我們如何說服消費者 Lyft 是最好的叫車平台，是安全措施，或車資折扣？這些選擇都有優點（相關收益也會遞減），也都必須付出成本，而我們就從邊際來執行。

你可能會想，這種方法只有在矽谷才行得通，因為矽谷的公司往往比較靈活，更傾向以數據做為導向，而且通常有幾十億的銀彈可用。其實不然。透過邊際思維，我們可以確保在任何地方、甚至所有的地方都能有規模化的高電壓，儘管在某些情況之下，還需要多一點實驗。

邊際實驗

1980 年代中期，我還是個高中生，有兩年的暑假在威斯康辛州的乳酪人公司（Cheeseman）打工。乳酪人是一家製造食品禮盒的公司，主要產品（應該很容易猜）就是乳酪（我在休息時吃了不少）。我的工作是開堆高機，一整天就是把一個又一個棧板的乳酪從地下室倉庫搬運到生產線。接著，工人會把乳酪裝進禮盒，運往世界各地。

第一年暑假，我注意到一個有趣的現象。夏季開始時，整個工廠一半的樓板面積都被生產線占據。我很驚訝，每一條生產線每小時都能把幾個棧板的乳酪組裝成禮盒。當夏季過了大概四分之一，公司雇用很多工人在生產線工作，把另一半樓板面積填滿。開堆高機的我，變得更加忙碌，因為生產線變為兩倍，我必須把更多的乳酪運送過去。然而，我運送的量並未達到原來的兩倍。

工廠經理對我的工作表現很不滿意。我記得很清楚，有一天下午，他把我叫到辦公室。這位主管對我說：「李斯特先生，紀錄顯示，你送到新產線的乳酪只有舊產線的一半。」

「是的，差不多就是這樣。」我答道。

「這樣不行。你得把更多乳酪送到產線。」

我聳聳肩，看著經理。他只是喃喃的說：「開堆高機的人就是要送這麼多貨。貨不夠,生產速度就不夠快。」

接著,他無法再壓抑自己的怒氣。這是可理解的,因為員工倍增,要付給他們的薪水也加倍,產能卻無法提高為兩倍。他對我怒吼:「這樣預算會不夠,我們要完蛋了啦!」

為什麼會變成這樣?很簡單,他是根據平均數而非邊際思維來編列預算。他在編預算時,假定舊員工和新員工的生產力是相同的,沒考慮到雇用員工愈多,邊際生產力會遞減的問題。這和我們第 5 章討論到的教師招聘現象是一樣的:生產力最高的員工是最先被雇用的。如果你想要規模化,卻碰上「人才庫」枯竭的問題,你就得退而求其次,雇用生產力較低的人。然而,在這種情況下,利潤遞減的問題會變得嚴重,因為生產速度被最慢的員工(也就是「最弱的環節」)拖慢了。簡而言之,這家公司一直根據所有員工平均生產力來編列預算,而不是最後雇用那個員工的生產力來編列預算。這家公司持續勉強經營,到 2011 年終於撐不下去,結束營業。如果威斯康辛的乳酪人能夠採用邊際思維就好了。

這裡給我們的教訓是,幾乎每一家企業,無論是營利還是非營利企業,在支出或生產的邊際思維方面都有力有未逮之處。然而,我們不一定會發現這樣的問題,因為它們會以讓人難以察覺的方式聚集起來。如果你不從這些脆弱的環節下手,你就有可能掉入規模化的成本陷阱中,而這將不可避免的導致電壓下降。

要找出脆弱的環節，第一個必須檢視的是投資或生產涉及很多槓桿的地方。例如，Lyft 有很多方法可以提升獲利能力：有不少行銷策略可以用來招募司機、吸引新的顧客，也可以設法降低保險成本和訴訟費用等。因此，Lyft 有各種方法來提高最後一塊錢的價值。

在威斯康辛的乳酪人，主要的槓桿是生產力，但工廠不同產線的生產力出現巨大差異。定期測量每一條產線生產最後一個禮盒所需的時間，而非整個工廠產線的平均時間，如此一來才能精準掌握整個工廠的情況，知道分配員工的最佳方法。

最後，關鍵不在蒐集數據，而是用更精細的方式來蒐集數據：長時間評估每一個策略、每一項投資的成效。你必須不遺餘力找尋邊際差異。不可避免的是，你會發現有些投資計畫能自然擴展，有些則否。某些投資會帶來我們想要的結果，有些則會完全失敗。當然，你必須在公司或組織內部鼓勵每個人利用邊際思維抽絲剝繭。

邊際思維也意味要多做實驗。你必須盡可能去拉所有的槓桿（以及不同槓桿的組合）然後找出對自己公司最有利的槓桿。以乳酪人為例，你可以在不同產線安排不同數量的員工，然後比較這幾條線的生產率，就知道隨著業務持續擴展，每條產線該安排多少員工。在擴大規模之前，這個發現的過程非常有用，即使後來從未規模化也無妨；然而，一旦走上規模化，這個過程將會轉變，而且變得更加重要。如前幾章討論到人口和情況代表性的問題。隨著公司或組織的成長，你希望接觸的人群或是接觸他們的情況變得多樣或複雜，往往會面臨電壓下降的問題。這時，某個地方或某一群員工可能就是脆弱的環節。為了找出在邊際的哪個部分失去電壓，你必須進行多點試驗（multisite trials），然後比較數據。

　　這種探索在顧客方面也同樣有價值。例如，如果你推出新產品，必須計算在不同地區每天賣出多少個，而非全國的每日平均銷量。由此產生的數據將使你洞悉邊際資源的分配。例如，你也許會決定暫停向銷量較低的地區出貨，直到可以利用規模經濟，也就是說，直到這些地區的營收開始超過新產品上架的成本。以這種方式追根究柢，需要投入很多時間和資源。是的，但如果在廣大的人群、地區和情況之下，花最後一塊錢的效益都能相等，這樣的規模化就能維持高電壓。

　　然而，為了避免你誤會運用邊際思維只是比較資產負債表上的數字，請謹記這一點：有些邊際效益是無形的，難以蒐集數據，但這並代表不重要或沒有價值。關於這點，我有親身體驗。由於願望成真基金會（Make-A-Wish Foundation）會送給身患絕症兒童禮物，該組織的捐贈者請我做成本效益分析，以更加了解那些禮物的價值。

孩子是否在願望實現後活得更久？他們的笑容是否有可量化的價值？這項任務可是比我當初在白宮對面那間亂七八糟、沒有窗戶的辦公室遇到的任何事情都要來得棘手。我最後提出的答案很簡單：有些事是值得做的（也值得規模化），這些事情是超越金錢與傳統衡量標準的。

你永遠不知道寶物藏在哪裡，這就是為什麼好奇心和實驗（而不是防禦心）必須變成你文化 DNA 的一部分。但在你找到脆弱環節時，靠著重新分配支出或靠著調整工作職能來修正方向，並非你面臨的唯一挑戰；很多時候，你先得面對另一個障礙：在心理上，把過去的錯誤留在過去，它們也應該被留在過去。

既往不咎

我開始在芝加哥大學任教後不久，學校募款部就來找我，請我幫忙。當然，他們的目標是募集更多的錢。我在研究生涯的早期曾花幾年的時間研究募款的行為經濟學，於是欣然同意幫忙。

我第一個注意到的是，募款部門本來有個設備齊全的電話募款中心，但已很久沒用。我問，為什麼不再使用，有人解釋說，儘管電話募款可比信件募集到更多的錢，但郵寄信件比較省錢，因此他們就淘汰了電話募款。我追問他們是如何得到這樣結論，原來他們在計算每一通募款電話的成本時，除了雇用學生打電話的錢，也把設置募款電話電腦系統的費用也加上去，再把這個金額除以打出去的電話總數。

哇！我暗叫一聲。

募款部門忽略一件事，也就是經濟學家經常提到的**既往不咎原則**（bygones principle）或**邊際原則**（marginal principle）；也就是，過去花的錢不該影響現在的理性決策。已經花掉的錢早就沒了，成為**沉沒成本**（sunk cost）。現在，重要的是**下一塊錢**帶來的回報。

對募款部門來說，成本包括在募款電話網路系統的投資：這是前期、只需付一次的固定成本。這筆錢已經花掉了，因此不可能再拿回來。我向募款部門的人員解釋說，這筆過去的支出和目前的成本不相干了。因為電話募款中心的電腦系統不再是常規營運成本的一部分，應該從現在的計算中扣除。

他們的錯誤不是投資電話募款電腦系統，而是沒把這筆投資留在過去。我們重新計算營運成本之後，每一通電話的成本降低了，最近打出去的電話甚至比寄送郵件的成本還低！我們還發現，就募款而言，電話募款不但成本更低，也更有成效。因此，募款部門重啟電話募款系統，雇用學生來打電話，募集到更多的錢。

　　我們把過去的投資或錯誤納入有關未來的決策時，幾乎百分之百會掉進所謂的**沉沒成本謬誤**（sunk cost fallacy），意即對已經花用的金錢、時間或資源不理性的留戀。通常，我們必須為這種謬誤付出代價。正如芝加哥大學募款部門的人員，投入很多時間和資源之後才發現那個策略並不理想。

　　然而，要避免沉沒成本謬誤，說起來容易做起來難。這是因為我們的情感常會妨礙理性決策，正如我們所了解的，我們最討厭損失和遺憾的感覺，因此會盡量逃避。

　　我們的個人生活也是，常會陷入沉沒成本謬誤。例如，你為自己和家人買了一場初秋戶外音樂會的門票。你期望那天不會太冷，不巧音樂會當天，無情的冷鋒來襲，氣溫降到冰點以下。你有兩個選擇：去或不去。因為你已經花錢買票，不希望將來後悔把錢花在沒去的音樂會，因此你告訴老婆（或老公）和孩子：「不管多冷，我們還是要去！」結果呢？你們一家在寒風中瑟瑟發抖，真是活受罪。這是因為你讓過去的沉沒成本決定你的未來；門票買了，錢就沒了，即使去了音樂會，錢也不會回來。而且，你還付出額外的代價，那就是時間損失，如果待在溫暖的家裡一起看電影，豈不是更開心？

　　有個思想實驗能使你避免這種情況，也就是把事件反過來問：**如果我們還沒買票，現在要買嗎？**如果答案是否定的，過去做的就算了，現在停損還不遲。也許你還是會為了過去的損失難過，但是最終你會得到更好的結果。（不管怎麼說，你不必在寒風冷雨中受罪。）

　　從生活的每一個層面來看，這種不願停止損失、無法把沉沒成本留在過去的心態常常出現，而且代價要比在冷死人的星期六夜晚參加戶外音樂會大得多。不願跟糟糕的情人分手（畢竟都花這麼多時間跟這個人在一起了），這是沉沒成本；儘管投資賠得很慘，仍不願賣出，這是沉沒成本；我們苦讀多年，終於拿到某個領域的學位，我們明明知道將來不會走這一行，也不願中輟，這是沉沒成本；上班再怎麼痛苦，我們也不願遞出辭呈，因為我們在這家公司待很多年了，這也是沉沒成本。我們也在國際上看到沉沒成本，儘管損失無數條人命和資源，某國領導人仍窮兵黷武，不願撤軍。人們會一而再、再而三讓過去無可挽回的損失殃及現在和未來。

　　這種屈服於沉沒成本謬誤的傾向可用邊際思維來矯正。如果你把邊際分析套用在你的公司，就像我們在 Lyft 做的那樣，能發現過去的錯誤。我們從自己的案例發現，我們在支出和資源分配方面所做的決策並不理想。資源有限，卻不能好好分配，使之變成沉沒成本。這樣的了悟令人痛苦。如果讓人知道，這是你帶頭做的或是允許不當的資金分配，你的聲譽會受到影響，甚至連工作都可能不保。這時會出現一種誘惑，讓你想要在原來的方案加倍投資，以挽回沉沒成本。就像輸得很慘的賭徒，還想再賭一把，贏回輸掉的錢。錯都錯了，再怎麼砸錢也於事無補，特別是在規模化上。

在你的企業組織中，能不能根除沉沒成本謬誤在政治上和聲譽方面的障礙，取決於組織文化（詳見第 9 章的討論）。組織裡的人能安心承認錯誤嗎？他們會將成敗視為個人或是集體造成的結果？是否有適當的誘因使人得以把組織或公司的利益置於個人利益之上？這些問題的答案，將決定你是否能小心翼翼因應邊際的發現，克服終將出現的沉沒成本。

除了文化，你還可以建立一些組織機制，以免陷入過去錯誤的泥淖。例如，有些基金管理公司每 6 個月會讓基金經理人輪調，操作別的基金，如此就能用新的眼光來看持股，汰弱留強，不讓羞恥或遺憾來影響正確決策。不論是你的公司、你的生涯，或是你的個人生活，客觀的第三方觀點往往可給你所需的推力，讓你把過去甩開。

＊　　　＊　　　＊

停損，讓沉沒成本沉入過去。當你發現自己過去做錯了什麼，也許腦海裡會出現一個聲音告訴你，繼續做下去，就算邊際成本很高也沒關係；你要提醒自己，這是損失規避和預期後悔的心理在作祟，不要理會這樣的聲音。你必須顛覆過去的自己，如此一來，未來的你將會感激你這麼做。

　　即使這意味不得不做你始料未及的事，那就是放棄。

第8章

放棄也是求勝的必經之路

　　我高中時高爾夫球打得很好。當然,我不是老虎伍茲(Tiger Woods)那種等級的好手,但我靠著球技成為威斯康辛大學史蒂芬斯角分校高爾夫球隊(Stevens Point golf team)的一員,兩度獲選為傑出大學運動員(Academic All-American athlete)。[1] 我熱愛高爾夫球。

　　我們李斯特家的男人都是卡車司機(包括我爺爺老奧古斯特、我父親小奧古斯特,還有我哥哥奧古斯特三世!)。小時候,家人一直告訴我,等我長大,我也會成為卡車司機。然而,我夢想過著不同的生活,即使我不知道那會是什麼樣的生活,也不知道要怎麼做。不管如何,高爾夫球是一扇門,為我開啟全新的可能性。畢竟,要不是我很會打高爾夫球,根本就上不了大學。

　　取得大學學位後,我就可以在社經地位的階梯往上爬升一階，獲得我父母、祖父母得不到的機會。高爾夫球讓我走到了那一步，因此我想像得到最佳出人頭地的途徑，就是打高爾夫球。如果我堅持下去，全力以赴，是否有機會成為高爾夫職業選手？我曾經相信答案是肯定的。然而，現在回想起來，我是被自己的確認偏誤所誤導，我只記得我獲得的獎杯，卻忽略那些輸球的實戰經驗。我得意洋洋的回憶那些光榮時刻，例如在某項大賽的前 9 洞打出 32 桿的佳績，卻刻意遺忘我花了 41 桿才打完後 9 洞，冠軍只好拱手讓人。我收拾好行李，離開老家，準備前往威斯康辛大學史蒂芬斯角分校時，參加美國職業高爾夫球巡迴賽（PGA tour）是我緊抱的夢想。有何不可？我相信我可以擴展過去比賽的佳績，日益精進，未來成為出色的高爾夫選手，參加 PGA 巡迴賽。

但大一那年發生一件讓我吃驚的事，就此改變我的人生軌跡。在秋天高爾夫賽季進行到一半時，有個週末我休假，回家看望家人。記得那個星期五早上，我去威斯康辛麥迪遜的徹羅基鄉村俱樂部（Cherokee Country Club）練球，剛好碰到一群大學生在打高爾夫球，包括我在高中時的對手，如伊利諾大學（University of Illinois）的史提夫・斯崔克（Steve Stricker）和哈特福德大學（University of Hartford）的傑瑞・凱利（Jerry Kell），這兩位後來都成為高爾夫球職業選手，在 PGA 巡迴賽大放異彩。我有幾年沒見到他們了，因此很高興有機會跟他們切磋球技，掂掂自己的斤兩。

　　即使我是比他們低兩、三屆的高中學弟，我的表現一直很不錯。然而，當時情況完全不一樣了。我們都在場上練球時，我已察覺異樣。我簡直不敢相信自己的眼睛，他們彷彿都變成球王傑克・尼克勞斯（Jack Nicklauses），而我還是約翰・李斯特。然而，我並沒有接受這個事實，事情拉開了序幕，卻被我拋諸腦後。我告訴自己，**雖然他們的擊球能力比我強，到了果嶺附近，我就會發威，讓他們屈居下風。再者，我提醒自己，這只是練習，真正的比賽分數才重要，我們再來一較高下。**

　　他們都開了球，接著換我和其他幾個朋友上場。同樣的開球台、同樣的球場、同樣的天氣，成績卻有壓倒性的差距。史提夫和傑瑞都拿到 60 幾分，還有好幾個跟他們一起來的球友成績也很不錯，包括名叫馬里奧・堤齊安尼（Mario Tiziani）的高中生（現在也是職業高爾夫選手）。我以為我可以打得很好，結果得到 75 分。如果你不熟悉高爾夫計分規則的人，可以這麼想，60 幾分就是 A+，而 75 分則是 D。

　　那晚，我徹夜未眠，我做了任何一個數據專家會做的事：研究他們過去幾年在高爾夫球賽的成績，並與我在相同球場獲得的分數進行比較。整個星期六和星期天，我都在做這件事。這可不是件容易的事，那個年代還沒有網際網路，我在圖書館待了整整兩天，從舊報紙找尋數據。星期天晚上，我開車回史蒂芬斯角，那晚一樣輾轉難眠。我不得不接受事實，無論我多愛高爾夫球、如何苦練，不管對我而言高爾夫球象徵什麼，我永遠也無法打進 PGA 巡迴賽。其實，我的實力還差得很遠。以一個還在大學就讀的球員來說，我打得還算不錯，但我實在想不出要如何縮減最後那幾桿，躋身高手之列。突然間，我發覺我無法再欺騙自己。現實給我當頭棒喝，我渴望成為職業高爾夫球選手的夢想被敲醒，其實那是偽陽性。

我的天賦讓我走了這麼遠，但要論成為職業選手，我沒有更多才華可以擴展。如果我繼續走這條路，終會碰到電壓下降的問題，或許還會遭遇更多失望的打擊。因此，我明白是該拿出壯士斷腕的決心的時候了，放棄這個夢想。

做出這樣的決定並不容易。因為這違反我的價值觀。我在威斯康辛州的小鎮長大，本州的綠灣包裝工隊（Green Bay Packers）是美國橄欖球歷史上最成功的隊伍之一。該隊的傳奇教練文斯・隆巴迪（Vince Lombardi）曾留下這麼一句名言：「勝利者永不放棄，放棄的人永遠不會得勝。」[2] 我是在這種文化之下長大。我父母一直非常支持我，相信我能成為傑出的高爾夫球職業選手。他們告訴我，要堅韌不拔，永遠不要放棄。

這不是中西部特有的現象。整個美國文化都告訴我們，如果我們拒絕放棄，如果我們咬緊牙根撐下去，再努力一點，所有的夢想都能成真。媒體也有大量這樣的故事，似乎都得到這樣的結論：「幸好我沒有放棄，儘管遭遇那麼多的挫折，還是堅持到最後。」這種成功應該受到讚揚，但是在每一個這樣振奮人心的故事後面，可能有十萬人不斷努力奮鬥，卻永遠到不了終點線，從來沒能繞場慶祝勝利。這些人的推特文呢？誰會說如果自己早在 20 年前懂得放棄、轉換跑道，就能締造真正的成功？如果每個人都拒絕放棄，堅持追求注定失敗的夢想，這個世界不知會失去多少拯救性命的藥物、創新的產品和大膽的政策。這些都是可悲、無人述說的故事，因為打從出生開始，有人就不斷對我們耳提面命，不可放棄，我們只好在失敗的不歸路繼續前行。

要有偉大的成就往往也意味著要懂得放棄，也就是放棄沒有希望的夢想、目標或職業生涯，離開那條死胡同，走上康莊大道，做出更大的貢獻。

以我來說，我放棄成為高爾夫球職業選手的夢想之後，就把注意力轉向另一個領域。我確信自己在這方面有真正的天賦和熱情，也就是經濟學。1992 年，我從威斯康辛大學大史蒂芬斯角分校取得經濟學學位，4 年後從懷俄明大學獲得博士學位。

完成博士學位之後，我開始尋找終身教職的職位，向 150 所大學投遞了履歷表。我被 149 所拒絕了。儘管求職讓我碰了一鼻子灰，我的心志仍沒有動搖。因為我知道經濟學是我可以一展長才的領域，不像高爾夫球。雖然我不是長春藤名校出身的博士，我發表的研究得到不錯的迴響，我想我的思路是對的。因此，這次我記住隆巴迪教練的建言，決定堅持到底。我在唯一錄用我的學校，中佛羅里達大學（University of Central Florida）投入現場實驗的研究，並在這個研究領域建立自己的名聲。

我的努力終於有了成果。在平行世界的某個角色，約翰‧李斯特在二流鄉村俱樂部教會員打高爾夫球，動不動就引用隆巴迪的名言。這不是最糟的，也不是最好的。幸好在這個世界，我就是我，可以不斷用現場實驗和新科學來滿足自己的好奇心。我做了幾件自己頗引以為傲的事，甚至可能幫助一些人。如果我還在打高爾夫球，恐怕沒有什麼影響力，不是因為經濟學家要比高爾夫球手來得重要（很多職業高爾夫球選手能激勵孩子、貢獻社會，在俱樂部服務的高爾夫球手也做了很多了不起的事），而是因為我在經濟學方面的表現要比高爾夫球出色。因為身為經濟學家的我更能做出對社會具有價值的事。換言之，比起高爾夫球，我在經濟學方面的技能更容易擴展。

在這樣的情況下，最好的做法就是放棄。這也許是個痛苦的決定，但我認為善於取捨也是成功規模化的祕訣。其實，我認為不只是人，公司和組織也**不懂得放棄**，而且常常**拖到逼不**

得已才肯放棄。

　　由此出現一個不可迴避的問題：如何知道什麼時候應該放棄？

時間就是金錢

　　也許這不是巧合。我放棄高爾夫球生涯轉向經濟學研究，這個學門剛好可以用科學來解釋為什麼我做的選擇是正確的。這種解釋是經濟學的基本概念：**機會成本**（opportunity cost）。意指當你選擇某一項而非另一項時，你會失去的東西。例如，我們走在一條路上，但還有另一條路可供選擇，如果我們沒放棄原來走的那條路，那一條沒走的路就是機會成本。就我而言，往高爾夫球職業選手的生涯發展，我就會喪失在經濟學領域作育英才的機會，也不會發表那麼多科學研究、出版著作，也不能提供意見給各界領導人。

　　就機會成本的作用，我在兒子身上看到一個有用的例子。有一天，我兒子梅森想買新球棒。那時，他才 8 歲大，但在棒球方面已經表現出早熟的天賦。他存了 325 美元，想買一支頂級球棒，以提升自己的平均打擊率。（是的，由於他老爸是數據科學家，打從他 5 歲大、第一次揮棒，就開始記錄他的統計數據！）他很快就找到兩支非常不錯的球棒，一支要價 200 美元，另一支則是 325 美元。他覺得兩支都很棒，難以抉擇，因此我做了任何一個經濟學家父親都會做的事，告訴他說：「梅森，這麼想好了。如果你買了一支 200 塊的球棒，還剩 125元，可以買一只新的、很好的羅林斯（Rawlings）棒球手套。」他接受這個建議。不到 1 分鐘，我們就在收銀台結帳，決定把那支比較便宜的球棒和新的羅林斯手套帶回家。

梅森在決策的過程中考慮到機會成本。因為他的錢有限，如果挑那支比較貴的球棒，他就得把所有的錢掏出來買，而且不得不放棄那只新手套。

有時，我們會本能的這麼計算。但常常我們要到兩種選擇都擺在眼前，才會考慮機會成本。已經有大量有影響力的心理研究證明這種現象，認為我們的判斷和偏好往往主要基於明確呈現的訊息。[3] 正如第 7 章所討論的，我們在做決定時常會利用心理捷徑，或是所謂的捷思法，以進行快速思考，這意味我們沒有時間仔細考慮機會成本。另一個相關研究是情感預測（我們預測自己未來的情緒表現）顯示，我們對未來是否美好的判斷，非常容易受到目前的情緒影響，因此會忽視其他相關因素。換句話說，我們放大目前情緒的重要性，這可能導致我們做出比較衝動的決定。[4]

我在做球員卡買賣時，就經常看到這種情況。我還記得不知道有多少次，買家在兩張球員卡之間猶豫再三。比方說，

250 美元的小肯・葛瑞菲（Ken Griffey）新秀卡，或是 200 美元的 MLB 巨星「A-Rod」羅德里格斯的卡片。於是我會這麼說：「你要葛瑞菲那張，還是 A-Rod 那張加上 5 盒 Upper Deck 公司出的系列套卡？」聽我這麼一說，方才還為了選擇陷入迷惘的買家竟然豁然開朗，當下做了決定：A-Rod 那張和 5 盒 Upper Deck 套卡。

實驗研究告訴我們，政策制定者在評估要給哪個計畫經費時，也很容易出現同樣的偏誤，也就是**忽略機會成本**。[5] 因此，會在沒有把其他計畫列入做全盤考量的情況下，就決定資助某個計畫。我常聽到這樣的問題：「如果在這個政策投入 1,000 萬美元，能有什麼樣的效益？」但我很少聽到：「或者，如果把這 1,000 萬美元挹注在別的計畫，會有什麼好處？」商業世界不免也會受到這種現象的影響，因此很多公司內部都有一套防範辦法。畢竟，在競爭激烈的環境之下，了解機會成本是非常重要的一件事。這帶我們回到第 7 章邊際思維的概念。邊際思維和機會成本密不可分。在資源有限時，如果不能使花用的最後一塊錢發揮最大效益，你的機會成本就會包含資金在更有效分配下額外產生的利益。

也就是說，評估機會成本需要考慮其他選項，而那些選項在一開始做決定時並不明顯，就像 Upper Deck 套卡 5 盒和我兒子梅森的新棒球手套。但機會成本不一定總是錢可以買到的東西。我們忽略機會成本時，通常會浪費最寶貴的有限資源，那就是時間。

我們把錢都花在一件事上，就無法在另一件事上花錢。同樣的，我們把**時間**花在一件事上，就無暇顧及其他的事。如果一家公司把所有的資源都放在一項產品上的規模化，就無法讓另一項產品規模化。政府大規模實施某個公共計畫，就無法施行另一個計畫。執行這些計畫，不但要投入資金，負責人員也需要投入幾千個小時。在這種情況之下，組織規模愈擴張，機會成本也會跟著增加，投入更多的錢，也花更多時間。而從經濟的角度來看，時間**就是**金錢。

自從著名的芝加哥經濟學家蓋瑞‧貝克（Gary Becker）開始研究時間的實際價值以來，經濟學家已經用各種不同的方式來衡量這種難以捉摸的經濟單位。目前，經濟學家已經設法在不同的情境、地方和人口中估量時間的價值。舉例來說，一個交通計畫的時間價值（如投下經費建設新的鐵路以縮減人們的通勤時間）能為市民帶來什麼樣的回報？人們可以利用省下的時間來做有生產力的事，如此產生的價值就可以用來估算出時間價值。但是，時間的機會成本不只是和錢有關，更關乎我們如何利用每分每秒不斷流逝的時間。畢竟，人生在世的時間是有限的。

我們希望好好利用人生，不虛度光陰，這也就是為什麼我們叫車討厭等太久（一般而言，我們討厭等待），而且總是在尋找提高生產力的竅門。我們希望利用時間完成最多的事情，並盡可能減少時間的機會成本，如浪費時間刪除垃圾郵件或是站在街角苦等你叫的共享汽車。

對擁有偉大、大膽構想的個人和組織而言，如果他們要讓構想規模化，就特別需要考慮機會成本。一個構想規模化的程度愈大，可能損失的時間、金錢和機會就愈多。此外，對大多數夢想擴展自己熱愛事物的人來說，他們還必須付出情感成本：擔心投入那麼多時間，也就是**他們的生命**，最後才發現這麼做只是一場空，只剩失望、心碎。例如，科學家選擇一條研究路線，希望能找到治癒某種疾病的方法，或是新創公司的創辦人希望研發出一種新科技，掀起產業革命。追求這樣的目標需要做出很大的犧牲，其中最重要的就是承擔機會成本。這就是為什麼，當你傾注全部的心力和時間想要規模化，一旦失敗，將會受到極大的打擊。你失去的不只是規模化的電壓。你走錯了路，沒能抓住其他成功的機會。在錯誤構想投入的時間愈多，就浪費愈多生命中最寶貴的資源。但是如果你能及時放棄（忽略沉沒成本），就可以趕快轉向下一個比較可能成功的目標。

這就是我說的，**最理想的放棄**。

有時，你必須放棄長久以來的夢想，例如從小就想成為高爾夫球職業選手,這類你一心嚮往著擴大規模並改變世界的夢想,但當事與願違,你發現這不是最適合的職業,就必須及時轉換跑道,找到一條更好的路。愈早這麼做,必須付出的機會成本就愈低。但是要在適當的時候懸崖勒馬,免得犧牲過多這種決斷並不容易,就像棒球卡收藏家或 8 歲棒球小選手很難正確計算機會成本,因為這與我們根深柢固的捷思法背道而馳。我們必須努力克服這種內心的自以為是。

1990 年代進行的一項實驗就充分展現這樣的挑戰。[6] 參加者可以就一個令人興奮的機會提問,例如決定要不要在外國城市看電影。做這個決定的最佳策略應該是衡量這件事與其他選擇,看如何利用這段時間。然而,參加者的想法非常狹隘,提出的問題幾乎都和看電影這件事有關,而和非其他選擇有關,如在那個城市參觀博物館或去聽音樂會。

在以規模化為目標時,你可以看到這種視野狹隘的危險。比起去想像是否有其他值得投注心力的選項,人們往往只是關注當前選項的各個面向,因為他們已經把時間和資源投資下去了。更好的做法是兩者兼顧:在使一個構想規模化的同時,也考慮其他可能有價值的構想。要做到這點,你必須像一項關於消費者機會成本忽略的著名研究所言:「積極產生替代方案」。[7]

如果你有很多替代方案,放棄就不會那麼痛苦。也許最好

第 8 章　放棄也是求勝的必經之路

的例子是 Google 的登月計畫實驗室，也就是旗下的 X 研發公司（X Development）。[8] X 公司的目標是因應人類最迫切的挑戰，使之獲得 10 倍的改善。這是高電壓的目標，X 公司的員工可以探索最具有創造力、最富有雄心壯志的計畫。這使 Google 的登月計畫小組把時間、集體的腦力和資金投注到看似瘋狂的點子，如瞬間移動（teleportation）和太空電梯（space elevator）。他們最後不得不放棄這些計畫，因為瞬間移動需要克服物理學定律，而太空電梯所需的材料，目前還不存在或是無法用合乎成本效益的方式打造出來。

但是，必須「不斷放棄」這樣的想法並不是 X 公司的副產品，而是這家公司的根基。正如其研究實驗室負責人亞斯卓·泰勒（Astro Teller）在 TED 演講中說的：「我們允許不受約束的樂觀主義為我們的願景加油，另一方面也駕馭熱切的懷疑主義，把現實注入這些願景，使之具有生命。我們保持這種有趣的平衡。」[9] 也就是說，這麼做必須拋棄很多點子、方法和原型，有些到頭來必須砍掉重練，就像第一代 Google 眼鏡。由於 Google 的 X 公司能掌握放棄的訣竅，才能發現人類史上最創新的產品或計畫，並使之規模化。

儘管費盡千辛萬苦卻沒能開花結果，但決定終結也是一種美和自由（更不用說這是精明的做法）。例如，2011 年，Netflix 打算切割品牌，把影音串流業務和郵寄租賃 DVD 的服

251

務拆分，並將後者重新命名為 Qwikster，很多顧客都火冒三丈。[10] 執行長里德‧海斯汀（Reed Hastings）於是立即中止這個已經開始走向規模化的計畫。機會成本太高了，他不能讓事情發展下去，等等看郵寄租賃 DVD 的業務能否存活。這一步是對的。Netflix 從瞬間電壓下降中恢復了，並以迅猛的速度規模化。當然，能即時放棄、另起爐灶的公司只是少數，有太多的公司來不及斷臂求生。沒有人記得這些公司，因為我們永遠不會知道，如果有重新創造或擴展的機會，他們將會如何以不同的方式運用時間和資源。

儘管 Netflix 給我們一個當機立斷的例子，這是否為最佳放手之道仍值得商榷，畢竟這家公司虛擲很多的時間、金錢和努力。不管如何，及時停損總是要比執迷不悟、一意孤行來得好。但沒有任何人或組織想要被逼到懸崖邊，到最後一刻才轉到安全地帶。不管怎麼說，一開始你就不該靠近懸崖！在機會成本還很低的情況下，及早放棄要好很多。這麼做並不表示你就不具備受人讚揚的「恆毅力」（grit）。在了不起的行為心理學家、我的朋友安琪拉‧達克沃斯（Angela Duckworth）的闡述下，恆毅力廣為世人所知。恆毅力不是堅持做毫無希望的事，而是能及早放手、重新開始的情感韌力，也就是願意認輸，以獲得最後勝利。[11]

做你擅長的事

如果構想在規模化的過程中效益（獲利／影響力）遞減，通常是明確的指標，表明該是放棄的時候，或換用其他更有利於規模化的方法。但在決定是否放棄時，不只是要考慮我們的構想是否可以規模化，還要好好思索，自己是否是進行規模化的合適人選。

例如美酒和布料。英國經濟學家大衛·李嘉圖（David Ricardo）在 1817 年春天發表一篇經典的論文，就是以這兩種商品為例。[12] 李嘉圖的主題是國際貿易，特別是**比較優勢**（comparative advantage）的概念。不久，這個理論的影響力就獲得確立。這個想法非常好懂：無論是出於自然資源、基礎設施，或是其他任何因素，某些國家就是比其他國家更能用有效率的方式（更低的機會成本）生產某些商品，因此這些國家應該致力生產那些商品，而非把資源浪費在不如貿易夥伴的商品上。

李嘉圖指出，像葡萄牙能製造極佳的葡萄酒。他們有適合用來釀酒的葡萄、天氣合宜以及悠久的釀酒師傳統。這些釀酒師不但是人才，也知道如何以具有競爭力的價格輸出美酒。而英國的強項則是生產布料。英國的紡織傳統赫赫有名，如葡萄牙以其釀造的葡萄酒聞名於世，英國擁有布料生產和銷售的技能和機器，效率卓越，因此在全球經濟具有優勢。李嘉圖的論點很簡單：做你擅長的事，並使之**規模化**。

然而，比較優勢的涵義不只是和某一種商品的生產者有關，各方都將受益，包括買方，因為他們能用最好的價格獲得最好的商品。因此，每個國家都應該向葡萄牙（或其他釀酒業成熟且有生產效率的國家）購買葡萄酒，向英國（或其他紡織業成熟且有生產效率的國家）採購布料。在此，我們再次看到亞當斯密所說那隻「看不見的手」，供給與需求翩翩起舞，並在看似混亂的市場形成井然有序的平衡。

事實上，實際情況最後還是比理論來得複雜（這種情況在經濟學很常見），因為關稅、課稅及偶爾發生的貿易戰，都會使出口商品成本增加。但大抵而言，李嘉圖的比較優勢法則在今天跟在 19 世紀初一樣適用。日本能以高效率製造品質優良的汽車，因此首要出口商品是汽車。沙烏地阿拉伯坐擁好幾噸的石油，也知道如何生產，因此最重要的出口商品是石油。美國科技產業獨步全球，因此主要出口商品是硬體，包括電腦。我們選擇最可能產生高電壓的東西來規模化。

是嗎？

除了國際貿易，我們發現幾乎可以把李嘉圖的洞見應用在投入時間和資源的每一件事。理論上，這意味我們在自己擅長的領域建立自己的生涯，在我們最有影響力的地方發聲倡議、創立自己特別適合領導的公司等。但是，同樣的，現實總是要複雜得多。有時，我們明明知道自己不大可能成功，還是拚命追逐這樣的目標，就像英國在 19 世紀決定放棄紡織業，轉向釀酒。這種誤判會影響集體及個人的努力。我在大學第一個高爾夫球賽季的頓悟，也就是我的程度其實沒好到有望成為職業選手，無非是意識到我在這項運動沒有比較優勢，但在經濟學領域，我則可以一展長才。如果我繼續邁向高爾夫球職業選手之路，不只是機會成本極高，更糟的是，這個選擇會帶來無謂的犧牲，因為幾乎可以肯定最後會以失敗收場。

雖然大多數的新創公司、非營利組織及其他企業很少像 18 歲美國男孩那樣盲目飛行（特別是來自隆巴迪的國家），很多人剛起飛就失速下墜，這通常是因為他們還沒了解自己的比較優勢就貿然起飛，或是根本沒發展出比較優勢。為了避免墜毀，他們必須願意放棄無法成功的構想，使時間和資源釋放出來，投資在其他可能出現突破、具有優勢的領域。換句話說，用相對劣勢來換取未來可能的優勢。這就是大家都很熟悉的商業術語：**轉向**（pivot）。

新創事業的一個例子是推特（Twitter）。[13] 其實，推特是源於名為 Odeo 的播客（Podcast）平台。Odeo 不是一個爛平台，但也不是最好的平台。已經有一些科技新創公司在 Podcast 發布和匯流（aggregation）的領域開疆拓土，讓這個領域愈來愈擁擠。Odeo 和其他類似平台一樣，允許用戶製作、儲存和分享音訊檔，然而還沒有能將競爭對手拋在腦後的顛覆性創新。因此，該公司高層主管創建並拆分出一家新的公司，而且有了新的品牌名稱——推特。Odeo 在航程中轉了個急彎，從「語音部落格」（audioblogging）轉為「微網誌」（microblogging）。不管在哪裡，用戶都能在這個平台發表上限為 140 個字元（現在已經增加為 280 個字元）的訊息。一個新的社群媒體就此誕生。換言之，推特創造一種全新的運動，自己就是這個聯盟的最佳球員，而這就是比較優勢的定義。我們可以從中學到的一課是：失敗不總是失敗；在恰當的時候減少損失、發現你的比較優勢，醜小鴨也能變成天鵝。正如 PayPal 創辦人在網路服務出現早期得到的啟發。

1998 年，PayPal 的前身 Confinity 公司成立，希望能擴大手持上網通訊裝置 PalmPilot 之間的安全交易支付。[14] 然而，那時還沒有比較優勢，因為完全沒有市場。在 1990 年代，有誰需要像 Confinity 說的那樣移動資金？（用 PalmPilot 匯款……**什麼？**）但網路用戶利用家裡的電腦轉帳的金額遠遠超過以往，該公司因而轉向，看如何在這個新的領域取得優勢。他們了解，他們的安全金融科技當時是一種比較優勢，因為一般消費者除了透過銀行或信用卡公司這樣的中介機構，幾乎沒有什麼辦法能夠很快的互相轉帳。PayPal 看到這個機會，在頭幾年不斷修正更新商業模式，最後達到規模，並成為 eBay 首選的點對點（peer-to-peer）支付系統。

這裡的啟發是，有時僅僅成為某方面的佼佼者還不夠。你必須在人們需要或是想要的東西方面做到最好。如果規模化，必須是非常多人需要、想要的東西。

因此，如何知道何時該放棄原來的構想，轉向其他點子。表面上看來好像很簡單：當你發現自己沒有比較優勢，或者沒有市場可以發揮你的比較優勢，這時就應該放棄。然而，正如我們看到的，你的競爭優勢（或者說如何利用你的競爭優勢），往往不是那麼顯而易見。Confinity 已經創造出突破性的技術，但在那時運用的方式無法規模化。幸好該公司及早放棄早期版本，另闢蹊徑，就像 Odeo。他們是否能更早放棄、更早規模化？理論上是可以的，但他們已經比沒做要來得好！

我們在本書前半剖析「5 大攸關性命的指標」，也就是電壓下降的 5 個原因。這些都是讓你的構想無法起飛、無法規模化的原因：偽陽性、以偏概全（包括人和情況）、外溢效應和成本過高無以為繼。它們共同證明，規模化的努力過程很脆弱，只要過不了任何一關就完了。為了避免這樣的命運，你必須及時放棄，再給自己一個成功的機會。

知道何時放棄

關於最理想的放棄，說實在的，這真的、真的很難。我們腦中具有理性、合乎經濟思維的一面，如果我們放慢速度，放得夠慢，就可以估計機會成本（包括時間和金錢），對自己的比較優勢（或劣勢）做出清晰的判斷。換句話說，我們腦中就有判斷最理想放棄的心智工具箱。然而，即使我們知道自己應該放棄，也不見得做得到。不只對我們夢想要規模化的構想是如此，對於婚姻、沒有成就感的工作、不利的投資、糟糕的朋友……這張清單可以一直列下去。雖然對我而言放棄高爾夫球是好的決定，但我在生活其他方面也犯了無數的錯誤，沒能及早果斷了結。為什麼？

很簡單，我們不願放棄，因為想要避免放棄帶來的心痛。沉沒成本會放大失敗的痛苦：都投入那麼多的時間、精力和情感了。當犧牲換來成功時，機會成本比較容易承受；但若是失敗，我們往往會陷入深深的懊悔。

在這種情況下，我們必須回想第 7 章學到的沉沒成本：你應該避免把過去的成本納入未來的決策中。那些損失（不管是時間、金錢，或兩者皆有）都已經發生，最好忽略它，別再繼續投資，巴望有一天能獲得回報。（提示：不會有回報的。）換句話說，你必須借鑑過去，但拓展未來。

　　很多人明知不應如此，但還是固守現狀，另一個原因是害怕未知。正如我參與設計的一個實驗。2013 年，李維特和我要求受試者在蘋果橘子經濟學的網站（Freakonomics.com）擲虛擬硬幣來決定某些猶豫不決的事。[15] 比方說，有人想辭職，有人考慮賣掉房子，有人想要分手。如果出現的是正面（人頭），就會收到一則訊息，建議他們改變：辭掉工作、賣掉房子、分手。若出現的是反面，就建議他們維持現狀。在長達一年的時間內，受試者共擲出兩萬多枚的虛擬硬幣。我們在每個人擲硬幣的兩個月和六個月後，都寄一封電子郵件給他們，以了解他們的決定最後產生什麼影響。結果發現，與維持現狀的人相比，做出重大改變（如離婚、辭職、買房子）的人兩個月後變得比較快樂，甚至在六個月後仍然比較快樂。

　　我們從這裡學到的是，改變也許讓人恐懼，但是如果你克服恐懼，做出改變，通常會比較快樂，而且一開始擔心會後悔變得多餘。歸根究柢，不管你要收掉公司或離婚（或是其他的事），離開得像一開始縱身一躍那樣充滿勇氣，而且要有因應不確定性的能力。

　　辭職意味你不知道接下來會如何。這對我們來說是個非常大的挑戰，因為我們都有行為經濟學家所說的一種認知偏誤，也就是**模糊厭惡**（ambiguity aversion）。這個缺點會使我們過分偏愛已知、討厭未知，即使已知會使你或你的公司電壓下降，陷入危機。這就是為什麼容忍不確定性非常重要，不只是在你投入時間和資源的時候，在你決定放棄時也很重要。

在大多數的情況下，我們永遠不會知道，如果我們在正確的時間點放棄，能產生什麼或成就什麼。這通常稱為「反事實」（counterfactual）。這就是為什麼放棄會如此困難：你往往不知道你錯過什麼，因此永遠無法了解不放棄的真正代價。

當然，不管我們多厭惡風險和模糊性，這些都無法避免。最好的做法就是利用所有能掌握的資訊來確認以下兩點：（1）構想是否可能規模化；（2）這個可規模化的構想，與其他你可能有比較優勢的構想相比，是否能產生更高的電壓。

即使你永遠無法直接看到反事實（或是說知道放棄或轉向會如何），你仍然可以透過一些練習來從你的決定中學習。例如，如果你是個企業家，或許會決定放過某些機會，如把業務擴展到新的地區或發展某類產品。之後，你可以密切注意利用那些機會的競爭者做得如何。如果他們成功，證明你錯了，那就好好思索自己可能受到哪些偏誤的影響。你也可以試著列出過去 6 個月你本來可以做的所有事情，而不是你實際花時間去做的事。這麼做可以提醒自己，我們最欠缺的資源（時間）非常寶貴，不能白白浪費，即使不確定性產生的情緒會令人苦惱。

*　　　*　　　*

愛迪生（Thomas Edison）曾說：「我不是失敗了一萬次，而是成功找到一萬種行不通的方法。」就放棄的力量而言，愛迪生可說是典型人物。他放棄一個又一個低電壓的構想。如果他一直為了無法規模化的構想努力，可能永遠不會締造歷史上最偉大的發明，就像燈泡（這真是我聽過最名副其實的高電壓構想！）。他證明我們產生真正影響的最大潛力，不在於面對所有的困難堅持到底，而在於及早放棄，才能一再嘗試。而這就是可規模化的心態。

在規模化的過程中，最理想的放棄應該成為我們策略的一部分，而不是最後的手段。放棄不是按下緊急按鈕。科技創業家、投資人，也是作家的里德．霍夫曼（Reid Hoffman）曾寫道：「要砍掉一個失敗的產品很容易，難的是你要如何看出產品缺乏規模化潛力並判其死刑，這需要更多的策略思維。」[16]

長痛不如短痛，儘管放棄當下必須承受劇烈的痛苦，但畢竟是短暫的，總比長久被失敗凌遲來得好。不管是個人或組織都應該把這點放在心上。正如我們會在第 9 章看到，這就是為什麼菁英領導（meritocracy）、注重合作的文化如此重要。團隊和組織如果能把不同的觀點和視角聚集在一起，就比較能辨識哪些計畫該放棄，同時給予因計畫被擱置而感到受傷的人支持。最理想的放棄雖然是高電壓成功的第三個關鍵祕密，但也只是規模化必須建構的組織拼圖全貌的一部分；必須建構的就是可規模化的文化。

第9章

建立適當的組織文化

　　巴西東北巴伊亞州（Bahia）鬱鬱蔥蔥的東北部臨大西洋的萬聖灣邊緣，有個名叫卡布蘇（Cabuçu）的漁民社區。這個社區很小，除了捕魚，幾乎沒有其他謀生之道。因此，每天卡布蘇的漁民黎明即起，一起出海去捕魚。這些漁民以不同規模的團隊合作方式一起工作，最常見的 3 人到 8 人一組。這種工作型態並非偶然，而是透過時間和經驗磨練出來的策略。海灣波濤洶湧，水流湍急，因此一艘船上要有好幾個人，結集多人之力，才能用粗重的魚竿等工具把大魚從大海深處撈上來。撒下巨大的魚網需要技巧，網裡滿滿是活蹦亂跳的魚，要拉上來得花費很大的氣力。漁民單獨到海上幹活只是浪費時間，更不用說有多危險。為了社區裡的人一起有飯吃，他們必須先一起出海捕魚。

　　但在距離卡布蘇約 50 公里的內陸、帕拉瓜蘇河畔的聖埃斯特佛（Santo Estêvão），也有一個小小的捕魚社群。不同於卡布蘇的漁民，聖埃斯特佛的漁民從平靜的湖水中捕魚，魚兒較小、較輕，他們的漁具，如魚竿、魚網，也比較小。因此這些漁民大抵單獨作業，團隊捕魚既沒有必要，效率也不高。這些漁民每天獨自去捕魚，帶著捕撈到的魚獨自回家（捕獲的魚倒是豐富）。

卡布蘇和聖埃斯特佛，這兩個漁村代表兩種截然不同的職場文化（儘管他們不是在我們想的那種典型工作場所工作，也確實是工作場所）：一種是高度集體主義，團結合作，群策群力；另一種則是個人主義，單打獨鬥，很少合作。然而，他們的目標是相同的：捕撈足夠的魚來養活整個村子的人，但每個社群都發展出最適合當地環境的工作方法。但是，差異就這樣，沒別的嗎？或者這兩個社群除了「工作場所」的限制，是否有其他更本質的文化差異？

這是我的經濟學家友人安德瑞斯・李柏蘭特（Andreas Leibbrandt）想要回答的問題。他造訪卡布蘇和聖埃斯特佛，並在當地進行現場實驗。我和尊敬的老合作夥伴烏里・葛尼奇（Uri Gneezy）也協助進行這項實驗。（李柏蘭特的太太是巴西人。這個獨特的研究機會正是她告訴我們的。我們才知道可以比較這兩個捕魚社群。）[1]

我們對海濱及湖畔這兩個漁村的文化差異感到好奇，是因為區分組織文化的關鍵因素之一就是團體勞動的程度。研究顯示，在工作中團隊合作的程度也許可強化（或減弱）成員之間的合作規範。因此，卡布蘇和聖埃斯特佛似乎就是完美的實驗室，可藉以調查團隊合作的影響力有多深遠。這兩個村子的漁民捕魚方式是否會影響他們的生活和彼此之間的關係？湖畔的村子是否比海濱的村子更具有個人主義色彩？另一個問題是，從經濟學的角度來說，哪個村子比較有生產力？卡布蘇會不會是合作的烏托邦，當地漁民的集體行動確保公共財的流動，使每個人受益？或者聖埃斯特佛的文化能激發正面的競爭，促成良好的自由市場？

　　為了比較這兩個社群，我們用遊戲在這兩個村子進行現場實驗。雖然聽起來可能有點奇怪，但這樣的遊戲是行為經濟學研究的重要部分；即使是在偏遠地區，遊戲也能揭露人們的思維方式、他們做選擇的原因，以及引導其行為的價值觀。我就曾與哥斯大黎加咖啡園的執行長、[2] 芝加哥期貨交易所的專業交易員、[3] 吉力馬札羅山下的坦尚尼亞馬賽族人（Masai）和印度東北梅加拉亞（Meghalaya）山區的卡西族人（Khasi）[4] 等人合作，以遊戲進行這樣的實驗。

　　行為經濟學家最喜歡利用的一項工具就是「信任遊戲」。在這個遊戲中，一個玩家得到一筆錢，比方說 10 美元，接著決定要拿出多少錢給第二個不知名的玩家。實驗人員並告訴第

一個玩家,不管她拿出多少錢,第二個玩家都將得到這筆錢的
3倍。例如,第一個玩家拿出 8 美元,第二個玩家就能獲得 24
美元,然後換第二個玩家決定要給第一個玩家多少錢。在這個
遊戲中,如果第一個玩家把大部分的錢都給了第二個玩家,就
表示他「信任」這個人。而第二個玩家若是也把大部分的錢給
第一個玩家,就表示他自己是個「值得信賴」的人。顯然,這
裡還牽涉到更多的行為,如互惠、公平、利他等,但一般原則
是,第一個人相信第二個玩家也會做出相同的回應,才會給他
大部分的錢。除了信任遊戲,我們在這兩個漁村還進行其他遊
戲,如關於捐贈、摸彩、討價還價(也就是最後通牒遊戲)、
協調、競爭和公共財(有利於每一個人的東西,通常是由所有
的人一起支付,如道路)等。安德瑞斯蒐集所有的數據後,葛
尼奇和我與他一起分析。

　　正如我們所料,我們發現這兩個村子表現出鮮明的行為差
異。可以肯定的是,這些行為差異和他們捕魚的型態一致。卡
布蘇的漁民相信他人和值得信賴的程度,遠大於聖埃斯特佛的
漁民。卡布蘇漁民在最後通牒遊戲中提出更多平等的做法,在
公共財的遊戲中為集體利益做出更多的貢獻,也捐贈較多的金
錢或物品給村子以外的人。換言之,他們優先考慮包容性及對
他人的關心,同時也展現更高程度的信任和合作精神。這不是
說,他們要比聖埃斯特佛的漁夫優秀,這只是因為他們日常團

隊合作的捕魚習慣為他們灌輸更多有利於社會的行為。他們親身體驗合作的好處，而且這種對合作的深刻領會也延續到其他重要的決策領域。

換句話說，他們的文化擴大了規模。

本章主要是探討如何擴展正面的職場文化。正如上述「兩個漁村的故事」，職業文化不只是和工作本身有關。人們的工作方式會使他們特別重視或忽略某些行為和規範，如信任或不信任、合作或個人主義、恐懼或安定、工作狂或工作與生活平衡。已經有大量研究顯示，類似的外溢效應存在於像是現代職場等情境中，我們的研究結果也不例外。哪些行為能夠扎根定義一個組織：不只是用有效率和創新的方式完成工作，也要看工作是以哪些價值觀為底蘊。不同的價值觀會產生規模巨大、截然不同的結果。

有些職場文化會隨著企業規模的擴展而茁壯，而有一些職場文化則是自我毀滅。通常情況下，後者是因為企業發展之初，某種文化是不錯的助力，但是在企業規模化之後，那種文化卻成了毒害。

只要問問卡拉尼克就知道。

變調的菁英領導

2016 年夏天，我在 Uber 正式工作的第一天，我走進公司總部，和面試那天一樣，用激賞的眼光看著中央公共區域柱子上貼的標語：**數據是我們的 DNA**。

但我隨即注意到一件事。

我掃視這個開放的公共空間時，發現有個女員工坐在自己的座位上，強忍住淚水。有一名員工公開的沮喪難過，但沒有人接近她，甚至視若無睹，似乎看到同事哀痛憂傷是家常便飯。就在那時，我第一次覺得 Uber 有些地方可能不對勁。那時 Uber 業務方面蒸蒸日上，正在蓬勃發展，但是人員方面呢？隨著公司不斷擴展，Uber 的文化是否也能跟著茁壯？

當然，答案是否定的。

在 2017 年的頭幾個月，卡拉尼克在 Uber 培養出來的公司文化，因一系列廣泛報導的醜聞引人關注。首先，已經離職的 25 歲的女工程師蘇珊·福勒（Susan Fowler）在一篇部落格文章發難，揭露 Uber 有毒的職場文化，包括公司無視性別歧視和性騷擾的問題。[5] 這篇文章很快在網路上瘋傳。一週後，Google 開發自駕車的子公司 Waymo 對 Uber 提告，控訴 Uber 竊取商業機密。[6] 再過一週，一段行車記錄影片曝光：一位 Uber 司機因為收入太低和卡拉尼克在車上展開唇槍舌戰。司機向他抱怨說，因為公司訂價策略有問題，他已經養活不了自己。卡拉尼克不惜爆粗口說：「明明是自己拉的屎，還要別人擦屁股！」[7] 雪上加霜的是，《紐約時報》揭露 Uber 設計一種名為「灰球」（Greyball）的軟體來分析用戶資料，並判別是否為執法單位，進而讓執法單位無法叫車，以躲避查緝（Uber 後來承認了）。[8] 對卡拉尼克來說，這幾個月真是多災多難。

在這個動盪不安的時期，我在 Uber 的日子卻是出奇的平靜。公司只要求我每月幾天到舊金山總部工作就可以了，其他時候我依然在芝加哥教書及進行研究。我以前教過的學生繆爾也在這裡工作，他就是我在公司的耳目，領導 Uber 經濟研究團隊的日常工作。此外，我在 Uber 的層級很高，即使我在總部現身，也不會和程式設計師和數據分析師一起待在「牛棚」。再者，我不是女人、酷兒，也不是有色人種，我沒有敏銳的意識到很多員工面臨的是權力不對等的問題。因此，很多在 Uber 發生的事，我都不知道。儘管我來這裡的第一天就注意到有一名員工的哀傷溢於言表，但在 Uber 大多數的日子看起來都很平靜，人人專注在自己手頭上的工作，努力完成任務。

儘管 Uber 惹出這麼多風波，這樣說可能令人驚訝，我在 Uber 舊金山總部工作期間看到的卡拉尼克，從很多方面對我來說似乎是個夠格的領導人。他的奉獻精神無人能比。他常開玩笑說，Uber 就像他的老婆。顯然，他確實把公司放在第一位；他的工作與生活的確並沒有保持平衡，但他從未要求任何人像他這樣為公司拚命。他真的是以身作則。每次我看到他走來走去，向員工查核一些事情時，他總是熱切、真誠，會傾聽員工的構想，並與他們互動。此外，他的說服力非常高強，他有遠見，著眼於 21 世紀的商業發展，預見點對點的數位科技將永遠改變運輸產業。然而，儘管卡拉尼克有這些強項，Uber 的文化已經面臨電壓遽降的問題。

我後來發現，我在序言中描述我到 Uber 面試接受卡拉尼克的挑戰，那種交鋒正是 Uber 人員的溝通方式。儘管在辦公室，大家都靜靜的埋頭苦幹，但會議上卻話語像連珠砲、針鋒相對、爭得你死我活。只要有利於創新或是獲得市場優勢，冒犯別人非但不會被勸阻，反而受到鼓勵。創意和結果就是 Uber 的貨幣，至於創意如何運用、結果是怎麼來的，會給人什麼樣的感受並不重要。會議就是比武，我最後才發現，與我後來在 Uber 的所見所聞相比，我第一次與卡拉尼克交鋒其實很溫和，根本不算挑戰。你可別期待在會議室別人會聽你說什麼，你必須戰鬥，證明你說的是值得聽的。如果你能說得更大聲、更快、更有說服力，你的構想才會被接受。正是在這種氣氛及其他文化特點的影響，有時才會逼得員工幾乎要落淚。但在 Uber，很多人都見怪不怪了。

　　卡拉尼克用這種方法來推動業績、創新和獲利。表面上來看，這麼做是合乎邏輯的。他相信純粹的菁英領導：只有最好的構想能夠獲勝，而要確定什麼是最好的構想需要嚴格的檢驗和互相衝突。在 Uber 早期一飛沖天的時候，這種文化對他和公司很有幫助；當時的 Uber 是個好勇鬥狠、野心勃勃的顛覆者。Uber 創造出一個與市場同步的競爭環境，因此可以快速規模化。商業世界不是好混的，而要在這裡站穩腳跟、在市場占一席之地則是最難的部分。這就是為什麼卡拉尼克在 Uber 培養的競爭文化在早期能發揮作用。幹勁十足的菁英領導使 Uber 崛起，這要比任何隱藏成本來得重要。在短短幾年，Uber 就擴展到大約 70 個國家，改變全球的交通運輸。無疑，Uber 的商業模式擴展得非常成功，但這也帶來一種錯覺，讓人誤以為這家公司的文化也能如此。其實，Uber 的文化在擴展時遭遇阻力。我們可以從 Uber 的錯誤中獲得很多教訓。

　　我必須承認我對這種摔角人賽式的公司文化並不陌生，因為我也已經習慣這種文化風格。其實，學術界也可能和商業界一樣殘酷無情。在學術界，聲望就是利害關係之所在，通常可能比金錢帶來更多的絕望，特別是芝加哥大學，以知識戰場完全不受限而聞名。我第一次造訪這所學校是在 2002 年，那時我還沒在這所學校任教。我以歧視經濟學為題發表演講。我有備而來，相信自己的演講會很精采。我才開口，聽眾當中有個老人就插嘴打斷我的話。他穿著病人服，甚至還吊著點滴，劈哩啪啦問我一大堆問題。這場 90 分鐘的演講幾乎都是他在說。我垂頭喪氣飛回馬里蘭大學，翌日收到那個打點滴的人寄來的電郵，信上的文字誠摯、親切。原來他是諾貝爾經濟學獎得主蓋瑞・貝克（Gary Becker）！

儘管我已經習慣學術界的爭戰，但在 Uber 所見還是讓我覺得不對勁。每一場會議都像我在演講遭遇貝克的攻擊，只是火力更為強大。那時，有人或許會說這是最好的菁英領導，事實上，這是最糟的。

從表面上來看，菁英領導的概念很好。人們以其天賦和努力獲得獎勵，而思想的客觀價值決定哪些構想可以脫穎而出。擁有特權與否及辦公室政治並非成功的關鍵。用理論經濟學的詞彙來說，這意味最聰明和最努力的人將能勝出。當然，我們都知道現實世界並非如此。很多聰明、勤奮的人沒有晉升的門路，賺不到什麼錢，而不少不怎麼聰明也不怎麼努力的人卻步步高升，賺得盆滿缽滿。職場上的菁英領導和真空中的菁英領導原則不可相提並論。

如果領導人在企業擴張的過程中，沒費盡心思、嚴謹的建構職場規範（Uber 就沒有），特權和其他因素（如誰說話最大聲或最擅長玩弄內部政治），最終將會扭曲菁英領導的理想。結果就是，最好的人和最棒的構想不一定能出頭。員工自然而然會開始對領導階層及其周圍的人失去信任，這終將滲入其他行為和互動，影響整個工作文化，就像巴西巴伊亞州兩個漁村的捕魚模式。

　　Uber 愈來愈大，對菁英領導的承諾也漸漸消失，員工也就不再相信領導人會公平、客觀的評估付出和創造力，真正的菁英領導也就蕩然無存。此時，Uber 擴展的菁英領導只是幻影，那些崇高的理想只是說說而已。很遺憾，最好的人、最棒的構想**不**一定能勝出。這是因為 Uber 的文化允許你為了理念、效率和獲利打壓別人。正如卡拉尼克自己後來在一篇寫得清晰、深刻的自省文章中說的：「**菁英領導和不惜冒犯別人**可能使人大膽向權力說真話，然而若是你把菁英領導拿來當作武器，就會把人踩在腳下。」卡拉尼克顯然終於大徹大悟，領略到我在 Uber 學到的東西。

　　在 Uber 的文化之下，那些思想深刻但口才不好的人要怎麼辦？還有那些善於傾聽、不會譁眾取寵的人呢？那些不喜歡爭吵的人呢？他們被打壓、消音，於是與 Uber 好鬥文化格格不入的人才流失了。Uber 繼續擴張，人員的損耗與潛力的浪費也隨之而來。不可避免的是，Uber 規模愈大，就有愈多人受到公司文化的影響，留下來的人偏向強硬、毫不留情，從員工到司機都是。因此，厭倦被忽視、傷害而跳槽的人成倍數增加。最後，連**有機會**來工作的人都不想來應徵。我還在 Uber

工作時，公司很缺人，但一直沒能補滿，似乎公司聲譽很差，明白獲利並非一切的人不想上鉤。

「我偏好邏輯而不是同情，但有時候，表現你的關心似乎要比證明你是對的來得重要，」卡拉尼克後來反思道：「我的目標是找到合適的人來打造 Uber，卻沒確定我們建立的是最合適的團隊。」他說的沒錯。在組織規模很小的時候，本質是緊密的。就像一個家庭，家庭成員可能拌嘴鬥舌，但關係不會遭到永久破壞，因為成員之間已經建立信任和相互尊重。無條件的相互信任和尊重，過去的事就比較容易被遺忘。然而，一旦愈來愈多人進入團體之中，彼此之間尚未建立信任和尊重，在這種環境之下，就很難覺得自在。伴隨新來者而凸顯的毒性文化，讓規模化難以成功。

研究顯示，深度信任是組織擴大規模的重要因素，[9] 其中一個原因是信任可以促進團隊合作，而能夠發揮功能的團隊對組織成長而言不可或缺，[10] 但還有其他原因。由於 Uber 信奉的菁英領導有名無實，缺乏信任大抵是個自然的結果：員工不相信公司會感激自己貢獻的客觀價值，如奉獻的時間、構想和努力；換言之，員工不覺得有被尊重。此外，Uber 最自我毀滅的一步是，很快的，Uber 就不尊重乘客這個使其存在不可或缺的群體。

Uber 利用自己的「上帝視角」來監視高知名度的乘客和

競爭對手。[11] 這種工具也允許公司員工在乘客不知情之下追蹤其位置。印度傳出 Uber 司機性侵女乘客的案件時，Uber 竟然取得乘客的醫療紀錄，設法詆毀她。另一個例子是，Uber 看似完全無視乘客的忠誠，在紐約計程車司機聯合會罷工期間調漲車資。這種對顧客的態度，永遠沒有規模化的一天。

Uber 確實擅長攻擊自滿並懶於思考，但諷刺的是，Uber 領導人對於如何擴展公司文化的思考卻是相當自滿。在 Uber，員工必須質疑公司的商業構想和做法，然而沒有一個領導人（包括我在內）用同等力道質疑 Uber 的文化。企業文化就像我們呼吸的空氣，是無形的，但是當權者似乎沒注意或者沒有勇氣說出空氣已經被汙染的事實。這種事真的發生時，公司最終必須付出代價。如果不可能從內部改革，唯一可能的施力點就是來自外部的壓力。

這正是 Uber 前工程師福勒揭露 Uber 無視性騷擾的文章在網路上瘋傳後發生的事；從這個事件幾乎可預見後來哈維・溫斯坦（Harvey Weinstein）身陷性騷擾醜聞和 #MeToo 運動。Uber 的灰球軟體和卡拉尼克對司機爆粗口的行車記錄影片曝光後，來自公眾的壓力更大了。在福勒的文章和那段行車記錄影片公諸於世之後，儘管卡拉尼克道歉了（我相信他真的對這兩件事感到悔恨和羞恥），但為時已晚。

這最終的墮落，過程是緩慢的，但是發生時是突然的，就像溼度緩慢上升，到了臨界點，最終暴雨隨之而來。所有危害Uber 文化的小問題，經過日積月累，醜聞就如大雨般傾盆而下。公司規模擴大，錯誤也變大了，一下土崩瓦解，全世界都看到了。

Uber 的文化問題導致電壓下降，威脅到公司的未來。因此，創造這種文化的人被董事會趕走了。卡拉尼克在 2017 年6 月辭去執行長的職務，但仍保留他在董事會的席次直至 2019 年 12 月。我和卡拉尼克一直保持連絡，部分是因為我在 Uber 的最後幾個月還有一些事情需要向他請教，另一方面我也想在他落難時支持他，我相信他已經變了，變成更成熟的領導人和企業家。他知道自己鑄下大錯，也表現出悔意，不只是因為他丟了工作，而是他覺得自己讓 Uber 團隊失望了。我不認為卡拉尼克是壞人，他其實是個好人，只是做了幾個錯誤的決定……而這些決定的影響層面很大。

內疚不已的卡拉尼克在 2017 年公司陷入一連串的危機時寫了一封信給全體員工。但他最後還是沒把這封信傳送出去。他在信中承認自己沒把可擴展的價值觀像數據那樣嵌入 Uber 的 DNA。他寫道：「歸根結柢，我們忘了自己的使命，也就是以人為本。我們在成長之時，沒把人放在第一位。對很多才華洋溢的員工，以及為我們城市服務的那些了不起的合作夥伴，我們不夠重視……成長固然可喜可賀，但是沒有適當的控制和平衡，就會導致嚴重錯誤。公司規模大了之後，錯誤對各方面的影響也就愈大，包括對我們的團隊、顧客和我們服務的社區。這就是為什麼，小公司要規模化變成大公司，做法必須改變。公司規模小的時候，我確實做得不錯，公司大了，我卻一敗塗地。

當然，像 Uber 這樣標榜菁英領導文化，卻不依照承諾獎勵員工的公司，其實不只有 Uber 一家。這種類型的文化在各種產業都看得到。在商業世界，「菁英領導」已經成為非常流行的概念。但研究顯示，各種有毒的規範和行為往往會從這種文化生長出來，如加薪、考績等生涯表現的評量被種族和性別差異的偏見影響。非常不幸的諷刺是，這種組織的主管不大願意反省自己是否有這樣的偏見並承擔責任，因為他們相信他們的菁英領導是有作用的！於是，信任和合作在這種文化中再一次蒸發了，並為大規模的問題埋下伏筆。

這給我們帶來一個很大、很大的問題：如果菁英領導的文化規範無法規模化，必然有一些文化是可以做到規模化的。然而，究竟是哪一些文化呢？

答案就在萬聖灣的卡布蘇。

把信任和團隊合作放在第一位

　　菁英領導是以個人成就為前提。這顯然鼓勵員工注重個人利益而非集體利益，建立一種人人為己的文化。因此，雖然強調個人表現最為重要，可能在公司早期促進有益的內部競爭（正如我們在 Uber 看到的），但會不利於隨著公司規模擴大變得愈來愈重要的合作。在 Uber，公司的誘因結構也是為了強化個人表現。**你**創造新的構想，**你**進行測試，**你**使構想落實，你就能得到獎勵。

　　讓我們回到本章開頭提到的卡布蘇漁民。對他們來說，信任、慷慨、包容和合作已經深植於他們的工作和文化。有一隻無形的手，從工作場所伸到村子，引導人們的行為。我們在實驗中看到他們是怎麼做選擇的，並與聖埃斯特佛的漁民做比較；聖埃斯特佛漁民的捕魚方式與 Uber 創造的個人主義文化類似。

　　在 Uber，沒有無形的手，沒有支配一切的社會架構，甚至沒有任何團隊獎勵員工一**起**創新。在大多數的情況下，你捕到的魚就是你的，沒有誘因促成合作和分享，更別提團隊間的信任和慷慨。員工都在同一個湖捕魚，但很少在同一條船上。他們的行為反映這些價值觀。例如，高級主管無視福勒的性騷擾事件申訴（員工績效好比較重要，別給他們添麻煩），或是每一場會議都像拳擊賽。這些價值觀也反映在公司日常運作，每個部門都像是一座座既高聳又封閉的穀倉，只管部門盈虧，不顧公司的整體利益。在某些情況下，要不同的團隊、部門和國家合作解決問題，幾乎是不可能的。

企業規模化時，無法**跨部門合作**會特別棘手。這是因為企業規模變大，**不**合作的機會成本也會增加；如果能夠合作，就能促成更多良好的內部夥伴關係。你可以這麼想：如果是一家只有 5 個人的小公司，有時一起工作是有道理的，但在其他情況下，獨自一個人做也許是最好的做法，因為其他 4 個人可能沒有與你互補的技能。但是在 5,000 人的大公司，你可以在每個角落發現一個（或多個）好夥伴，他們能讓你事半功倍，與你一起打造更好的產品或服務。設計出有利於提升夥伴關係的職場誘因和文化能使你獲得高電壓的機會。

然而，你不必擔心我把合作說得過於美好，因而忽略競爭在推動高績效時扮演的角色。最近有很多關於「合作競爭」（coopetition）的研究顯示，組織內部和跨部門的合作，能使合作和競爭出現良好互動，有益於很多方面，如財務表現、顧客滿意度等。[12] 如果主管能調整誘因，使員工根據個人、團隊和整個組織表現獲得獎勵，這種競爭和合作的平衡就能促進「知識轉移」，也就是分享寶貴的專業知識，讓沒有這種知識的人獲益。

　　Netflix 不但具有高度創新的文化，也擁有高績效員工，而且仍然以信任為中心，這是合作的最佳例子。這家公司不會追蹤或限制員工的休假天數或花費。[13] 很多電視劇和電影的開發主管用不著經過上級批准，就可以進行七位數的交易。主管認為員工有良好的判斷力，因此 Netflix 的文化以「自由與責任」著稱。東管西管什麼都管的微管理是禁忌，信任授權才是對的。[14] 獎金的發放不是根據個人績效表現，員工可以自行選擇薪資的若干部分為股權，也就是使自己的薪資與整個公司的表現掛鉤。這些政策偶爾會出現一些小問題，但高績效的信任文化會自我調節，這意味人員很快就知道如何適應，並希望維護這些規範。重要的是，這種文化會自我驗證，亦即能吸引志同道合之士前來，排斥那些無法成長茁壯或不能適應的人。在無形之手的作用之下，就能把好的人招進來，將不適合的人淘汰出去。雖然公司鼓勵員工挑戰彼此的構想，但不贊同為了讓自己的意見被聽見而打壓同事。正如 Netflix 的執行長海斯汀所言，他無法容忍「聰明的混蛋」。[15] 在 Netflix，信任和競爭並不是互相排斥的。

　　為了增進員工合作，同時能把績效擴展出去，你必須在組織的結構中促進團隊精神。例如，在建立團隊時，一個做法是讓每個員工加入至少兩個團隊，最好是不同部門的團隊。這樣可以為團隊合作開闢更多的機會，促進思想的交互影響。這麼做可以給員工誘因，讓他們願意在多個團隊投注心力。為了創造合作和高績效的文化，不用說，你需要最好的團隊，也就是由適合的人去執行重要任務。

招聘的規模化

幾年前，我的朋友傑夫・傅羅瑞（Jeff Flory）、卡拉・何蘭德（Kara Helander）、李柏蘭特和妮拉・羅真德拉（Neela Rajendra）共同創立一個了不起的組織，也就是多元性科學倡議（Science of Diversity Initiative，簡稱 SODI），而我是第一任董事會的成員。[16] 這個組織宗旨，使很多公司與多個學術領域的學者聚在一起，宣揚「多元化的重要性」是一個組織成功的真理；近年來，也有很多科學研究印證這是不容忽視的一點。我所說的多元性包含很多方面，如種族、性別、年齡、族裔、宗教、階級背景、性取向、性別認同、神經類型（neurotype）等特徵。人們背景的多元性，相當於**認知**的多元性，當他們聚在一起，不但會帶來更多的創新，也會有更多的彈性。研究顯示，多元化的群體能做出更好的決策、[17] 有更佳的解決問題能力、[18] 更複雜的思索，也能產生更高的利潤。[19] 根據一項研究，多元化群體甚至投資股票的績效也比較好！[20]

然而，提升團隊的多元化程度以驅動高績效，往往說起來容易做起來難，特別是在規模大的時候。會遭遇困難不只是我們最先可能想到的那些原因，如有意或無意的偏見，或是具有多元化背景的最佳應徵者已經被別家公司搶走了。我的研究顯示，事情可能在更早的時候已經出現差錯，也就是在**招聘**時。

為了吸引多元化背景應徵者所做的善意努力，出乎意料的從發布徵才廣告開始已經出現問題。隨著世界各國尋求減少就業市場不平等的問題，平等就業機會（Equal Employment Oppor-tunity）法規已經成為許多國家的規範。在美國，公司和組織都必須遵守聯邦法規的要求，因此公司徵才廣告附上遵守平等就業機會法規的聲明已經成一種常見的做法。基本上來說，公司會在每一則徵才工作內容的最後，都會加上一行，聲明他們致力於多元化的承諾。這背後的邏輯很簡單：如果想宣傳公司對平等就業機會的重視，吸引更多元背景的應徵者，明確說出這項具有包容性的政策想必不會錯。我們會直覺認為這是有道理的。然而，正如我和李柏蘭特從研究中發現的，這種做法往往會產生讓人意想不到的後果。[21]

在我和李柏蘭特進行的這個現場實驗中，我們與一個信譽良好的組織合作，徵得他們的同意，用他們的名義在美國 10 個就業市場發布招募行政助理的徵才廣告。我們選擇族裔組成不同的城市，包括幾個白人占多數的城市（丹佛、達拉斯、休士頓、洛杉磯和舊金山）和幾個族裔比較多元化的城市（芝加哥、紐約、費城、華盛頓特區和亞特蘭大）。和往常的研究一樣，我們有實驗組的潛在應徵者，這個組別的人會看到徵才廣告上有平等就業機會的聲明，還有一個控制組，這一組的人在徵才廣告不會看到平等就業機會聲明。結果將近 2,500 人來應徵。我們請潛在應徵者填寫一份簡短的問卷，藉此了解為何他們會被這則徵才廣告吸引，並提供填問卷的人 10 美元亞馬遜禮券，藉此蒐集到更多的量化數據。我們的假設是，較多少數族裔的人因為看到平等就業機會聲明而決定投履歷。我們認為，這個聲明的效應可能很小，但肯定會逐漸增加，最壞的情況則是沒有影響。

老天，沒想到我們錯了。結果，我們發現平等就業機會聲明反而會使少數族裔的人**不願**投履歷，這樣的人甚至多達30%。顯然，加了這個聲明反而弄巧成拙。

有意思的是，這種效應在人口多樣性較少的城市及教育程度較高的應徵者中特別明顯。我們調查得到的證據說明為什麼會如此：**少數族裔的應徵者擔心這是樣板主義（tokenism）的做法**。平等就業機會聲明觸動他們內心的觸角，也就是由種族主義和被歧視經驗調整過的內在警告系統，告訴他們，在這種工作環境之中，雇用有色人種只是聊備一格或象徵性舉動，表示公司並未違反平等就業機會法規，而非著眼於這些少數族裔應徵者的優點。換句話說，應徵者擔心公司聲明的多元性和包容性只是表面工夫，並非真正嵌入公司的文化基因。在白人為主的城市和受過高等教育的少數族裔中，這種影響特別明顯，因為應徵者在整個受教育和職業生涯都經歷過這種樣板主義。他們的懷疑並非毫無根據：以前也有研究發現，在徵才廣告加上平等就業機會聲明的雇主，**不一定**比較不會歧視少數族裔！[22]

有賴幾千位參與者回應我們的徵才廣告，也填了問卷，我們因而獲得有關招聘過程珍貴的見解。光是告訴應徵者你的公司致力於多元化是不夠的。你必須讓他們**看見**，你宣稱的職業價值觀就是員工實際體驗到的價值觀。好消息是，如果你能達到某個關鍵門檻，拜「飛輪效應」之賜，多元化就比較容易擴展。一旦開始，你的組織勞動力相關的種族和族裔數據（通常公眾可以在網路上查到這些訊息）[23] 就會說故事，帶來更多的好處。有色人種的應徵者只要上網查一下，就知道有色人種在公司所有員工當中所占的比例，以及在組織結構圖上的位置等。

然而，大規模招聘多元化勞動力的細微差別不只是數據和數字，對有些意想不到的地方也有幫助：例如，在徵人啟事加上一些**和多元性無關**的訊息，實際上也可以增加多元性。

美德外顯的隱藏好處（及成本）

在過去數十年，世人對企業社會責任（corporate social responsibility，簡稱 CSR）的日益關注，已經改變大多數公司向世界表明自我的方式。品牌喜歡在廣告、使命宣言及其他面向公眾的場合裡標榜他們支持的崇高目標，展示他們慈善基金會的義舉，並宣揚他們注重獲利也關心世界的理念。這就是為什麼有非常多大公司讓整個部門負責社會責任的實踐，以及（或）規畫和慈善活動的執行。這也是為什麼每年有數十億美元的預算用在這方面的計畫上。

雖然在很多情況下，企業對 CSR 無疑是真誠的，通常這也反映企業文化的慷慨特質，但如果把 CSR 作為行銷技巧，那就是別有用心了。有意思的是，研究顯示，CSR 不像大多數人想的那樣有助於銷售。也就是說，CSR 不一定能刺激消費者的需求。[24] 其實，從數據來看，大多數的人對很多慈善導向的行銷活動無感，會選擇某個品牌有各種不同的原因。這不是說，公司就用不著再做好事了。然而，他們也許會覺得驚訝，以 CSR 為出發點、如此溫暖、充滿人性關懷的政策無法打動消費者，也就沒能帶動銷售。不過，若是企業強調 CSR 是否有助於招聘到一流人才？還是會像就業平等機會聲明一樣弄巧成拙？我們猜想，CSR 的確可以發揮美德外顯的作用，也就是以一種微妙的方式讓應徵者感覺一家公司關心社會議題（永續發展、回饋當地社區等），因此推斷這家公司具備有利於社會的文化，也致力於建立有包容性、公平和平等的工作場所。

　　為了探討這個問題，我有幸與兩位傑出的經濟學家丹尼爾・賀伯隆（Daniel Hedblom）及布倫特・希克曼（Brent Hickman）合作，進行類似前述就業平等機會的現場實驗。[25]但這次，我們創立了真正的公司，一家名為 HHL 有限公司的資料輸入公司，蒐集 Google 街景圖的數據。我們的目的不但是要分析所有的應徵者，而且要看我們錄取的人工作效率如何。（對這個實驗來說，資料輸入是理想的選擇，因為這項工作容易衡量生產力及其他績效指標。）

　　我們在美國 12 個主要城市分類廣告網站 Craigslist 刊登徵才廣告，列出的薪資和一般資料輸入人員差不多。在與我們聯繫的 1,000 個應徵者中，其中控制組收到的電子郵件包含這個職位的標準訊息，實驗組收到的電子郵件則除了標準訊息還包括一段有關公司 CSR 的陳述：「我們為各種不同的公司和組織提供服務。有些是非營利組織，致力於各種慈善事業。例如，改善弱勢兒童的教育機會。我們相信這些組織會使這個世界變得更好，而我們希望能助他們一臂之力。由於這樣的行動是為了行善，我們只向這些客戶收取成本費。」

　　接下來，我們雇用一些看到 CSR 訊息的應徵者，以及一些沒看到的應徵者。這些人都開始工作之後，我們就有了豐富的數據，得以衡量每個人的生產力。

　　結果，我們發現，徵才廣告中的 CSR 訊息造成的效果，和前述就業平等機會聲明恰好相反。CSR 訊息使應徵者的人數增加 25%，帶來更多有多元化背景的應徵者供我們挑選；換言之，這則訊息要比聲稱我們具有包容性更有包容性。還不只這樣。我們發現，與控制組相比，實驗組的員工生產力較高，工作表現也比較出色。可能是因為公司以社會福祉為使命激勵了實驗組的人，讓他們覺得**自己要更努力來造福世界**。也就是說，具有 CSR 意義的職務不只是能吸引更多的應徵者，甚至是更有才能的人！

　　除了招聘，組織也必須注意如何把 CSR 計畫作為文化的一部分來擴展。雖然宣傳有益社會的目標有助於招募到更多來自多元化背景、更有價值的員工，但把慈善事業當成是企業任務的重要層面來展示，如果用在不適合的人身上，就可能產生負面的外溢效應。

　　在另一個現場實驗裡，我和才華橫溢的莫梅尼再次創立公司，只是這次我們要做的不是資料輸入，而是聽打任務。[26] 我們雇用 3,000 個人員，在他們做了一段時間之後，才把公司以 CSR 為使命的訊息傳遞給其中一部分的人。就像我們預期的那樣，我們發現接收到 CSR 訊息的員工整體生產力提高了，然而，我們也發現**不良行為**也增加了：推卸責任的員工多了20%，做出欺騙行為的員工也多了 11%。是什麼導致了這種與我們直覺相悖的結果？

為什麼有益社會的承諾會帶來負面的個人行為，比如欺騙？這和一種心理學現象有關，也就是**道德許可**（moral licensing）。也就是當我們覺得自己做了一件好事，就會覺得自己在道德上可以取巧，允許自己去做有違道德標準的事。例如，我們上午捐款給某個慈善機構，到了下午，在超市結帳的時候，就覺得不妨插隊，畢竟上午已經做了件好事。或者，有一天，我們在公司待到很晚，以幫助壓力很大的同事解決問題，第二天則從公司偷走一些文具帶回家使用。正是在同樣的心理下，有些員工認為在具有社會責任感的公司工作等於是做好事，因此有時偷雞摸狗沒關係。

經理人也可能掉入道德許可的陷阱。例如涉及多元化和包容性時，我們從研究發現一個警訊，有些經理人會雇用幾個具有多元化背景的人，之後碰到其他和多元化／包容性有關的議題時，就會（有意或無意的）認為自己不必認真執行。這種做法沒有辦法規模化。

因此，在規模化的過程中，CSR 訊息可能使電壓增益**以及**下降，這兩種可能性都有，就看你如何運用。用於招聘新員工時，這種訊息可以吸引更多的應徵者；這種做法具有擴展性。然而，若用在現有的員工身上，必然得小心謹慎，因為雖然能激勵一些人，也可能使另一些人拿來當作是不良行為的藉口；而在企業規模化時，這種意外的後果只會變本加厲。這不是說企業要避免 CSR，我的建議是要小心這種可能性，並密切注意。

在徵才啟事上強調企業致力於社會責任，並非吸引更多應徵者的唯一辦法。在我和李柏蘭特進行的另一項現場實驗中，我們以 2,500 位應徵者為研究對象，發現在徵才啟事中提到薪資待遇可「面議」也很重要，而這點對女性應徵者特別有影響。[27]

我們必須面對的醜陋真相是，能當上執行長或在政府機關擔任首長的女性，與男性相比，可謂鳳毛麟角。[28] 全職工作的女性，所得只有男性的八成。[29] 而在美國公司，收入最高的 5 種職位中，只有大約 6% 是女性。[30] 雖然造成這種差異的原因有很多，研究顯示，女性比較不敢開口爭取較高的薪水，而男性薪資談判的積極程度是女性的 **8 倍**。[31]

然而，正如我們從現場實驗得到的結果，經理人和招聘人員可以採取一些步驟來逆轉這個趨勢。我們發現明白寫出薪資面議的職位，女性不只會去應徵，也願意和男性一樣積極爭取，甚至很多情況下比男性更努力。另一方面，男性更喜歡對薪資待遇描述模糊的職位,可能是因為在這方面他們大有斬獲,比女性厲害得多。令人不安的是,如果薪資描述模糊不清時,能力不佳的男性最會討價還價,而最出色的女性反而比較會忍氣吞聲![32]

重要的是,不管是什麼樣的工作都有這種現象,因此這個現象可能和所有職務類型和產業都相關。這就是為什麼最好在刊登徵才啟事時就明確陳述薪資是可以商議的。如果一位女性不相信薪資有商議的空間就接受了一份工作,她的薪資將會比男同事要來得低。這種薪資差異在被錄用幾年後,甚至數十年後依然存在,而這一切都始於最初的徵才啟事。有意從更有包容性的招聘來擴大多元性的組織,應該要了解這些模式,在招聘時相應調整做法。

即便如此,女性依然有充分的理由擔心招聘過程會出現不公平的問題。例如,2021 年的一項研究發現,很多公司招聘人員的非正式決選名單對男性特別有利。作者論道,這是因為「非正式的、基於關係網的招聘過程有**系統性的**偏見,加上挑出最佳人選時會有性別角色的**隱形偏見**」。有解決辦法嗎?增加決選名單的人數!不只對進入最後階段的應徵者該進行深度面談,也得增加人數,如從 3 個人增加為 5 個人(增加 67%),納入更多元的人選;一旦提供這樣的機會,這些多元應徵者就有更多機會脫穎而出。[33]

這些都很重要，因為打從第一天開始，要建立一個信任、合作、可規模化的公司文化，招聘是重要關鍵；而且在公司規模化之後，招聘仍是要維持那樣文化最好的工具。公司變得愈大，你必須填補的職位就愈多，如果沒有優秀的人才跟你一起努力，公司就不可能有高電壓來達成規模化。

道歉的藝術與科學

好，假設你每一件事都做對了。你費心注意徵才啟事的遣詞用句，也增加決選名單上的人數，試圖招聘到最好的、具有多元化背景的員工。你還灌輸信任與合作的組織或團隊規範和價值觀。換句話說，你建立你的卡布蘇：一種高電壓、得以規模化的文化。

但你還是會犯錯。雖然科學告訴我們如何建立信任，但對破壞信任的後果知之甚少。當信任受到破壞時，可以採取什麼行動來避免文化惡化？最簡單、或許也是最顯而易見的答案就是正確答案，那就是道歉。

道歉這個舉動自古就有，和人類的歷史一樣悠久。每一個人、每一家公司都不可避免都會犯錯，特別是在規模大的時候，隨著你雇用更多人員、服務更多顧客、接觸更多社區，無意中會以更多方式讓你的服務對象不高興。並非所有的道歉都是一樣的。其實，根據我的研究，請求原諒的方式有些是正確的，有些則是錯誤的。

2017 年 1 月，在刪除 Uber app 的行動進行得如火如荼時，我在芝加哥，走出家門、拿出手機打開 Uber app 叫車。我必須去芝加哥另一端，在一場經濟學研討會上做主題演講。由於我的講稿還得修潤，我決定叫車，在車上修改，所以沒自己開車去。車子很快就來了。我對司機說了聲嗨，就跳進後座，打開我的筆電。我還得做幻燈片，無法浪費一分一秒。

過了 20 分鐘，我想差不多快到會場了。我抬起頭來，看著窗外。我想我會看到芝加哥鉻黃色的天際線與密西根湖的深藍。結果，我看到的是⋯⋯**我家**。車子一直在動，但不知怎麼，我們又回到起點。我驚慌不已，問司機到底是怎麼回事。她說，導航出了問題，讓她繞了一圈，回到我家。途中，她不想打擾我，所以沒說話。

我火冒三丈。我必須立刻去會場，現在趕過去差不多會晚半小時。於是，我告訴她怎麼走，她再度沿著湖濱路飛奔。值得慶幸的是，我最後到達會場時，主辦單位和聽眾都能諒解。我盡可能鎮定下來，講得有聲有色。但是我一直無法原諒 Uber 搞砸了我的行程。

但我還能怎樣？我後來叫車回家（這次坐的是 Lyft 的車），在路上，我在想，公司是否會為了今天的事傳送訊息給我，表示道歉，或者是自動發送道歉的訊息。

再過幾個禮拜我才會去 Uber 總部。那晚，我仍忿恨難消，於是我打電話給卡拉尼克告訴他這件事。如果這是個案，那是一回事，然而若是類似錯誤一再發生，就完全是另一回事：這是一個模式、一個問題，還有一大堆憤怒的顧客。如果 Uber 害我在重要會議上遲到，而且沒有任何形式的道歉，類似事件必然發生在成千上萬的人身上。此刻，公司最不希望看到的就是給更多乘客刪除 Uber app 的理由。

卡拉尼克耐心聽我說完。沒想到他接下來給我這樣的建議，他說我可以自己處理這件事，糾正這個問題，如果真的有問題的話。

我覺得這是個好辦法，因此同意了。我補充說：「但是，如果我發現有問題，我想進行一個現場實驗，看看如果乘客體驗不佳，Uber 要向乘客道歉的話，怎麼做最好。」這將是真正的菁英領導範例：給員工機會，證實自己構想的價值，然後授權給他們去執行。

「就這麼做吧！」卡拉尼克說。

我的 Uber 經濟研究團隊開始著手。我們的第一個關卡是測試 Uber 的名聲或底線是否會因為像我這樣的遭遇而受到實質性的損害。當然，這不可能利用傳統的科學實驗方法，也就是設立實驗組和控制組；這是商業行為，不能隨機給乘客不好的乘車體驗（那當然不會是幻覺！）。因此，我們從統計數據去找「同卵雙胞胎」：也就是有兩個乘客在某個完全相同的時間點搭車，但其中一個體驗很糟，另一個則體驗良好。由於Uber 的每日服務趟次多達 1,500 萬次，必然會有很多統計上的「同卵雙胞胎」可供我們研究。我們分析幾百萬個乘客的乘車數據，顯然糟糕的體驗是個不容小覷的問題。我們發現在統計上的「同卵雙胞胎」中，體驗不佳的乘客在接下來的 90 天內，叫 Uber 的花費會減少 5-10%。這相當少了數百萬元甚至上千萬元的營收。

第二步是找到防止這些損失的方法。有鑑於公司規模龐大，要完全消除乘車的不佳體驗不切實際。但是我們可以給經歷這種情況的乘客一些安慰。唯一的問題是：怎麼做？

因此，在另一項現場實驗中，我們找出 150 名曾有不佳體驗的乘客，用不同的方式向他們道歉：有些人收到基本的道歉；另一些人則收到更周到的道歉，我們承認，會出現這樣的事件是我們的責任；還有另一組人，我們對他們表示會在未來避免同樣的錯誤（控制組則沒有收到任何道歉）。在其中一些道歉信中，我們附上 5 美元的乘車優惠券。接著，我們追蹤他們使用 Uber 叫車的情況。

分析數據之後，我們學到的第一件事是，道歉的結果取決於道歉的方式。如果有人向你道歉說：「很抱歉讓你有那樣的感受」，而非「很抱歉我做了那樣的事」，不意外的，比起基本道歉，乘客比較願意接受顯露懊悔之意的道歉，將來還是可能繼續用 Uber 平台叫車。然而，我們發現的第二件事更耐人尋味。在所有類型的道歉當中，千言萬語不如一張優惠券。或者說，在乘客的不良體驗之後，誠心道歉加上車費優惠是留住顧客最好的辦法。任何道歉，只要奉上一張優惠券，都是最佳策略，不是因為 5 美元的優惠券多有價值，而是表示後悔加上小小的實質補償，顧客會覺得獲得這家公司的重視。[34]

第三個發現，也是最有挑戰性的，就是太多的道歉會適得其反。在短時間內道歉 3 次或是更多次，效果要比完全不道歉來得差。在第一次錯誤發生時，道歉可以暫時在不佳體驗後保住顧客的忠誠度。然而，這種道歉就像承諾，顧客會期待你會改進，未來有更好的結果。因此，如果一錯再錯，讓顧客失望，公司的聲譽就會比完全沒道歉受到更大的影響。所以，道歉也要使用得當，最好在意外出現錯誤時，在短期內最好不要出現同樣的錯誤。在道歉時，必須謹記一句拉丁諺語：「**賣方必須謹慎**（caveat venditor）。」

在我們的實驗之後，Uber 改變道歉政策。當然，這仍無法解決公司文化中的信任問題，但希望至少有助於贏回像我這樣因遲到而沮喪的顧客的信任。更重要的是，我們從這個實驗得到普遍適用的見解，當企業犯錯時，這些處理錯誤的方法可

以規模化。你必須向你的服務對象證明，你願意為了獲得他們
的寬恕付出代價，不只是口頭道歉，還有金錢補償。至於在職
場，要向受傷的員工道歉，怎麼做是最好的方式？我還沒有做
過這樣的實驗。但是，我有理由相信，誠心道歉加上禮物或慰
問金是不會錯的。

＊　　　＊　　　＊

　　上述見解影響所及，遠遠超出工作場所的範圍。正如我們
在卡布蘇和聖埃斯特佛的漁民身上看到的，就文化的規模化而
言，利害關係會比個人成敗高出很多。我們在工作中創造的文
化，可能對我們生活在其中的更大行為網絡都有潛在影響。無
論我們在組織中是否握有權力、擁有領導地位，我們都有能力
使文化轉向信任與合作，或是轉向猜疑與自私。

　　研究顯示，組織文化對工作場所**以外**的人的態度和選擇，
也有至關重要的影響；甚至有令人信服的證據告訴我們，組織
文化會巧妙的影響人類大大小小社會的形成。事實上，工作場
所的規範對人際關係和社會規範的影響極其深遠，有證據顯示
這些規範與經濟成長及民主品質息息相關。[35] 卡布蘇和聖埃斯
特佛的故事是我們的借鏡，任何企業的規模化，都不可避免與
價值觀的規模化有關。你在規模化時所培養出來的文化，不只

影響員工的選擇和生活，也能幫助你的企業獲得高電壓，甚至可能滲透到整個社會，並影響你永遠不會遇到的人的選擇和生活。

　　這對要在萬聖灣捕魚也有幫助。

結論

要不要規模化？

　　2020 年 2 月，我開始寫這本書的時候，我以為這一年差不多就這樣：每個月去一趟舊金山的 Lyft 總部，幾場來自各方邀約的演講，夏天在芝加哥開一場研討會，以及跟家人一起開心旅行。不用說，計畫總是趕不上變化。就在我開始為這本書整理材料的一個月後，新冠肺炎（Covid-19）來襲，全球各地先後封城，我們的生活隨之天翻地覆。現在，一年過去了，在我寫這篇結論之時，我們仍處於近期記憶最詭異、也最令人難過的時期。然而，儘管這場疫病大流行在很多方面都很難對付，對我寫這本書來說，這個時機可說是再好不過，因為在此時此刻，規模化的重要性最為明顯，遠超過其他時期。

　　對新冠肺炎的集體反應可說是人類史上最大的規模化挑戰：向大眾宣傳衛生安全守則、生產足夠的 N95 口罩使重要的工作人員獲得防護、足夠的呼吸器等醫療設備給醫院，更不用說確保新冠肺炎快篩試劑可以提供給任何需要的人、疫苗的生產與分配等很多、很多的事情。這種動員規模極其龐大，而且是史無前例的。

有些事情的規模化很成功。儘管這個過程很痛苦，新冠肺炎篩檢的基礎設施和機制在最初的幾個月穩定改善，過了半年進步的腳步飛快。醫院的量能迅速擴張，提高治療成效。關於配戴口罩和保持社交距離的訊息傳播出去（我也參與部分工作），讓數十億人知曉。經濟刺激方案過關，以幫助民眾並支持店家，以及幫助地方和州政府。不到一年，有好幾種針對新型病毒、具有高保護效力的疫苗已經問世！這確實是科學奇蹟。

然而，其他事情卻沒有這麼順利。美國的接觸者追蹤計畫漏洞百出，雖然在某些地方對某些人是可行的，但這些人和這些情況的代表性不夠，不能代表整個國家。有些新冠快篩試劑不可靠，對其有效性的早期評估，證明是偽陽性。[1]

很多人沒收到第二輪經濟紓困福利金，後來才發現在2020年報稅後才會收到這筆錢，而聯邦政府發放第一輪紓困金時，竟然因為過於匆忙，沒能掌握死亡紀錄，向大批死者發放支票，總計約 14 億美元。[2] 這代表這個高達 2.2 兆美元的紓困方案的實際邊際損失。

最令人失望的是，大規模施打疫苗之初，接種速度緩慢、狀況百出，原因不一而足，包括冷鏈運送能力欠佳和劑量不足，疫苗相關訊息的宣導沒做好，民眾不知自己是否有資格接受疫苗注射，也不知道哪裡有疫苗可打，以及施打疫苗的醫療人員人手不足（在規模較小的情況下，疫苗分配效能高，規模擴大到全國，則不可同日而語）。還有外溢效應……我就別再說下去了！這幾年，我們已經看到而且感受到眾多意想不到的結果，像戴口罩的規定激發社會不安、加深政治分歧，又如經濟需要密切注意，以避免表現不佳或是過熱。

毋庸置疑，如此大規模對新冠肺炎的反應產生電壓增益的效果，但也充斥電壓下降的問題。

很多人認為，有一些問題源於領導人的反應不夠快，如前總統川普就因此飽受抨擊。從某種程度來看，我並不反對這種說法。但以這場席捲全球的疫病來說，要多管齊下、兼具規模和速度，護衛美國 3.3 億人及全球近 80 億人的健康，不管由誰發號施令，都不免面臨電壓下降的問題。

這裡涉及到我們前面已經討論過的兩項關鍵教訓，但都值得重述。第一，如果一個企業有任何弱點，將會在規模化的過程中顯露出來，這通常會很痛苦。第二，我們若是要解決這個世界最迫切的問題，可規模化的構想和解決方案仍是最寶貴的資源。

托爾斯泰的小說《安娜‧卡列尼娜》[3]的開場白已經成一

句名言:「幸福的家庭都是相似的,不幸的家庭則各有各的不幸。」出於這個概念,賈德·戴蒙(Jared Diamond)將「安娜·卡列尼娜原則」推而廣之。* 套用這個原則來看,任何一個計畫可能有好幾個缺點,任何一個都可能注定這個計畫會以失敗坐收,而成功則是要避免所有的缺點。能否規模化終究取決於最弱的環節,因此必須在最弱的環節加強。從生物多樣性到環境保育,乃至於移民政策都是。很多網路問題也有這個特點,例如加密、IT 基礎設施、網路安全,甚至是機場安檢。如果你看美式足球,就可在美國國家美式足球聯盟(NFL)親眼看到:進攻鋒線出色與否,關鍵在於最弱的球員夠不夠強。如果一個鋒線球員屢屢漏接,他那一隊就完了。

安娜·卡列尼娜原則無疑也適用於規模化:能成功規模化的構想都是相似的,無法規模化的構想則各有各的問題。要誠實評估任何一個構想,都必須在擴大規模之前檢視這個構想的生命力。我們對新冠肺炎的反應,正可以說明這個規則。規模化的祕訣,不是找到一勞永逸的解決之道。一個構想無法成功規模化,原因有好幾個,為了獲得高電壓,你必須檢查規模化的 5 大攸關性命的指標:偽陽性、誤判最初始人群或情況的代

---

* 編注:賈德·戴蒙是生物地理學家,他在名著《槍炮、病菌與鋼鐵》中談及「安娜·卡列尼娜原則」。

表性、外溢效應、成本過高。任何一個問題都可能使你翻船。

一旦你清除這 5 個障礙，你就能設法提高成功規模化的機率。你可以設計適當的誘因機制、利用邊際思維充分利用資源，而且在成長的過程保持精實、追求效率。你可以根據自己時間的機會成本來做決定，發現你的比較優勢，並學會放棄，從而減輕損失，在適當的時機轉向更好的新構想。你可以在信任和合作的基礎上，建立一個多元化、充滿動力的組織文化，而非以競爭和個人主義為基礎。行筆至此，希望我歸納出的這些規則與原則能使你相信，即使你不是賈伯斯、馬斯克或貝佐斯，也能成功規模化。儘管現代人痴迷於個人崇拜，但最純粹的規模化與人格特質無關。當然，人格特質在很多情況下有幫助，但在大多數的情況下，重要的不是**誰**做的，而是要做**什麼事**。

另一個要點是，就算你不是新創公司創辦人、企業家或是組織的領導人，你也能從本書獲益。無論你是在哪一個位置發揮影響力，是社區管理委員、藝術家、作家、家庭主婦或主夫，我們討探的這些原則，都能使你和其他人做出更明智的決定、獲得更好的結果。

不是每一個人都想成立一家大公司、發起全國性的社會運動，或是想讓自己的構想或創新走進全國每一個家庭。沒關係。看看我的爺爺、我的父親、我哥哥和他們的貨運小公司。

我們的家族生意未曾擴展，但收入還算不錯，因此可以過著富足的生活，讓家人引以為傲，包括我在內。即使你的計畫或產品只能在某些地方發展、讓某些人利用，你依然能發揮影響力。即使你有擴大規模的潛能，也有理由保持小規模或中等規模。也許要達成全國性或是國際性的成功，對你而言壓力很大，也很累（我就會這麼覺得）！決定什麼樣的規模對你而言最理想，再運用你從本書學到的要訣來達成目的。

如果你在政策制定的領域工作，我希望本書能激勵你對於計畫如何大規模執行，及如何發展出真正有效的政策更真誠投入，以縮小教育成就差距，改善社會流動性。派系政治、搶地盤、內鬥和個人對資金的競爭應該退位，讓給客觀指標和可以複製的科學數據。如果我們對某個介入措施或計畫寄予厚望，或者已經投入很多資源進行研究或發展，都沒有關係。要是數據顯示計畫不能奏效，就不該浪費更多寶貴的資源試著使之規模化（如果已經實施，那就得盡快中止）。研究人員必須明白，二十年前那種以基於證據的政策思維早已落伍，今天我們需要創造基於政策的證據。不這麼做的機會成本實在太高了。

你在發展構想的過程中，必然會遭遇挫折和失敗，就像我在擴展芝加哥高地幼兒中心課程的經歷。然而，憑藉對科學嚴謹性的承諾，我們有真正的機會從錯誤中學習，重新調整方向，朝向有潛力擴大規模的計畫，從而實際改變人們生活，而不是把錢浪費在看似很有希望、最後才發現化為泡影的那些計畫。而且我們必須持續學習、評估並分析數據；只有這樣，我們才能從當下及未來企業的規模化中得到嶄新的洞見。阻礙社會改變的障礙和社會本身一樣多變又多樣，但它們無形的累加起來，會是大規模的障礙，將讓人無法正確評估、挑選出能影響最多人的倡議。

　　從這個角度來看，數據科學家是世界上最大的未開發資源，無論是在營利或是非營利的環境下（請原諒我這樣為我的專業宣傳）。透過商業和學術界、科學家與政策制定者的合作，我們可以兼顧進步與獲利，使所有的人受益。

　　回顧 2016 年，矽谷對我來說還是個新世界。現在，矽谷是我跨足的多個世界之一，從全球各地的商業到政府，再回到我熱愛的芝加哥，在此進行教育計畫。如果要說我從這麼多不同的領域學到哪一件事，那就是改變世界只有一個方式是有意義的：規模化。

致謝

　　本書的萌芽可追溯到多年前。從我父母敦促我要保持好奇心和培養韌性那一刻開始。在那個年代，如果有個字我不知道怎麼說，無法上網用 google 查詢，只能自己多多嘗試。不過，不管我怎樣都得不到答案，因此我父母不斷鼓勵我，要我繼續努力，在自己的內心深處挖掘正確答案。

　　本書內容是基於數十年的科學研究成果。〈第一部〉大量採用我最近與歐瑪·阿尤貝德利和黛娜·沙斯金德的研究。關於可規模化構想的 5 大攸關性命的指標，由於其他研究共同作者的協助，這個概念才能成形。這些研究人員包括：法特瑪·莫梅尼、伊芙絲·澤瑙、羅勃·麥特卡夫、安雅·薩梅克、Min Sok Lee、Danielle LoRe、Claire Mackevicius、Zacharias Maniadis、Fabio Tufano、Pat Euzent、Charles Bailey，以及已過世的 Thomas Martin 等。本書〈第二部〉則源於以下曾與我共同發表報告的諸多研究人員：安德瑞斯‧李柏蘭特、烏里‧葛尼奇、Jeffrey Flory、坦吉‧侯賽因、羅蘭‧傅萊爾、莎莉‧薩多夫、史帝文‧李維特、伊恩‧繆爾、Basil Halperin、Benjamin Ho、葛立爾‧高斯聶爾、Seda Ertac、Lester Tong、Karen Ye、Kentaro Asai、Howard Nusbaum、Ali Hortacsu、Erwin Bulte、Daan van Soest、Daniel Rondeau、Amanda Chuan、Alec Brandon、Christopher Clapp、麥可‧普萊斯、亞力克斯‧伊瑪斯、Alexander Cappelen、Bertil Tungodden、Yang Xu、Jeffrey Livingston、Xiangdong Qiu、Ernst Fehr、Kenneth Leonard、布倫特‧希克曼、丹尼爾‧賀伯隆、Michael Haigh、Jon Alevy、Susanne Neckermann、查德‧席佛森、托娃‧列文、Amee Kamdar等。

　　這麼多年來，如果沒有我在芝加哥大學的良師、學生和同事之助，沒有 Lyft 和 Uber 經濟研究團隊的合作，就沒有這本書（這張名單實在太長，無法一一列出，但我不得不提 Diana Smith 與我終生恩師 Shelby Gerking 及 Aart de Zeeuw）。與你們合作是極大的榮幸。我希望這本書能讓其他人也從這些人的智慧受益，就像我一樣。肯尼斯‧葛里芬和 Anne Dias 不但是我忠誠的朋友，也提供他們的想法和資源，使本書討論的教育研究能做得更好、獲得更多經費。葛里芬育成中心（Griffin Incubator）也是本書內容發展的關鍵資源。

　　本書版權經紀人 James Levine 能看出我要寫的是什麼樣的一本書，在成書的每一步大力協助。Aaron Shulman 一開始是我的寫作教練，最後成為我的摯友、知己，也是**卓越的**新聞調查者。他教我如何為廣大的讀者寫作，把我的經濟學語彙化為成功規模化的祕訣，為我的文章帶來畫龍點睛之妙，更重要的是，在適當的時候，督促我鍛字鍊句。這份手稿能以目前的樣貌呈現，多虧他的深入參與。我無法想像寫這本書能有更好的合作夥伴。我在企鵝蘭登書屋的編輯 Talia Krohn 也是夢寐以求的合作對象。她不但有一對鷹眼，耐心、聰明、好奇，也很有同情心，從我們開始合作的那一刻，她一直大力支持這本書。她以敏銳的眼光幫忙調整本書文字風格，溫柔的建議哪些地方要縮減，哪些則應再深入探討。我永遠感謝我們有機會一起合作。希望我們很快就能再度攜手合作。

　　想到所有為本書貢獻的人，我就很感動。Stephen Dubner 是我認識的人當中最忙碌的人，但他總是會回覆我的電子郵件，為本書早期大綱提供意見。我也感激羅根・葛林和崔維斯・卡拉尼克對我的信任，讓我有機會在 Lyft 和 Uber 擔任首席經濟學家。在這兩家公司有許多同事都是很棒的夥伴。沒有他們，《規模化效應》就不會是今天這個樣子。尤其是在 Uber 幫我管理 Uber 經濟研究團隊的伊恩・繆爾，他也在 Lyft 以穩定之手和堅定不移的精神帶領經濟部門。同樣的，葛藍・哈博德與經濟顧問委員會請我去白宮工作，他們提供更深入的政策觀點，也有很多可讓我學習的地方（在白宮工作的時期，我也仰仗 Jason Shogren 和 Greg Mankiw 的明智的意見）。

我極其有幸能和想要讓世界變得更好的同事合作。特別是在營利公司、非營利組織和政府等，他們與我一起努力，為影響甚鉅的「大問題」尋找答案。這點實在讓人佩服。沒有他們的支持，我在《規模化效應》談到的很多研究就做不成。我要特別感謝芝加哥高地學區的 Thomas Amadio，他為我開啟我未曾想像過的探索。Jeffrey Lachman、Nathan Durst 與 Jeremy Haber 等人和芝加哥白襪隊讓我看到什麼在職業運動可以達成真正的規模化。我深深感謝我的家人（Joyce 和 August）、我岳父母（Leslie 和 Robert）、我的八個孩子、我的哥哥姊姊（Dawn 和 Augie）及我所有的姻親（儘管我沒列出名字，你們知道我在說你們！）感謝他們一直耐心聽我訴說我的規模化研究之旅，在事情行不通時能勇敢的告訴我事實。沒有你們，就沒有這本《規模化效應》。最後，我要謝謝和我一起拓展人生的伴侶黛娜，從她第一次針對規模化研究給我出的難題，到共同撰寫許多學術研究論文，乃至協助我衝過本書寫作的終點線，她都帶給我許多靈感、愛與智慧。沒有黛娜，就沒有電壓。

注釋

序言　你想要規模化，或是失敗收場？

1. U.S. Census Bureau, 2019, https://www.census.gov /quickfacts/fact/ table/IL,chicagoheightscityillinois/PST045219.

2. Uri Gneezy, Kenneth L. Leonard, and John A. List, "Gender Differences in Competition: Evidence from a Matrilineal and a Patriarchal Society," *Econometrica* 77, no. 5 (2009): 1637–1664.

3. Amee Kamdar, Steven D. Levitt, John A. List, Brian Mullaney, and Chad Syverson, "Once and Done: Leveraging Behavioral Economics to Increase Charitable Contributions," working paper, Science of Philanthropy Initiative, 2015, https://spihub.org /site/resource_files/ publications/spi_wp_025_list.pdf.

4. Roland G. Fryer Jr., Steven D. Levitt, John List, and Sally Sadoff, "Enhancing the Efficacy of Teacher Incentives Through Loss Aversion: A Field Experiment," NBER Working Paper, 2012.

5. Omar Al-Ubaydli, Min Sok Lee, John A. List, Claire L. Mackevicius, and Dana Suskind, "How Can Experiments Play a Greater Role

in Public Policy? Twelve Proposals from an Economic Model of Scaling," *Behavioural Public Policy* 5, no. 1 (2020): 2–49, doi:10.1017/bpp.2020.17.

6. Amy M. Kilbourne, Mary S. Neumann, Harold A. Pincus, Mark S. Bauer, and Ronald Stall, "Implementing Evidence-Based Interventions in Health Care: Application of the Replicating Effective Programs Framework," *Implementation Science* 2, no. 42 (2007).

7. How to Solve U.S. Social Problems When Most Rigorous Program Evaluations Find Disappointing Effects (Part One in a Series)," Straight Talk on Evidence, March 21, 2018, https://www.straighttalkonevidence.org/2018/03/21/how-to-solve-u-s-social-problems-when-most-rigorous-program-evaluations-find-disappointing-effects-part-one-in-a-series/.

8. Anjani Chandra, Casey E. Copen, and Elizabeth Hervey Stephen, "Infertility and Impaired Fecundity in the United States, 1982–2010: Data from the National Survey of Family Growth," National Health Statistics Report No. 67, U.S. Centers for Disease Control, 2013, https://www.cdc.gov/nchs/data/nhsr/nhsr067.pdf.

9. E.g., Ovia Fertility, https://www.oviahealth.com/.

第一章　騙子與偽陽性

1. Ronald Reagan, "'Just Say No' Speech," September 14, 1986, University of Virginia Miller Center, https://millercenter.org/the-presidency/presidential-speeches /september-14-1986-speech-nation-campaign-against-drug-abuse.

2. Jim Newton, "DARE Marks a Decade of Growth and Controversy," *Los Angeles Times*, September 9, 1993, https://www.latimes.com/archives/la-xpm-1993-09-09-mn-33226-story .html.

3. 2007 D.A.R.E. Annual Report, https://
web.archive.org/web/20090320022158/http://www.dare.com/home/
documents/DAREAmericaAnnual07.pdf.

4. Reagan, " 'Just Say No' Speech."

5. Steven L. West and Keri K. O'Neal, "Project D.A.R.E. Outcome
Effectiveness Revisited," *American Journal of Public Health* 94 (2004):
1027–1029.

6. Earl Wysong, Richard Aniskiewicz, and David Wright, "Truth and
DARE: Tracking Drug Education to Graduation and as Symbolic
Politics," *Social Problems* 41 (1994): 448–472.

7. Tanjim Hossain and John A. List, "The Behavioralist Visits the Factory:
Increasing Productivity Using Simple Framing Manipulations,"
Management Science 58, no. 12 (2012).

8. Erwin A. Blackstone, Andrew J. Buck, and Simon Hakim, "Evaluation
of Alternative Policies to Combat False Emergency Calls," *Evaluation
and Program Planning* 28, no. 2 (2005): 233–242.

9. M. J. Manos, K. Y. Kameoka, and J. H. Tanji, "Project Evaluation of
Honolulu Police Department's Drug Abuse Resistance Education,"
program/project description, University of Hawaii at Manoa, 1986,
https://www.ojp.gov/ncjrs/virtual-library/abstracts/evaluation-honolulu-
police-departments-drug-abuse-resistance.

10. William DeJong, "A Short-Term Evaluation of Project Dare (Drug
Abuse Resistance Education): Preliminary Indications of Effectiveness,"
Journal of Drug Education 17, no. 4 (1987): 279–294, doi:10.2190/
N2JC-9DXB-BLFD-41EA.

11. Susan T. Ennet, Nancy S. Tobler, Christopher L. Ringwalt, and Robert
L. Flewelling, "How Effective Is Drug Abuse Resistance Education?

A Meta-Analysis of Project DARE Outcome Evaluations," *American Journal of Public Health* 84, no. 9 (1994): 1394–1401.

12. T. DeGroot and D. S. Kiker, "A Meta-analysis of the Non-monetary Effects of Employee Health Management Programs," *Human Resources Management* 42 (2003): 53–69.

13. Richard Langworth, *Churchill by Himself: The Definitive Collection of Quotations* (New York: PublicAffairs, 2011), 573.

14. Amos Tversky and Daniel Kahneman, "Judgment Under Uncertainty: Heuristics and Biases," *Science* 185, no. 4157 (1974): 1124–1131, doi:10.1126/science.185.4157.1124.

15. Daniel Kahneman, *Thinking, Fast and Slow* (New York: Farrar, Straus and Giroux, 2011).

16. Dan Ariely, *Predictably Irrational: The Hidden Forces That Shape Our Decisions* (New York: Harper Collins, 2008).

17. Michael Lewis, *The Undoing Project: A Friendship That Changed Our Minds* (New York: W. W. Norton, 2017).

18. E. Jonas, S. Schulz-Hardt, D. Frey, and N. Thelen, "Confirmation Bias in Sequential Information Search After Preliminary Decisions: An Expansion of Dissonance Theoretical Research on Selective Exposure to Information," *Journal of Personality and Social Psychology* 80, no. 4 (2001): 557–571; P. C. Wason, "On the Failure to Eliminate Hypotheses in a Conceptual Task," *Quarterly Journal of Experimental Psychology* 12, no. 3 (1960): 129–140; P. C. Wason, "Reasoning About a Rule," *Quarterly Journal of Experimental Psychology* 20 (1968): 273–281; R. E. Kleck and J. Wheaton, "Dogmatism and Responses to Opinion-Consistent and Opinion-Inconsistent Information," *Journal of Personality and Social Psychology* 5, no. 2 (1967): 249–252.

19. Daniel Kahnemanand Amos Tversky, "Subjective Probability: A Judgment of Representativeness," *Cognitive Psychology* 3, no. 3 (1972): 430–454; Tversky and Kahneman, "Judgment Under Uncertainty"; Ariely, *Predictably Irrational*; Thomas Gilovich, Dale Griffin, and Daniel Kahneman, *Heuristics and Biases: The Psychology of Intuitive Judgment* (New York: Cambridge University Press, 2002).

20. Wason, "Reasoning About a Rule."

21. Solomon E. Asch, "Effects of Group Pressure upon the Modification and Distortion of Judgments," in *Groups, Leadership and Men: Research in Human Relations*, edited by Mary Henle (Berkeley: University of California Press, 1961).

22. Interbasket, "The Best NBA Jerseys of All-Time," n.d., https://www.interbasket.net/jerseys/nba/best-selling/, accessed May 10, 2021.

23. Lawrence Cohen and Henry Rothschild, "The Bandwagons of Medicine," *Perspectives in Biology and Medicine* 22, no. 4 (1979): 531–538, doi:10.1353/pbm.1979.0037.

24. Barry Lind and Charles R. Plott, "The Winner's Curse: Experiments with Buyers and with Sellers," *American Economic Review* 81, no. 1 (1991): 335–346.

25. R. A. Fisher, *The Design of Experiments* (Edinburgh: Oliver and Boyd, 1942); David Salsburg, *The Lady Tasting Tea: How Statistics Revolutionized Science in the Twentieth Century* (New York: Holt Paperbacks, 2002).

26. M. A. Makary and M. Daniel, "Medical Error—the Third Leading Cause of Death in the US," *BMJ* 353 (2016): i2139, doi:10.1136/bmj.i2139.

27. Janette Kettmann Klingner, Sharon Vaughn, and Jeanne Shay Schumm, "Collaborative Strategic Reading During Social Studies in

Heterogeneous Fourth-Grade Classrooms," *Elementary School Journal* 99, no. 1 (1998).

28. John Hitchcock, Joseph Dimino, Anja Kurki, Chuck Wilkins, and Russell Gerstcn, "The Impact of Collaborative Strategic Reading on the Reading Comprehension of Grade 5 Students in Linguistically Diverse Schools," U.S. Department of Education, 2011, https:// files.eric.ed.gov/fulltext/ ED517770.pdf.

29. Open Science Collaboration, "Estimating the Reproducibility of Psychological Science," *Science* 349, no. 6251 (2015), doi:10.1126/ science.aac4716.

30. Eliot Abrams, Jonathan Libgober, and John A. List, "Research Registries: Facts, Myths, and Possible Improvements," NBER Working Paper, 2020, doi:10.3386/w27250.

31. Aner Tal and Brian Wansink, "Fattening Fasting: Hungry Grocery Shoppers Buy More Calories, Not More Food," *JAMA Internal Medicine* 173, no. 12 (2013): 1146–1148, doi:10.1001/jamainternmed .2013.650.

32. Brian Wansink and Matthew M. Cheney, "Super Bowls: Serving Bowl Size and Food Consumption," *JAMA* 293, no. 14 (2005): 1727–1728, doi:10.1001/jama.293.14.1727.

33. Brian Wansink and Collin R. Payne, "The Joy of Cooking Too Much: 70 Years of Calorie Increases in
Classic Recipes," *Annals of Internal Medicine* 150, no. 4 (2009).

34. Retraction Watch, http://retractiondatabase.org/, accessed May 11, 2021.

35. "JAMA Network Retracts 6 Articles," September 19, 2018, https:// media.jamanetwork .com/news-item/jama-network-retracts-6-articles-that-included-dr-brian -wansink-as-author/.

36. Michael I. Kotlikoff, "Cornell University Statements," September 20,

2018, https://statements.cornell .edu/2018/20180920-statement-provost-michael-kotlikoff.cfm.

37. J. List, C. Bailey, P. Euzent, and T. Martin, "Academic Economists Behaving Badly? A Survey on Three Areas of Unethical Behavior," *Economic Inquiry* 39 (2001): 162–170.

38. *Securities and Exchange Commission vs. Elizabeth Holmes and Theranos, Inc.*, 5:18-cv-01602, United States District Court, Northern District of California San Jose Division, March 14, 2018, https:// www. sec.gov/litigation/complaints/2018/comp-pr2018-41-theranos -holmes. pdf.

39. Matthew Herper, "From $4.5 Billion to Nothing: Forbes Revises Estimated Net Worth of Theranos Founder Elizabeth Holmes," *Forbes*, June 1, 2016, https://www.forbes.com/sites/matthewherper /2016/06/01/from-4-5-billion-to-nothing-forbes-revises-estimated-net -worth-of-theranos-founder-elizabeth-holmes/.

40. Taylor Dunn, Victoria Thompson, and Rebecca Jarvis, "Theranos Whistleblowers Filed Complaints out of Fear of Patients' Health," ABC News, March 13, 2019, https://abcnews.go.com /Business/theranos-whistleblowers-filed-complaints-fear-patients-health-started/story?id=61030212.

第二章　了解你的受眾

1. "Costco Wholesale Corp.," MarketWatch, https://www.marketwatch.com/investing/stock/cost /financials, accessed 2021.

2. W. Arthur Lewis, "The Two-Part Tariff," *Economica* 8, no. 31 (1941): 249–270, doi:10.2307/2549332.

3. Ashley Madison: Dean Takahashi, "Ashley Madison 'Married Dating'

Site Grew to 70 Million Users in 2020," Venture Beat, February 25, 2021, https://venturebeat.com/2021/02/25/ashley-madison-married-dating-site-grew-to-70-million-users-in-2020/.

4. McDonald's: Tabitha Jean Naylor, "McDonald's Arch Deluxe and Its Fall from Grace," Yahoo, August 13, 2014, https://finance .yahoo.com/news/mcdonalds-arch-deluxe-fall-grace-190417958.html.

5. Abhijit Banerjee, Sharon Barnhardt, and Esther Duflo, "Can Iron-Fortified Salt Control Anemia? Evidence from Two Experiments in Rural Bihar," *Journal of Development Economics* 133 (2018): 127–146.

6. David L. Olds, Peggy L. Hill, Ruth O'Brien, David Racine, and Pat Moritz, "Taking Preventive Intervention to Scale: The Nurse-Family Partnership," *Cognitive and Behavioral Practice* 10, no. 4 (2003): 278–290.

7. Hunt Allcott, "Site Selection Bias in Program Evaluation," *Quarterly Journal of Economics* 130, no. 3 (2015): 1117–1165.

8. John A. List, Fatemeh Momeni, and Yves Zenou, "Are Measures of Early Education Programs Too Pessimistic? Evidence from a Large-Scale Field Experiment," working paper, 2019, http://conference.iza.org/conference_files/behavioral_2019/momeni _f28001.pdf.

9. Uri Gneezy, Andreas Leibbrandt, and John A. List, "Ode to the Sea: Workplace Organizations and Norms of Cooperation," *Economic Journal* 126, no. 595 (2016): 1856–1883.

10. John A. List, "Does Market Experience Eliminate Market Anomalies," *Quarterly Journal of Economics* 118, no. 1 (2003): 41–71.

11. John A. List, "The Nature and Extent of Discrimination in the Marketplace: Evidence from the Field," *Quarterly Journal of Economics* 119, no. 1 (2004): 49–89.

12. Joseph Henrich, Steven J. Heine, and Ara Norenzayan, "Most People Are Not WEIRD," *Nature* 466, no. 29 (2010).

13. Uri Gneezy, Kenneth L. Leonard, and John A. List, "Gender Differences in Competition: Evidence from a Matrilineal and a Patriarchal Society," *Econometrica* 77, no. 5 (2009): 1637–1664.

14. "About Us," https://gopuff.com/go/about-us, accessed May 11, 2021.

15. Cory Weinberg and Amir Efrati, "SoftBank's Secret $750 Million Investment in GoPuff," The Information, January 17, 2020, https://www.theinformation.com/articles/softbanks -secret-750-million-investment-in-gopuff.

16. Sarah Whitten, "Taco Bell's Nacho Fries Are the Most Successful Launch in the Chain's History," CNBC, March 13, 2018, https://www.cnbc.com/2018/03/13/taco-bells-nacho-fries-are-the-most-successful-launch-in-the-chains-history.html; Jordan Valinsky, "Taco Bell Is Bringing Back Nacho Fries After Trimming Its Menu," CNN, December 16, 2020, https://www.cnn.com/2020/12/16/business/taco-bell-nacho-fries-menu/index.html.

17. Daniel Rondeau and John A. List,"Matching and Challenge Gifts to Charity: Evidence from Laboratory and Natural Field Experiments," *Experimental Economics* 11 (2008): 253–267.

第三章　關鍵是廚師，還是食材？

1. Matthew Norman, "Restaurant Review: Jamie's Italian," *The Guardian*, July 25, 2008, https:// www.theguardian.com/lifeandstyle/2008/jul/26/restaurants.review.

2. 參看 Jamie Oliver Group, "News," 2020, https://www.jamieolivergroup.com/news/jamie-oliver-group-launches-new-international-dining-

concept/; Sean Farrell, "Not So Fresh: Why Jamie Oliver's Restaurants Lost Their Bite," The *Guardian*, February 17, 2018, https://www.the guardian.com/lifeandstyle/2018/feb/16/not-so-fresh-why-jamie-oliver-restaurants-lost-their-bite.

3. Matt Goulding, "The End of El Bulli?," *Wall Street Journal*, January 27, 2010, https://www.wsj.com/articles/SB1000142405274 8704094304575029580782188308.

4. Debra Kelly, "The Real Reason Jamie Oliver's Restaurant Empire Is Collapsing," *Mashed*, May 22, 2019, https://www.mashed.com/153506/ the-real-reason-jamie-olivers-restaurant-empire-is-collapsing/.

5. Marina O'Loughlin and Camillo Benso, "The Food Isn't Actively Bad, Just Defiantly Mediocre," *Sunday Times*, December 16, 2018.

6. Amie Tsang, "Jamie Oliver's U.K. Restaurants Declare Bankruptcy," *New York Times*, May 21, 2019, https:// www.nytimes.com/2019/05/21/ business/jamie-oliver-uk-restaurants-bankruptcy-administration.html.

7. Steven Levitt, John List, Robert Metcalfe, and Sally Sadoff, "Engaging Parents in Parent Engagement Programs," Society for Research on Educational Effectiveness, 2016, https:// eric.ed.gov/?id=ED567211.

8. U.S. Administration for Children and Families, "Early Head Start Turns 25 in 2020," February 6, 2020, https:// eclkc.ohs.acf.hhs.gov/video/ early-head-start-turns-25-2020; U.S. Administration for Children and Families, "The Origins of Early Head Start," February 7, 2020, https:// eclkc.ohs.acf.hhs.gov/video/origins-early-head -start.

9. Lori A. Roggman, Gina A. Cook, Mark S. Innocenti, Vonda Jump Norman, Lisa K. Boyce, Katie Christiansen, and Carla A. Peterson, "Home Visit Quality Variations in Two Early Head Start Programs in Relation to Parenting and Child Vocabulary Outcomes," *Infant Mental*

Health Journal 37 (2016): 193–207.

10. Lori A. Roggman, Gina A. Cook, Carla A. Peterson, and Helen H. Raikes, "Who Drops Out of Early Head Start Home Visiting Programs?," *Early Education and Development* 19, no. 4 (2008): 574–599, doi:10.1080/10409280701681870.

11. " 'Quality Fade': China's Great Business Challenge," Wharton School, July 25, 2007, https://knowledge .wharton.upenn.edu/article/quality-fade-chinas-great-business-challenge/.

12. AARP, "2019 AARP Annual Report," 2019, https://www.aarp.org/content/dam/aarp/about_aarp/annual_reports/2019/2018-aarp-form-990-public-disclosure.pdf.

13. Alec Brandon, Christopher Clapp, John A. List, Robert Metcalfe, and Michael Price, "Smart Tech, Dumb Humans: The Perils of Scaling Household Technologies," 2021, https://cclapp.github.io/ChrisClapp.org/Files/Manuscripts/Brandon ,%20Clapp,%20List,%20Metcalfe%20&%20Price%20-%20Smart%20Tech,%20Dumb%20Humans-The%20Perils%20of%20Scaling%20House hold%20Technologies.pdf.

第四章　外溢效應

1. Ralph Nader, *Unsafe at Any Speed: The Designed-In Dangers of the American Automobile* (New York: Grossman, 1965).

2. Sam Peltzman, "The Effects of Automobile Safety Regulation," *Journal of Political Economy* 83, no. 4 (1975).

3. Lei Kang, Akshay Vij, Alan Hubbard, and David Shaw, "The Unintended Impact of Helmet Use on Bicyclists' Risk-Taking Behaviors," 2018, https://www.unisa.edu.au/siteassets/episerver-6-files/global/business/centres/i4c/docs/kang-et-al-2018.pdf; Ian Walker and Dorothy Robinson,

"Bicycle Helmet Wearing Is Associated with Closer Overtaking by Drivers: A Response to Olivier and Walter, 2013," 2018, PsyArXiv, doi:10.31234/osf.io/nxw2k.

4. Adam T. Pope and Robert D. Tollison, " 'Rubbin' Is Racin'": Evidence of the Peltzman Effect from NASCAR," *Public Choice* 142 (2010): 507–513.

5. Scott D. Sagan, "The Problem of Redundancy Problem: Why More Nuclear Security Forces May Produce Less Nuclear Security," *Risk Analysis* 24, no. 4 (2004): 935–946, doi:10.1111/j.0272-4332.2004.00495.x.

6. Jonathan V. Hall, John J. Horton, and Daniel T. Knoepfle, "Pricing in Designed Markets: The Case of Ride-Sharing," 2021, https://john-joseph-horton.com/papers/uber_price.pdf.

7. Dennis Egger, Johannes Haushofer, Edward Miguel, Paul Niehaus, and Michael W. Walker, "General Equilibrium Effects of Cash Transfers: Experimental Evidence from Kenya," NBER Working Paper, 2019, doi:10.3386/w26600.

8. Zoë Cullen and Ricardo Perez-Truglia, "How Much Does Your Boss Make? The Effects of Salary Comparisons," NBER Working Paper, 2021, doi:10.3386/w24841.

9. Bruce Sacerdote, "Peer Effects in Education: How Might They Work, How Big Are They and How Much Do We Know Thus Far?," in *Handbook of the Economics of Education*, vol. 3, edited by Eric A. Hanushek, Stephen Machin, and Ludger Woessmann, 249–277 (Amsterdam: Elsevier, 2011).

10. John A. List, Fatemeh Momeni, and Yves Zenou, "The Social Side of Early Human Capital Formation: Using a Field Experiment to Estimate

the Causal Impact of Neighborhoods," NBER Working Paper, 2020, doi:10.3386/w28283.

11. Amanda Chuan, John List, and Anya Samek, "Do Financial Incentives Aimed at Decreasing Interhousehold Inequality Increase Intrahousehold Inequality?," *Journal of Public Economics* 196 (2021): 104382.

第五章　成本陷阱

1. 參看 Jeffrey Bland, "Arivale Is Gone but Not Forgotten: What Did We Learn?," *Medium*, May 21, 2019, https://medium .com/@jeffreyblandphd/arivale-is-gone-but-not-forgotten-what-did-we -learn-6c37142f5f80; Paul Roberts, "Closure of High-Tech Medical Firm Arivale Stuns Patients," *Seattle Times*, April 26, 2019, https:// www.seattletimes .com/business/technology/closure-of-high-tech-medical-firm-arivale -stuns-patients-i-feel-as-if-one-of-my-arms-was-cut-off/; Todd Bishop and James Thorne, "Why Arivale Failed: Inside the Surprise Closure of an Ambitious 'Scientific Wellness' Startup," GeekWire, April 26, 2019, https:// www.geekwire.com/2019/arivale-shut-doors-inside-surprise-closure -ambitious-scientific-wellness-startup/.

2. Niha Zubair, Matthew P. Conomos, Leroy Hood, Gilbert S. Omenn, Nathan D. Price, Bonnie J. Spring, Andrew T. Magis, and Jennifer C. Lovejoy, "Genetic Predisposition Impacts Clinical Changes in a Lifestyle Coaching Program," *Scientific Reports* 9 (2019): art. no. 6805.

3. Adam Smith, *An Inquiry into the Nature and Causes of the Wealth of Nations*, book 4, ch. 2.你可在下列網站免費閱讀全文：https://www. gutenberg.org/files/38194/38194-h/38194-h .htm.

4. Arivale website, http://www.arivale.com, accessed 2021.

5. Rachel Lerman, "Lee Hood's Arivale Raises $36M to Personalize Your Health Care," *Seattle Times*, July 13, 2015, https:// www.seattletimes. com/business/technology/lee-hoods-arivale-raises-36m-to-personalize-your-health-care/.

6. Jim Picariello, "My Company Grew Too Fast—and Went Out of Business," CBS News, August 11, 2012, https:// www.cbsnews.com/ news/my-company-grew-too-fast-and-went-out-of-business/.

7. The official video from SpaceX is no longer up on YouTube, but you can see it at "SpaceX Falcon Heavy STP-2 Launch and Booster Landing—FULL VIDEO," YouTube, posted by NASASpaceflight, June 26, 2019, https://youtube/f6GfeT_MIO0?t=530.

8. Matthew C. Weinzierl, Kylie Lucas, and Mehak Sarang, "SpaceX, Economies of Scale, and a Revolution in Space Access," Harvard Business School Case 720-027, April 2020 (revised June 2020).

9. Lauro S. Halstead, "A Brief History of Post-polio Syndrome in the United States," *Archives of Physical Medicine and Rehabilitation* 92, no. 8 (2011): P1344–1349.

10. Christopher Jepsen and Steven Rivkin, "Class Size Reduction and Student Achievement: The Potential Tradeoff Between Teacher Quality and Class Size," *Journal of Human Resources* 44, no. 1 (2009): 223–250, doi:10.3368/jhr.44.1.223.

11. Ernst Zermelo, *Über eine Anwendung der Mengenlehre auf die Theorie des Schachspiels* (Berlin: Springer, 1913).

第六章　可規模化的誘因

1. 很多研究人員都進行過「掉皮夾」實驗，現場實驗如 M. D. West, *Law in Everyday Japan: Sex, Sumo, Suicide, and Statutes*, Chicago:

University of Chicago Press, 2005, 以及實驗室實驗 Martin Dufwenberg and Uri Gneezy, "Measuring Beliefs in an Experimental Lost Wallet Game," Games and Economic Behavior 30, no. 2 [2000]: 163–182).

2. MikeIsaac, "What You Need to Know About #DeleteUber," *New York Times*, January 31, 2017, https://www.nytimes .com/2017/01/31/business/delete-uber.html.

3. Ofer H. Azar, "The Economics of Tipping," *Journal of Economic Perspectives* 34, no. 2 (2020): 215–236, doi:10.1257/jep .34.2.215.

4. Greer K. Gosnell, John A. List, and Robert Metcalfe, "A New Approach to an Age-Old Problem: Solving Externalities by Incenting Workers Directly," NBER Working Paper, 2016, https://www nber.org/system/files/working_papers/w22316/w22316.pdf.

5. Steven D. Levitt and John A. List, "Was There Really a Hawthorne Effect at the Hawthorne Plant? An Analysis of the Original Illumination Experiments," *American Economic Journal: Applied Economics* 3, no. 1 (2011): 224–238, doi:10.1257/app.3.1.224.

6. See, e.g., Daniel Kahneman, Jack L. Knetsch, and Richard H. Thaler, "Experimental Tests of the Endowment Effect and the Coase Theorem," *Journal of Political Economy* 98, no. 6 (1990).

7. Ziv Carmon and Dan Ariely, "Focusing on the Forgone: How Value Can Appear So Different to Buyers and Sellers," *Journal of Consumer Research* 27, no. 3 (2149): 360–370.

8. Tanjim Hossain and John A. List, "The Behavioralist Visits the Factory: Increasing Productivity Using Simple Framing Manipulations," *Management Science* 58, no. 12 (2012).

9. Erwin Bulte, John A. List, and Daan van Soest, "Toward an Understanding of the Welfare Effects of Nudges: Evidence from a Field

Experiment in the Workplace," *Economic Journal* 130, no. 632 (2020): 2329–2353.

10. John A. List, "Does Market Experience Eliminate Market Anomalies?," *Quarterly Journal of Economics* 118, no. 1 (2003): 41–71.

11. Lester C. P. Tong, Karen J. Ye, Kentaro Asai, Seda Ertac, John A. List, Howard C. Nusbaum, and Ali Hortaçsu, "Trading Modulates Anterior Insula to Reduce Endowment Effect," *Proceedings of the National Academy of Sciences* 113, no. 33 (2016): 9238–9243, doi:10.1073/pnas.1519853113.

12. Alex Imas, Sally Sadoff, and Anya Samek: Alex Imas, Sally Sadoff, andAnya Samek, "Do People Anticipate Loss Aversion?," *Management Science* 63, no. 5 (2016).

13. Roland G. Fryer Jr., Steven D. Levitt, John List, and Sally Sadoff, "Enhancing the Efficacy of Teacher Incentives Through Loss Aversion: A Field Experiment," NBER Working Paper, 2012, doi:10.3386/w18237.

14. Illinois State Board of Education, "2009–2010 School Year: Illinois State Report Card Data," https://www .isbe.net/pages/illinois-state-report-card-data.aspx.

15. Fryer et al., 2021. "Enhancing the Efficacy of Teacher Incentives Through Framing."

16. Steven D. Levitt, John A. List, Susanne Neckermann, and Sally Sadoff, "The Behavioralist Goes to School: Leveraging Behavioral Economics to Improve Educational Performance," *American Economic Journal: Economic Policy* 8, no. 4 (2016), doi:10.1257/pol.20130358.

17. 這四份研究共同講述了這個故事：Levitt et al., "The Behavioralist Goes to School"; Alexander W. Cappelen, John A. List, Anya Samek, and Bertil Tungodden, "The Effect of Early Education on Social

Preferences," NBER Working Paper, 2016, doi:10.3386/w22898; Uri Gneezy, John List, Jeff Livingston, Xiangdong Qin, Sally Sadoff, and Yang Xu, "Measuring Student Success: The Role of Effort on the Test Itself," *American Economic Review: Insights* (forthcoming); Steven D. Levitt, John A. List, and Sally Sadoff, "The Effect of Performance-Based Incentives on Educational Achievement: Evidence from a Randomized Experiment," NBER Working Paper, 2016, doi:10.3386/w22107.

第七章　邊際革命

1. Stephen Breyer, *Breaking the Vicious Circle: Toward Effective Risk Regulation* (Cambridge, MA: Harvard University Press, 1993).

2. A brief history of benefit-cost analysis can be found in David Pearce, "Cost Benefit Analysis and Environmental Policy," *Oxford Review of Economic Policy* 14, no. 4 (1998): 84–100.

3. William Niskanen, *Bureaucracy and Representative Government* (New York: Aldine-Atherton, 1971).

第八章　放棄也是求勝的必經之路

1. 至今我仍珍藏這兩塊獎牌。

2. 這句話據說是他說的。

3. Shane Frederick, Nathan Novemsky, Jing Wang, Ravi Dhar, and Stephen Nowlis, "Opportunity Cost Neglect," *Journal of Consumer Research* 36 (2009): 553–561, doi:10.1086/599764.

4. T. D. Wilson, T. Wheatley, J. M. Meyers, D. T. Gilbert, and D. Axsom, "Focalism: A Source of Durability Bias in Affective Forecasting," *Journal of Personality and Social Psychology* 78, no. 5 (2000): 821–836.

5. Emil Persson and Gustav Tinghög, "Opportunity Cost Neglect in Public

Policy," *Journal of Economic Behavior and Organization* 170 (2020): 301–312.

6. P. Legrenzi, V. Girotto, and P. N. Johnson-Laird, "Focussing in Reasoning and Decision Making," *Cognition* 49, nos. 1–2 (1993): 37–66.

7. Shane Frederick, Nathan Novemsky, Jing Wang, Ravi Dhar, and Stephen Nowlis, "Neglect of Opportunity Costs in Consumer Choice," 2006, https://www.researchgate.net/publication/228800348_Neglect_of_Opportunity_Costs_in_Consumer_Choice.

8. X Company, https://x.company/, accessed May 10, 2021.

9. Eric "Astro" Teller, "The Unexpected Benefit of Celebrating Failure," TED2016, February 2016, https:// www.ted.com/talks/astro_teller_the_unexpected_benefit_of_celebrat ing_failure.

10. Brian Stelter, "Netflix, in Reversal, Will Keep Its Services Together," *New York Times*, October 10, 2011, https://mediade coder.blogs.nytimes.com/2011/10/10/netflix-abandons-plan-to-rent-dvds-on-qwikster/.

11. Angela Lee Duckworth and Patrick D. Quinn, "Development and Validation of the Short Grit Scale (Grit–S)," *Journal of Personality Assessment* 91 (2009): 166–174.

12. *On the Principles of Political Economy, and Taxation* 一書的全文可從下列網站免費閱讀：https://www .gutenberg.org/files/33310/33310-h/33310-h.htm.

13. Claire Cain Miller, "Why Twitter's C.E.O. Demoted Himself," *New York Times*, October 30, 2010, https://www.nytimes.com/2010/10/31/technology/31ev.html.

14. Conner Forrest, "How the 'PayPal Mafia' Redefined Success in Silicon Valley," Tech Republic, June 30, 2014, https:// www.techrepublic.com/

article/how-the-paypal-mafia-redefined-success-in-silicon-valley/.

15. "Would You Let a Coin Toss Decide Your Future?," *Freakonomics Radio* podcast, episode 112, January 31, 2013, https://freakonomics. com/2013/01/31/would-you-let-a-coin-toss-decide-your-future-full-transcript/.

16. Reid Hoffman, June Cohen, and Deron Triff, *Masters of Scale* (New York: Currency, 2021), 179.

第九章　建立適當的組織文化

1. Uri Gneezy, Andreas Leibbrandt, and John A. List, "Ode to the Sea: Workplace Organizations and Norms of Cooperation," *Economic Journal* 126, no. 595 (2016): 1856–1883.

2. Ernst Fehr and John A. List, "The Hidden Costs and Returns of Incentives—Trust and Trustworthiness Among CEOs," *Journal of the European Economic Association* 2, no. 5 (2004): 743–771.

3. Jonathan E. Alevy, Michael S. Haigh, and John A. List, "Information Cascades: Evidence from a Field Experiment with Financial Market Professionals," *Journal of Finance* 62, no. 1 (2007).

4. Uri Gneezy, Kenneth L. Leonard, and John A. List, "Gender Differences in Competition: Evidence from a Matrilineal and a Patriarchal Society," *Econometrica* 77, no. 5 (2009): 1637– 1664.

5. Susan J. Fowler, "Reflecting on One Very, Very Strange Year at Uber," February 19, 2017, https://www .susanjfowler.com/blog/2017/2/19/ reflecting-on-one-very-strange-year -at-uber.

6. "A Note on Our Lawsuit Against Otto and Uber," Waymo website, February 23, 2017, https://blog.waymo.com/2019/08/a-note-on-our-lawsuit-against-otto-and.html.

7. Eric Newcomer, "In Video, Uber CEO Argues with Driver over Falling Fares," Bloomberg, February 28, 2017, https://www .bloomberg.com/news/articles/2017-02-28/in-video-uber-ceo-argues -with-driver-over-falling-fares.

8. Mike Isaac, "How Uber Deceives the Authorities Worldwide," *New York Times*, March 3, 2017, https://www.nytimes.com/2017/03/03/technology/uber-greyball-program-evade-authorities.html.

9. Federico Cingano and Paolo Pinotti, "Trust, Firm Organization, and the Pattern of Comparative Advantage," *Journal of International Economics* 100 (2016): 1–13.

10. Rafael La Porta, Florencio Lopez de Silanes, Andrei Shleifer, and Robert W. Vishny, "Trust in Large Organizations," *American Economic Review* 87, no. 2 (1997): 333–338, https://www .jstor.org/stable/2950941.

11. Mike Isaac, "Uber Fires Executive over Handling of Rape Investigation in India," *New York Times*, June 7, 2017, https://www.nytimes.com/2017/06/07/technology/uber-fires-executive .html.

12. Xueming Luo, Rebecca J. Slotegraaf, and Xing Pan, "Cross-Functional 'Coopetition': The Simultaneous Role of Cooperation and Competition Within Firms," *Journal of Marketing*, April 1, 2006.

13. Josef Adalian, "Inside the Binge Factory," *Vulture*, June 2018, https://www.vulture.com/2018/06/how-netflix-swallowed-tv-industry.html; Patty McCord, "How Netflix Reinvented HR," *Harvard Business Review*, January 2014, https://hbr.org/2014/01/how-netflix-reinvented-hr.

14. McCord, "How Netflix Reinvented HR."

15. Maria Konnikova, "What if Your Company Had No Rules?," *Freakonomics Radio* podcast, September 12, 2020, https://freakonomics.com/podcast/book-club-hastings/.

16. Check us out at http://sodi.org/.

17. John E. Sawyer, Melissa A. Houlette, and Erin L. Yeagley, "Decision Performance and Diversity Structure: Comparing Faultlines in Convergent, Crosscut, and Racially Homogeneous Groups," *Organizational Behavior and Human Decision Processes* 99, no. 1 (2006): 1–15.

18. Lu Hong and Scott E. Page, "Groups of Diverse Problem Solvers Can Outperform Groups of High-Ability Problem Solvers," *Proceedings of the National Academy of Sciences* 101, no. 46 (2004): 16385– 16389, doi:10.1073/pnas.0403723101.

19. Paul A. Gompers and Sophie Q. Wang, "And the Children Shall Lead: Gender Diversity and Performance in Venture Capital," NBER Working Paper, 2017, doi:10.3386/w23454.

20. Gompers and Wang, "And the Children Shall Lead."

21. Andreas Leibbrandt and John A. List, "Do Equal Employment Opportunity Statements Backfire? Evidence from a Natural Field Experiment on Job-Entry Decisions," NBER Working Paper, 2018, doi:10.3386 /w25035.

22. Marianne Bertrand and Sendhil Mullainathan, "Are Emily and Greg More Employable than Lakisha and Jamal? A Field Experiment on Labor Market Discrimination," *American Economic Review* 94, no. 4 (2004): 991–1013, https://www.jstor.org/stable/3592802; Sonia K. Kang, Katherine A. DeCelles, András Tilcsik, and Sora Jun, "Whitened Résumés: Race and Self-Presentation in the Labor Market," *Administrative Science Quarterly* 61, no. 3 (2016): 469–502.

23. 例如本書英文版的出版社，請參看： https://www.penguinrandomhouse.com/about-us/our-people/.

24. Daniel Hedblom, Brent R. Hickman, and John A. List, "Toward an Understanding of Corporate Social Responsibility: Theory and Field Experimental Evidence," NBER Working Paper, 2019, doi:10.3386/w26222.

25. Hedblom, Hickman, and List, "Toward an Understanding of Corporate Social Responsibility."

26. John A. List and Fatemeh Momeni, "When Corporate Social Responsibility Backfires: Theory and Evidence from a Natural Field Experiment," NBER Working Paper, 2017, doi:10.3386 /w24169.

27. Andreas Leibbrandt and John A. List, "Do Women Avoid Salary Negotiations? Evidence from a Large Scale Natural Field Experiment," NBER Working Paper, 2012, doi:10.3386 /w18511.

28. 在各種領導領域，女性一直都很少能擔任領導人的角色參看：Judith Warner, Nora Ellmann, and Diana Boesch, "The Women's Leadership Gap," Center for American Progress, November 20, 2018, https://www.american progress.org/issues/women/reports/2018/11/20/461273/womens-leadership-gap-2/.

29. Francine D. Blau and Lawrence M. Kahn, "The Gender Wage Gap: Extent, Trends, and Explanations," *Journal of Economic Literature* 55, no. 3 (2017): 789–865, doi:10.1257/jel.20160995.

30. David A. Matsa and Amalia R. Miller, "Chipping Away at the Glass Ceiling: Gender Spillovers in Corporate Leadership," *American Economic Review* 101, no. 3 (2011): 635–639, doi:10.1257/aer.101.3.635.

31. 例如，參看：Linda Babcock and Sara Laschever, *Women Don't Ask*: *Negotiation and the Gender Divide* (Princeton: Princeton University Press, 2009); L. Babcock, M. Gelfand, D. Small, and H. Stayn, "Gender

Differences in the Propensity to Initiate Negotiations," in *Social Psychology and Economics*, edited by D. De Cremer, M. Zeelenberg, and J. K. Murnighan, 239–259 (Mahwah, NJ: Lawrence Erlbaum Associates, 2006); Deborah Small, Michele Gelfand, Linda Babcock, and Hilary Gettman, "Who Goes to the Bargaining Table? The Influence of Gender and Framing on the Initiation of Negotiation," *Journal of Personality and Social Psychology* 93, no. 4 (2007): 600–613, doi:10.1037/0022-3514.93.4.600; K. G. Kugler, J. A. M. Reif, T. Kaschner, and F. C. Brodbeck, "Gender Differences in the Initiation of Negotiations: A Meta-analysis," *Psychological Bulletin* 144, no. 2 (2018): 198–222.

32. Leibbrandt and List, "Do Women Avoid Salary Negotiations?"

33. Brian J. Lucas, Laura M. Giurge, Zachariah Berry, and Dolly Chugh, "Research: To Reduce Gender Bias in Hiring, Make Your Shortlist Longer," *Harvard Business Review*, February 2021, https://hbr.org/2021/02/research-to-reduce-gender-bias-in-hiring-make-your-shortlist-longer.

34. Basil Halperin, Benjamin Ho, John A. List, and Ian Muir, "Toward an Understanding of the Economics of Apologies: Evidence from a Large-Scale Natural Field Experiment," NBER Working Paper, 2019, doi:10.3386/w25676.

35. Stephen Knack and Philip Keefer, "Does Social Capital Have an Economic Payoff ? A Cross-Country Investigation," *Quarterly Journal of Economics* 112, no. 4 (1997): 1251–1288; La Porta et al., "Trust in Large Organizations."

結論　要不要規模化？

1. Nadia Drake, "Why Unreliable Tests Are Flooding the Coronavirus Conversation," *National Geographic*, May 6, 2020, https://www. nationalgeographic.com/science/article/why-unreliable-tests-are-flooding-the-coronavirus-conversation-cvd.

2. Greg Iacurci, "IRS Sends Coronavirus Stimulus Checks to Dead People," CNBC, April 17, 2020, https://www.cnbc .com/2020/04/17/irs-sends-coronavirus-stimulus-checks-to-dead-people .html.

3. Leo Tolstoy, *Anna Karenina*, translated by Richard Pevearand Larissa Volokhonsky (New York: Penguin Classics, 2004).

國家圖書館出版品預行編目（CIP）資料

規模化效應：從 A 到 A+，讓好創意擴大影響力／
約翰‧李斯特（John A. List）著；廖月娟譯 . -- 第一版 . --
臺北市：遠見天下文化出版股份有限公司，2022.12
336 面；14.8×21 公分 . --（財經企管；BCB789）

譯自：The Voltage Effect : How to Make Good Ideas
　　　Great and Great Ideas Scale

ISBN 978-626-355-036-0（平裝）

1. CST：規模經濟　2. CST：企業管理　3. CST：策略規劃

550　　　　　　　　　　　　　　　　　　11020789

財經企管 BCB789

規模化效應：
從 A 到 A+，讓好創意擴大影響力
The Voltage Effect: How to Make Good Ideas Great and Great Ideas Scale

作者 —— 約翰・李斯特（John A. List）
譯者 —— 廖月娟

總編輯 —— 吳佩穎
書系副總監 —— 蘇鵬元
責任編輯 —— 吳芳碩
校對 —— 魏秋綢
裝幀設計 —— Bianco Tsai
內頁排版 —— 張瑜卿

出版人 —— 遠見天下文化出版股份有限公司
創辦人 —— 高希均、王力行
遠見・天下文化 事業群董事長 —— 高希均
事業群發行人／CEO —— 王力行
天下文化社長 —— 林天來
天下文化總經理 —— 林芳燕
國際事務開發部兼版權中心總監 —— 潘欣
法律顧問 —— 理律法律事務所陳長文律師
著作權顧問 —— 魏啟翔律師
社址 —— 臺北市 104 松江路 93 巷 1 號
讀者服務專線 —— 02-2662-0012｜傳真 —— 02-2662-0007；02-2662-0009
電子郵件信箱 —— cwpc@cwgv.com.tw
直接郵撥帳號 —— 1326703-6 號 遠見天下文化出版股份有限公司

製版廠 —— 中原造像股份有限公司
印刷廠 —— 中原造像股份有限公司
裝訂廠 —— 中原造像股份有限公司
登記證 —— 局版台業字第 2517 號
總經銷 —— 大和書報圖書股份有限公司｜電話 —— 02-8990-2588
出版日期 —— 2022 年 12 月 27 日第一版第一次印行

定價 —— 450 元
ISBN —— 978-626-355-036-0｜EISBN —— 9786263550339（PDF）；9786263550322（Epub）
書號 —— BCB789
天下文化官網 —— bookzone.cwgv.com.tw

天下．文化
BELIEVE IN READING